O Legado Templário
Uma História Oculta

Dados Internacionais de Catalogação na Publicação (CIP)
(Câmara Brasileira do Livro, SP, Brasil)

Atienza, Juan G.
O legado templário: uma história oculta / Juan G. Atienza;
tradução Norberto de Paula Lima. — São Paulo: Ícone, 1996.

Bibliografia.
ISBN 85-274-0389-7

1. Ciências ocultas 2. Misticismo 3. Templários — História I. Título.

96-0493

CDD-135.409

Índices para catálogo sistemático:

1. Cavaleiros da Ordem dos Templários: História:
   Esoterismo
   135.409
2. Templários: História: Esoterismo
   135.409

Juan G. Atienza

O Legado Templário Uma História Oculta

Tradução:
Norberto de Paula Lima

© Copyright 1996.
Ícone Editora Ltda

Diagramação
Rosicler Freitas Teodoro

Revisão
Nicéia Furquim
Vilma Maria da Silva

Proibida a reprodução total ou parcial desta obra,
de qualquer forma ou meio eletrônico, mecânico,
inclusive através de processos xerográficos, sem
permissão expressa do editor
(Lei nº 5.988, 14/12/1973).

Todos os direitos reservados pela
ÍCONE EDITORA LTDA.
Rua das Palmeiras, 213 — Sta. Cecília
CEP 01226-010 — São Paulo — SP
Tels. (011)826-7074/826-9510

Índice

Prólogo 9

Primeira Parte: O instante oportuno 21

1. As chaves do milênio 23
A espera do ano Mil - Entre os anos de Cristo - A
escalada inevitável - Os papas cluniacenses - Introdução à Guerra Santa - Um plano cuidadosamente traçado - O caudilho predestinado - O cenário está pronto.

2. As chaves da milícia de Deus 49
Da paz à Guerra Santa, passando pela Justa - Do cruzado ao monge guerreiro - Templários antes do Templo - O nascimento do Templo - Do Templo à Regra.

Segunda Parte: Como se planeja um projeto 71

3. Como uma mancha de óleo 73
Chauvinismo penibético - O Templo se instala em
Aragão e Navarra - O poder messiânico do símbolo -
Operação Templo - A silenciosa discrição e o arrisca-
do jogo do valor - Quando dançam as cifras e as datas
- A inclinação templária de um rei trovador - Criar um
Estado a partir do nada.

4. O lento acesso ao cume 111
Estrangeiros em Castela - O ouro secreto dos montes -
Riquezas da mais diversa índole - Nossa Senhora de

la Encina - Gualdim Pais, a personalidade do Templo português - A chave do Ocidente - Portugal templário - O Templo navarro: uma equívoca presença - Escamoteios.

5. A coroa catalão-aragonesa: uma meta templária 153
As renúncias impossíveis - O instante em que o rei se transformou em sapo - O regresso do ausente - Gênese e razões de um mito - A insopitável ascensão de uma heresia - A vítima propiciatória.

6. Em busca de um Rei do Mundo 185
Prodígios para um nascimento - O resgate de um monarca: o cenário mágico - A conquista das ilhas mágicas - Estranhos na conquista - Prodígios curiosos e estranhas advocações - Maiorca templária - O caminho para o projeto sinárquico - A conquista divinal - A fracassada aventura ultramarina - O secreto saber de um Rei do Mundo - Os louros murchos do César.

7. O ocaso dos ídolos 237
Os vinte e cinco anos decisivos - Os de cal e os de areia - O nefando pecado da soberba - Fissuras e gretas - Ramón e o mundo real de Blanquerna - A consciência do fracasso.

8. A queda do colosso de barro 269
Europa e Espanha perante o Templo - As consciências do Templo - A incrível madrugada do 13 de outubro - Esperando decisões celestiais - Licença para saquear - Catorze acusações - Obedientes, disciplinados e inocentes - A aventura dos templários catalão-aragoneses - O Concílio de Tarragona - Os herdeiros do Templo.

Terceira Parte: O legado do Templo 303

9. O Templo na História 305
Existe um mistério templário? - As chaves do legado:
1) A arquitetura - As chaves do legado: 2) Cruzes patriarcais e "baphomets" - As chaves do legado: 3) Ao
poder pelo conhecimento.

Notal 337

Bibliografia 349

Prólogo

Quando, há muitos e muitos anos, comecei a interessar-me pelo estudo da Ordem do Templo, eu o fiz convencido de que sua história era apenas um apêndice da grande História da Idade Média européia e que, por isso mesmo, sua trajetória teve de marchar de acordo com os acontecimentos que se desenvolveram durante os pouco menos de duzentos anos de vida pública dos templários. Pouco a pouco, no entanto, dei-me conta de que, nessa História, havia muitas interrogações que só encontrariam resposta hipotética se se outorgasse ao Templo a importância que a historiografia acadêmica se obstinava em negar; que o Templo não só formava parte da História da Idade Média, mas que, em grande medida, conformava-a e lhe dava sentido. O caso era que, quando se levava em conta a possível influência ou a eventual intervenção dos templários em muitos acontecimentos, coisa que vinha sendo sistematicamente ignorada ou rebatida, estes adquiriam uma razão de ser que, sem a presença dos frades brancos, não vinha a constituir senão uma das muitas gratuidades da História.

Ante tal evidência, tive de interrogar-me sobre o porquê do pertinaz silêncio que a investigação oficial manteve em relação à autêntica importância que teve a Ordem no devir europeu dos séculos XII e XIII; minhas conclusões, se bem que provavelmente incompletas em muitos casos, levaram-me a traçar toda uma série de motivos que explicariam este constante escamoteio. É com alguns deles que desejaria abrir estas páginas.

A escassez ou ausência de documentos. —Apesar de ser abundante nos arquivos a documentação templária, existem porém lacunas irrecuperáveis que, de um lado, provocam uma lógica dúvida formal em torno a circunstâncias-chave de sua história e de seu ideário, ao passo que, por outro, parece que se tentou ocultar deliberadamente aspectos fundamentais de sua identidade e ainda lugares bem determinados onde esconderam seus tesouros, por motivos que seus proprietários posteriores trataram de manter ignorados. Estas carências provocaram polêmicas que, ao menos oficialmente, terminaram em fracassos, sem que ninguém pudesse pronunciar essa palavra definitiva que determina que uma conclusão seja incluída nos manuais de História autorizados. É o que acontece, por exemplo, na hora de garantir sem perigo de anátema que monumentos como a capela funerária de Eunate, em Navarra, ou a igreja de Vera Cruz de Segóvia foram obra do Templo. Sem dúvida, quando se recorre ao estudo em profundidade das estruturas próprias da arquitetura sagrada e, sobretudo, quando se comparam estes monumentos e sua finalidade transcendente com outros que não oferecem dúvidas documentais, chega-se à conclusão de que houve uma deliberada ocultação das origens e até do motivo de sua construção. Tem até cabimento supor que este escamoteio se deveu ao interesse de seus proprietários subseqüentes, para que não se chegasse a saber como e por que se fizeram donos de algo que era obra de outros.

Suspeitas fundamentadas tais como estas nos conduzem a um segundo motivo que pode explicar o silêncio que se cerra em torno ao ideário e à obra templária, bem como sobre sua decisiva influência sobre a história do mundo medieval.

O afã de protagonismo dos forjadores da história. — É algo que podemos detectar, inclusive em nossos acontecimentos históricos imediatos: aqueles a quem as circunstâncias ou sua própria personalidade levam a convertê-los em protagonistas do devir do mundo, ou de seu próprio país, costumam negar teimosamente suas dependências. E, quando têm a oportunidade de expor em público suas ações e proclamar sua vida ou seu ideário, adjudicam a si decisões, planos, desejos, vitórias e até projetos que, muito mais amiúde do que poderíamos supor, beberam em outras fontes ou lhes foram sugeridos por entidades que avaliaram o êxito de suas intenções precisamente na conservação do anonimato, inclusive à custa de que outros aparecessem como promotores de suas idéias e esperanças frente ao seu próprio futuro ou ao futuro do mundo.

Um exemplo que será amplamente tratado neste livro salta aos olhos e já é reconhecido pelos historiadores mais lúcidos: Jaime I, o Conquistador, absolutamente marcado e influenciado pelo ideário dos templários, com os quais se formou no castelo de Monzón, apenas citou a Ordem na hora de contar — pessoalmente ou por encomenda expressa — a história de seu reinado no *Libre dels Feyts,* se bem que resulta evidente que toda sua política foi sugestão direta ou indireta do Templo, que vira a possibilidade de realizar através deste rei o projeto fundamental da Ordem, a saber: a constituição de um império universal teocrático, capaz de transformar as estruturas históricas nas quais se assentava o seu tempo.

O silêncio oculto das intenções. — Obviamente, se é que chegou a conhecê-lo em suas dimensões reais, Jaime I, tal como tantos outros personagens medievais tocados pelo espírito templário, não podia de modo algum tornar públicos estes projetos, nem através de documentos nem no relato de uma crônica. Tais ideários universalistas nunca ficam explicitamente expostos quando realmente são concebidos, pois sua publicação traumatizaria todos os poderes estabelecidos, que se apressariam, indefectivelmente, em destruí-los, ainda quando estivessem em fase de serem realizáveis a longo prazo. De certo modo, isto é o que deve ter acontecido com a Ordem do Templo: o que provocou sua condenação e abolição, tanto por parte da Igreja como por parte dos monarcas e reinos que os acolheram enquanto foram tidos como simples servidores das instituições que detinham o poder.

Por acaso poderíamos imaginar, aqui e agora, as intenções reais de organizações como a CIA, certas seitas tradicionalistas ou algumas empresas multinacionais, sem que se despertasse um sentimento generalizado de protesto e rechaço perante o que se poderia supor como o fim definitivo e irreversível das estruturas que acreditamos que nos governam? Não cabe a menor dúvida, e hoje mesmo é o que estamos vivendo em nossa história imediata, de que o mundo permanece imerso em corporativismos de todo tipo, através dos quais os diversos estamentos sociais se imaginam protagonistas de seu próprio futuro. Se estas camadas aparentemente autóctones fossem ameaçadas com a aniquilação nas aras de uma suposta Ordem universal, que necessariamente anularia de golpe os pequenos poderes nacionais, de agremiações, institucionais e políticos, sobre os quais se estruturam nossos projetos existenciais, podemos ter a certeza de que todos — ou a maior parte deles — se uniriam para que tal eventualidade nunca fosse possível.

Sem dúvida, entre estas estruturas, os nacionalismos formaram sempre núcleos básicos de união. Fomentou-se secularmente o endógeno e rechaçou-se sempre, com maior ou menor violência, o que se supunha chegado de fora. Esta atitude, que não forma parte de nenhum instante determinado da História, mas que é essencialmente intemporal, foi o que constituiu outro dos motivos pelos quais, sobretudo fora da França — pois a França considerou sempre o Templo como propriedade sua —, se minimizou ou ignorou a função da Ordem da Europa medieval e, em nosso caso concreto, no futuro da Península Ibérica.

As obsessões nacionalistas. — Para a maioria de nossos estudiosos da História, parece ter sido sempre desagradável — e quase nenhum deles pode sequer dissimular este sentimento — que, em instantes cruciais de nosso passado, pudesse ter ocorrido a influência de um poder ou uma determinada ideologia alheios a nossas próprias estruturas, Roma e sua Igreja à parte. Em certo sentido, tendeu-se sempre a considerar como maligno o que nos chegava de além de nossas fronteiras ou mares. Mas quanto a isto não nos distinguimos demasiado dos sentimentos dominantes em qualquer outro país. Em qualquer caso, esta atitude nos levou a paradoxos tais como a secular e absurda idéia da Reconquista, acompanhada sempre pelo sentimento de tomar nossos muçulmanos como estrangeiros invasores, quando, ao cabo de séculos de sua presença na Península, já eram tão espanhóis como os cristãos que dominavam (cristãmente) os territórios setentrionais. Ou nos convenceram do antipatriotismo de nossos afrancesados do século XIX, que em sua grande maioria não foram outra coisa senão convencidos visceralmente da necessidade de uma europeização da Espanha, para removê-la das trevas culturais onde fora afundada pelo isolacionismo tridentino de nossa Igreja e de seus órgãos mais arcaicos.

Os templários, em grande parte por culpa do pertinaz chauvinismo de nossos vizinhos de além-Pireneus, foram vistos sempre como uma instituição francesa, mais ou menos — muito mais do que menos — arraigada por um século e meio nos reinos cristãos peninsulares. Como tal, sua presença teve de reduzir-se no contexto histórico espanhol, tal como os cruzados europeus que acudiram esporadicamente para intervir na luta contra o Islã, a uma mera colaboração mercenária por glórias celestiais e que, terminada sua missão, regressaram a suas terras e deixaram nossos monarcas elucidar sem pressões estrangeiras as questões políticas que afetavam seus reinos.

Compreendo que, transmitidas a partir de uma aula ou proclamadas num manual as gloriosas façanhas de uma História local que deve ser abordada como defesa retroativa das instituições atuais, a exaltação indiscriminada dos valores nacionais deve ter prioridade absoluta. Inclusive estaria disposto a admitir que convém, às vezes, equilibrar as carências e os silêncios a que se submeteu secularmente nossa História no contexto europeu; até mesmo entendo que resulta em um bem compensar de alguma maneira — possivelmente airosa — a ignorância que por aí afora continuam tendo sobre nossa identidade. Até posso aceitar que às lendas negras se responda com ardorosos discursos e defesas apaixonadas, porque de ambos os extremos se pode extrair conclusões mais objetivas.

Entretanto, creio também que estas atitudes confundem amiúde as justas reivindicações com a defesa às cegas e, o que pode ser pior, a exposição da suposta realidade com a exaltação indiscriminada das atitudes nacionalistas e de seus paladinos reconhecidos. E isto é tão perigoso, ou mais, que deixar-se levar pela fantasia romântica, que tomava a História como simples base para fabricar sobre ela um universo de sentimentos idealizados. Perigoso porque, em aras do suposto rigor histórico, tende-se a conceder crédito ilimitado a certos fundos documentais aceitos ao pé da letra, esquecendo-se que nenhum documento, nem sequer uma simples fatura, é no fundo algo objetivo, mas que responde ao *desejo* ou à necessidade de alguém deixar constar uma *vontade* pessoal ou coletiva.

Talvez, perante esta situação, que me atreveria a qualificar de beco sem saída, se impõe abordar o fato histórico de uma nova perspectiva. Tratar-se-ia, em síntese, de não abandonar os caminhos pisados até agora, mas acrescentar-lhes outros, tais como a memória coletiva, as lendas populares, os mitos e até as falsidades evidentes introduzidas nos acontecimentos do passado — todas elas questões rechaçadas sistematicamente pela investigação racionalista —, que podem ajudar-nos a esclarecer incógnitas de uma História não-documentada e a encontrar respostas a perguntas que os historiadores, com muita freqüência, rechaçam quando não encontraram previamente a resposta.

A este campo ou a este método de investigação, alguns — como eu mesmo, em alguma ocasião — o chamam de Intra-história. Parece-me válida esta denominação, tal como chamar parapsicologia ao estudo dos fenômenos chamados paranormais. Quero dizer que reconheço sua validez como ponto de partida, sobretudo porque em ambas as disciplinas se empregam meios e se abordam questões repelidas pela historiografia e pela psicologia enquanto ciências convencionais, oficiais ou acadêmicas.

Sem dúvida, não há mais que uma História, como não há mais que um modo de estudar a alma: a Psicologia. O que ocorre é que é preciso fazer um esforço para totalizar este estudo e reconhecer — curiosamente, em ambas as disciplinas — que o Ser Humano não se move sempre pelos limites da racionalidade, mas que, muito mais freqüentemente do que se costuma admitir, atua, existe e se move no campo do irracional, do intuitivo, do que ainda continua anatematizado em um universo machista, no qual o único que se admite por decreto e sem reticências é o tantas vezes errôneo ditado pela estrita razão, a única a que se concede lugar na hora de assentar conclusões admitidas como válidas. Precisamente esta questão é o último — por hora — dos motivos que levaram nossa historiografia a esquivar-se do estudo em profundidade da Ordem do Templo.

O medo à intuição. — A História se move a golpes irrevogáveis de provas. A Intra-história — continuemos chamando-a assim, enquanto se lhe nega a devida permissão para incorporar-se à ciência oficial admitida — serpenteia entre chaves que levam amiúde a conclusões surpreendentes e, por serem surpreendentes, incríveis, inadmissíveis pela autoridade vigente. Mas atentemos: o inacreditável só pode ser considerado como incerto quando as provas venham a confirmá-lo. Em contrapartida, suas conclusões devem ser levadas em conta, mesmo que na qualidade de hipóteses sobre as quais se continue trabalhando, sempre que o esquema das chaves seja capaz de reconstruir coerentemente a realidade, por distintas que sejam suas conclusões daquelas estabelecidas pelos instrumentos habituais de trabalho do pesquisador: os documentos.

Chamo a esta atitude de medo. Mas muitas vezes questiono se trata de medo ou se não é antes uma postura de comodismo, adotada por ser a oficial e, por conseguinte, a única que permite alcançar prestígio acadêmico em nosso contexto cultural. Em qualquer caso, dá a impressão — ao menos os historiadores costumam transmiti-la, quando são enfrentados com estas questões — de que há medo, uma reticência incontrolável perante o que consideram não provado, perante o que não pode ser admitido porque, se assim o fosse, obrigaria a mudar tantas páginas dos manuais, que a maior parte dos textos ficaria inútil enquanto guia, método e fonte inapelável do saber aceito.

Entendo que tal perspectiva assuste. E entendo que, em conseqüência, a investigação acadêmica, sobre a qual se baseia todo o sistema cultural vigente, se aferre, como a um cravo em brasa, a seus princípios consagrados, perante a suspeita de que algo fundamental está mudando na consciência coletiva que obrigará, mais cedo ou mais tarde, a reacomodar nossas perspectivas sobre o conhecimento em geral e sobre as distintas disciplinas que o compõem e o atomizam. Pois é o caso de que, se a Intra-história tem algo que a distinga essencialmente da historiografia convencional, este algo é a obrigação ineludível que o pesquisador tem de adentrar-se paralelamente no conhecimento de matérias alheias ao puro discorrer da História. Naturalmente, esta circunstância exige uma reciclagem profunda do estudioso, obriga-o a conhecer — ou pelo menos, a não ignorar — matérias que são às vezes radicalmente diferentes das que constituem sua estrita especialidade e, sobretudo, a necessidade absoluta de abandonar de uma vez por todas essa condenada especialização, que limitou o horizonte de nosso conhecimento a áreas incrivelmente pequenas.

É um fato, cada dia mais evidente e a cada dia mais preocupante, que o medievalista — e isto é um simples exemplo — ignora a história antiga e a moderna, sem considerar que, em boa parte, os acontecimentos que formaram parte de sua especialidade são, no mínimo, conseqüência de atitudes e modos de pensar que se forjaram muitos séculos antes da época à qual sua capacidade de estudo foi limitada. Mas não é menos essencial que muitos dos temas que formam parte de sua investigação, por mais restringida que seja, resultarão impossíveis de abordar com rigor se não se lançar mão de outras disciplinas, nem mesmo muito distantes, mas próximas, sem as quais escaparão necessariamente a maior parte dos motivos que contribuíram para que um determinado episódio da história tivesse lugar.

Recordo, neste sentido, um acontecimento que pode ser simbólico e que, de certo modo, forma parte desta história que aqui tentarei empreender. É contado pelo grande Robert Graves, no prólogo a um livro do mestre sufi Idries Shah. Diz Graves — de que se há de lembrar que passou muitos anos de sua vida na ilha de Majorca — que, lendo as crônicas medievais da conquista de Jaime, o Conquistador, surpreendeu-se ao ver que a rendição da praça de Ciotat (Palma) se produziu quando o monarca catalão-aragonês prometeu aos sitiados que o morcego faria parte do emblema da cidade quando a ocupassem os cristãos. Graves consultou o mestre Shah sobre esta questão e este lhe disse que o morcego é um símbolo fundamental no ideário transcendente dos sufis, que vêem nele aquele que é capaz de enxergar a luz em meio às trevas. A questão, provavelmente tabu para muitos medievalistas, tem importância fundamental, posto que, através de uma promessa que mal tem sentido numa perspectiva racionalista, o rei conquistador demonstrou — ou, pelo menos, mostrou — aos mouros marroquinos que conhecia suas tradições e que entrava naquela praça disposto a respeitá-las.

Para entender situações como esta, que se repetem ao longo da História, o pesquisador teria de lançar uma pedra na lagoa do conhecimento e acompanhar até seus limites as ondas que se espargem e alcançam tantos outros saberes vizinhos, que costumeiramente ficam esquecidos. Eu sei como, a cada dia, a área dos conhecimentos se amplia em proporção inversa à nossa capacidade de abrangê-los. Estou consciente de que alcançamos um nível que nos impede de estar a par de tudo quanto se descobre, se publica e se resenha. Reconheço que podemos perder-nos no labirinto de conhecimentos que criamos. Mas tenho também a impressão de que complicamos deliberadamente as coisas — ou talvez elas nos foram complicadas — com o fim de que abandonemos qualquer atitude holística e humanista e nos concentremos, como crisálidas, em uma célula estreita do conhecimento, de onde não podemos sair e de onde não nos será possível saber o que acontece nas células contíguas.

Quero pedir perdão antecipadamente a quem se dispuser a ler este ensaio de história do Templo na Península Ibérica, porque nele, na medida de minhas forças, que não são muitas, e do pouco que consegui aprender, vou tentar um mergulho intra-histórico, lançando fora os motivos que expus sobre a reticência da historiografia acadêmica na hora de empreender este tipo de investigação. Em qualquer caso, devo agradecer a todos os estudiosos o trabalho que realizaram, muitas vezes sem querer. Pois, enquanto se preocupavam com rendas e doações, batalhas e reuniões de cortes e concílios, consignavam muitas vezes chaves que estavam evidentes, mesmo que resistissem a interpretá-las, seguramente pelo temor a que logo poderiam ser reprochados, desde a cúpula acadêmica. A maior parte dos dados que utilizei, e que consignarei oportunamente, estão ao alcance de todos. Algumas vezes publicados, outras vezes empoeirando nos arquivos nacionais e locais. Não resistirei a mergulhar na leitura das entrelinhas, nos sincronismos, nesses acontecimentos aparentemente banais que escondem significados decisivos, na hora de interpretar as intenções de uma coletividade como o Templo. O leitor poderá tirar as conclusões que estimar oportunas, mas creio que posso assegurar-lhe uma coisa, antes que inicie a leitura: a Ordem do Templo foi decisiva no desenvolvimento da história peninsular dos séculos XII e XIII. Digam o que disserem os manuais e os estudos acadêmicos, a aventura política, religiosa e cultural da Península teria sido muito diferente se os templários não estivessem entre nós.

Primeira Parte:

O instante oportuno

Ce fut au temps du mois de May,
Qu'on doibt fouïr deuil et esmay,
Que i'entray dedans vn vergier
Dont Zephirus fut iardinier.
Quand devant le jardin passoye,
Ie n'estois pas vestu de soye,
Mais de pauures draps maintenu,
Pour n'apparoir en public nu.
Et m'esbattant auec desir
De chasser loing mon desplaisir,
Ouy vng chant harmonieux
De plusieurs oyseaux gratieux.*

Jean de la Fontaine,
La fuente de los Amantes de la Ciencia, 1413.

(*) NT - Foi no tempo do mês de maio, / Quando se deve fugir da dor e
do desânimo, / Que entrei num jardim / Do qual Zéfiro era o jardineiro.
/ Quando passava perante o jardim, / Eu não estava vestido de seda, /
Mas coberto de pobres trapos, / Para não aparecer em público nu. / De-
batendo-me com o desejo / De afastar para longe meu desgosto, / Ouvi
um canto harmonioso / De vários pássaros graciosos.

1. As chaves do milênio

A História fabrica o ser humano. E o ser humano é também quem a vive, marcando etapas de esplendor ou de crise, segundo seu sentido adimensional do Tempo. Com referência a estas medidas subjetivas, e nem por isso menos reais conforme nossos parâmetros, a Humanidade marca limites para si, picos e abismos em seu devir; e, com referências a estes acidentes temporais, projeta seus temores ou suas esperanças para um futuro que, supostamente, vem marcado pelo destino ou pela Providência.

A espera do ano Mil

Contra o que difundiram dramaticamente os pesquisadores do romantismo, a perspectiva da proximidade do primeiro milênio de cristianismo não foi para o homem medieval um terror ameaçador, porém uma expectativa de mudança, difusa sem dúvida para os crentes e não isenta de certo temor, mas sentida como meta teocrática pela Igreja triunfante que, segundo todos os testemunhos e por quanto se pode extrair de suas atitudes, se fixou esta data como o início de seu poder efetivo sobre a comunidade cristã.[1]

Duas idéias, a *parúsia* e a messiânica, uniram-se em comunidade de intenções por parte da hierarquia espiritual. Quanto à primeira, fomentou-se o anúncio da Segunda Vinda de Cristo como uma advertência para aqueles que não assumiram o Cristianismo mais essencialmente. Quanto à segunda, era a própria Igreja que, de sua parte, assumia a sacralidade crística, para preparar sua teocracia e reger definitivamente os destinos da Humanidade.

Para tanto contava, em primeiro lugar, com uma autêntica milícia monástica, o beneditismo cluniacense, que chegava disposto, desde sua fundação efetiva por Santo Odão (927), a consolidar o poder de Roma frente ao feudalismo e frente a um Império que, até esse momento, havia considerado a Igreja como coisa sua, como uma instituição deteriorada por seus próprios dirigentes, que devia dobrar-se à obediência tácita em troca da proteção que se lhe dispensava.

A segunda base de que dispunha a Igreja era seu indubitável domínio intelectual sobre o mundo circundante. Dentro do setor eclesiástico se encontrava a maior porcentagem de pessoas que sabia ler e escrever; portanto, constituía por si mesma uma elite com capacidade de liderança, com maiores bases para impor seu critério dialético e influir convincentemente sobre a vontade dos seus fiéis.

Se bem que tenha afetado toda a sociedade européia imediatamente anterior ao século X, o sentimento milenarista foi um projeto da Igreja e se desenvolveu porque a Igreja quis que se desenvolvesse. Para tanto, se valeu de algumas das Escrituras cuja interpretação caía fora de qualquer capacidade crítica do povo e que foram tomadas como anúncio divino irrevogável, não tanto do que sucederia ao cumprir-se os mil anos da Encarnação, mas do que deveria acontecer para que a ameaça do Fim do Mundo não se consumasse. O que pressupostamente teria de suceder era o triunfo total e absoluto de Roma, graças à sua suposta capacidade para dirigir definitivamente o destino dos crentes. Uma capacidade, por certo, não isenta de um profundo sentido mágico e taumatúrgico desse poder. Não foi em vão que ao pontífice do Milênio, Silvestre II (Gerberto de Aurillac, 999-1003), se atribuíram poderes e conhecimentos ocultos, supostamente obtidos em seus anos de iniciação esotérica numa Toledo tradicionalmente considerada berço e sede da sabedoria mágica ancestral.

O ano Mil constituiu, muito mais que um anúncio de horrores definitivos, a data precisa fixada pela perspectiva cristã para o início de um período de uma Nova Ordem, cujo projeto foi amplamente anunciado, para que ninguém pudesse ser acusado de erro, desde duzentos anos antes. Para tanto se difundiu, na medida do possível, os comentários ao Apocalipse, tanto do monge Beato de Liébana, surgido no seio de uma minúscula comunidade de cristãos ameaçada pelo poder do Maligno (personificado pelo Islã, para a Igreja), como os que foram escritos em torno das mesmas datas, na corte carolíngia, em pleno auge de seu poder, a ponto de constituir outra ameaça, desta vez surda e praticamente impossível de contrariar pela força da autoridade que a Igreja conferia a si mesma.

Foram estabelecidos[2] vários testemunhos-chave do sentimento milenarista, já em pleno século X, quando a data precisa se ia aproximando ao período cronológico vital para os fiéis da época. Os Últimos Dias foram anunciados formalmente no Concílio de Trosly (909) e nos escritos do abade cluniacense Santo Odão (927-942). De sua parte, o monge Adson, em seu *Libellus de Antechristo* (954),[3] revelou, não sei se voluntariamente, o projeto oculto da Igreja, proclamando que o Anticristo anunciador do Juízo definitivo faria sua aparição quando caísse o Império, que naqueles instantes era já apenas uma sombra do que Carlos Magno havia projetado. Alguns estudiosos do texto afirmam que aquele livro foi escrito por causa da confiança daquele monge na absoluta decadência da autoridade imperial. No entanto, poder-se-ia pensar antes que se tratasse de um anúncio prévio, como o seria a aparição quase providencial do ermitão Bernardo de Turíngia, que se apresentou em 960 perante a assembléia de Würtzburg anunciando a iminência da data definitiva.

Entre os anos de Cristo

O ano Mil chegou entre inquietudes e suspeitas, temores e agouros não cumpridos. Para a Espanha cristã implicou no fim dos terríveis ataques de Almansur, que assolaram os reinos e territórios do Norte durante os últimos vinte anos do milênio. Almansur morria em Medinaceli em 1002, no mesmo ano em que falecia o imperador Othon III, definindo, com sua morte, uma profunda alteração nas relações entre a Roma pontifícia e o Império. A Igreja calou as escassas alusões ao Fim do Mundo, mas a idéia continuava viva na Cristandade, e muitos começaram a ver em qualquer desastre dentre os muitos que se produziam a cada ano a prova da profecia evangélica que se estava cumprindo e que se completaria durante os trinta e três anos entre a celebração do nascimento e morte do Salvador.

Nunca viremos a saber se os temores e as suspeitas que germinaram naqueles tempos representaram uma bomba de profundidade lançada sub-repticiamente pela Igreja para lançar um estado de confusão, de onde sairia reforçada em seu poder, mas o certo é que, paralelamente a pestes, monstros marinhos, eclipses e prodígios no céu, como os que foram minuciosamente consignados pelo cluniacense Raul Glaber em sua *História*, os monges beneditinos da abadia borguinhona foram ampliando irresistivelmente seu campo de influência, atraindo para si a admiração indiscriminada dos monarcas peninsulares (cujos mosteiros ainda não haviam abraçado a regra beneditina), promovendo discretamente a luta sem quartel contra aquela mourisma que destruía o Santo Sepulcro (1009) e ameaçava, desde Al Andalus e Sicília, a Cristandade, e infiltrando-se, lenta mas seguramente, nos domínios pontifícios, até converter-se em motor único da política dos papas.

Curiosamente, naquele instante em que a Igreja necessitava remover os alicerces da sociedade e aterrorizava materialmente com a ameça de extinção, foi precisamente Roma, como cabeça visível da Cristandade, que se lançou ao trabalho de sapa que lhe permitiria emergir como força política, para impor seus princípios teocráticos. Roma, naquele instante, vivia em sua carne, e através de seus pontífices, a mesma depredação que servia de chamariz para a idéia milenarista. Os papas saíam das famílias patrícias da cidade imperial; eram eleitos pela influência local que pudessem exercer; praticavam o nepotismo e a simonia, esqueciam sua função de dirigentes de um rebanho teoricamente universal e buscavam proteção para permanecer num posto em que a responsabilidade espiritual havia sido amplamente substituída pelo relaxamento e boa vida.

Os monges, enquanto isso, com sua proclamada autoridade e com seu ascetismo, haviam empreendido a reforma eclesiástica, apinhando-se em torno ao pontífice. Não pelo que ele pudesse ser pessoalmente, mas pelo que representava enquanto cabeça visível, se bem que meramente simbólica, quase sempre, do conjunto da Cristandade. Assim foi que relevaram o exemplo tão pouco edificante que davam, com sua vida em geral depravada e até sua dependência da proteção de outros poderes, abusando de uma autoridade que não haviam ganho o direito a exercer. O que importava, antes de mais nada, era a manutenção a todo custo da instituição, limpá-la de impurezas e devolver-lhe o prestígio perdido.

De certo modo, a situação em que se encontrava a Santa Sé ajudava a idéia milenarista, sem sequer propô-la. Devolver-lhe, tanto quanto possível, sua autoridade, no futuro, dependia da categoria dos pontífices que surgissem depois que as angústias do Fim do Mundo tivessem passado. Então, tal como pareciam apontar algumas profecias, se instauraria uma Igreja forte, sábia, justa e todo-poderosa, sob a proteção do Espírito Santo e da tácita condenação de todos os que não professassem de corpo e alma a fé de que seriam os efetivos representantes.

A escalada inevitável

Os anos-chave da ameaça milenarista coincidem com a aparição de figuras notáveis do monasticismo europeu. Cluny foi dirigido por Santo Odilon entre 995 e 1048. Foi ele quem formou, por sua influência direta, ou permitiu a aparição de outros monges que representaram marcos na história da Igreja, em momentos em que, com toda a probabilidade, a maioria dos crentes ignorava até mesmo o nome do pontífice que governava a comunidade cristã.

Ali estava São Romualdo, criando a ordem ascética dos camaldulenses e fugindo com todo o cuidado das influências romanas. Na Marca Hispânica, Oliba, que reuniu as mitras abaciais de Ripoll e de Cuixá e a bispal de Vic para, com sua autoridade, criar as bases do Estado catalão. Em Navarra e Aragão, Dom Sancho e Dom Paterno, que subiram até a Abadia de Cluny para beber, durante muitos anos, nas fontes originais da reforma beneditina e voltar para suas terras, para fundar definitivamente o espírito monástico europeu. E, em Castela, Domingo de Silos (morto em 1072), instaurador da disciplina beneditina a golpes de milagres no cenóbio moçárabe que lhe coube pela sorte. Já longe da conflituosa Hispânia, Raul Glaber, o monge vagabundo que percorreu todos os mosteiros centro-europeus, tomando nota de quanto pudesse impressionar o mundo leigo para quem escrevia. Ou então Juan de Vandières (*circa* 933), devolvendo os húngaros à obediência cristã. Ou ainda Guilherme de Volpiano, levantando exércitos de monges militantes nas regiões da Normandia e Lombardia.

Quando o Milênio se aplacou, depois de transcorrida a data dos dez séculos da Paixão de Cristo, a Europa inteira era, de fato, um feudo espiritual de Cluny; e os reinos e senhorios feudais, patrocinadores incondicionais de suas abadias e priorados, em troca das orações e missas de monges considerados por todos, sem exceção, como exemplo máximo de virtude e como efetivos intermediários de todos os fiéis com a Glória prometida. O Milênio, para muitos, foi o Império de Cluny.

Mas atenção, pois este império espiritual não foi forjado unicamente sobre o alicerce cristão que os monges traçaram para si como meta em seu afã de restauração da glória eclesial. Os monges tinham consciência de que, mesmo que transcorridos mil anos de expansão do Cristianismo, o povo crente era portador, em partes iguais, da fé que lhe fora inculcada do púlpito e de uma consciência contaminada com crenças ancestrais, no mais profundo do inconsciente coletivo. Os fiéis se moviam em partes iguais entre o influxo do santo ortodoxo e o gosto pelos mais antigos valores tradicionais contra os quais a Igreja havia arremetido indiscriminadamente.

Foi por essa razão que, a partir de Cluny, se começou a alimentar, até os limites do mágico, a importância fundamental das relíquias e a necessidade imperiosa de peregrinar aos Centros do Mundo tocados pela idéia transcendente. As relíquias, às quais sempre se conferiu poderes taumatúrgicos acima dos meramente testemunhais, eram a prova palpável da santidade original da fé, ou, no seu caso, o exemplo latente dos que se sacrificaram pelo ideário teocrático que se queria alcançar. Os *Axis Mundi* — Santiago, Roma ou Jerusalém — constituíam a meta do cristão que aspirava a essa mesma santidade e que, para alcançá-la, ou pelo mero desejo de ter um lugar entre os justos, na Glória, devia penar num sacrifício com conotações iniciáticas que, teoricamente, transformaria sua alma para torná-la digna dos favores eternos ou para chegar ao local preciso desse Eixo que une a Terra e o Céu, com vistas ao instante do Juízo Universal.

Em paralelo com estas razões estritamente ortodoxas, havia uma concessão perfeitamente programada para o cumprimento dos impulsos sagrados latentes na consciência coletiva dos fiéis. O objeto sagrado que era preciso venerar e o lugar sagrado aonde era preciso ir formaram parte da idéia religiosa original desde a origem das civilizações. O Cristianismo, que começou o seu caminho pretendendo apagar totalmente o passado religioso da Humanidade, amanheceu depois do ano Mil reivindicando e alimentando ao máximo aqueles fatores que, se bem que anteriores, produzindo-se por impulso coletivo irrefreável, nunca foram respaldados oficialmente pela autoridade reconhecida.

Cluny se encontrava por detrás daquele esplendoroso ressurgimento do impulso religioso ancestral; enquanto que seus mosteiros se convertiam nos principais acumuladores de relíquias, atraindo os fiéis com sua oferta transcendente, a Ordem se implantava nos caminhos seguidos pelos crentes até o lugar sagrado e estabelecia como rota oficial aquela que obrigava o peregrino a deter-se ou passar pelos mosteiros que os cluniacenses ganharam para sua reforma.

Mas aquela implantação universal não era senão parte de uma manobra política muito mais ampla e ambiciosa. Cluny pretendia para a Igreja o poder absoluto sobre a Cristandade e, uma vez obtido, empreender a conquista do mundo em grande escala, criando um Governo Universal dominado pela Igreja e regido pela classe monástica. Para alcançar este propósito, a etapa imediata era, depois de controlar o povo, insuflando ao máximo sua devoção, influir nos governantes europeus e favorecer uma atomização que, logicamente, teria de reforçar a influência da política monástica, que faria os entendimentos com os soberanos de países divididos. Neste sentido, a história da Espanha naquela época, com acontecimentos tais como os dobletes dos condes catalães, como a divisão de seus reinos por Sancho III, o Maior, como a independência de Portugal e a separação entre Castela e León, curiosamente coincidentes com a implantação do beneditismo cluniacense na Península, poderia ser um exemplo onde a impossível comprovação documental seria facilmente substituída pela evidência do enorme poder que em todos aqueles Mini-estados foi tomando a Ordem pouco depois de ser implantada.

Todas estas manobras, que no resto da Europa se produziam paralelamente, se bem que em menor proporção que na Península, só pareciam tender a um intento bem concreto: Cluny, erguendo-se como autoridade moral máxima da Igreja, começara a tentar a fórmula que permitira, num determinado momento, reunir a Cristandade e o mundo sob a autoridade máxima do pontífice romano, protegido pela força de um Rei do Mundo cuidadosamente procurado entre os vários soberanos, capaz de atuar como defensor universal da Cristandade, uma vez neutralizado o poder teórico de um Império romano-germânico que pretendia erguer-se sobre a indiscutível autoridade do papado.

Os papas cluniacenses

Para desgraça do ideário teocrático dos monges durante os anos que fecharam o Milênio, a tiara pontifícia estava nas piores mãos possíveis. Benedito VIII, membro do alto patriciado romano, foi sucedido por João XIX (1024 - 1032), de sua família mesmo; e a este, num clima de nepotismo sem precedentes, Benedito IX, seu irmão, que subia ao sólio com doze anos e que em pouco tempo ficou conhecido como "o pequeno Heliogábalo", por causa de sua evidente degeneração congênita, que o fez cometer todos os excessos morais imagináveis.

Com toda a certeza, aquela situação absolutamente degradada parecia agradar aos imperadores germânicos, que protegiam os papas e lhes permitiam qualquer depravação, desde que os coroassem solenemente, dando carta de sacralidade a seu posto. Aquela situação, contrariamente ao que pareceria lógico, reforçava o poder de um imperador que por si não era muito digno da autoridade que ostentava, porque os papas mal poderiam reclamar a sua como cabeça da Cristandade quando resultavam tão pouco éticos os meios dos quais se valiam para obter o seu próprio cargo. Silvestre III pagou suborno para alcançar a tiara e ainda viviam ele e o menino-pontífice quando se ergueu sobre o sólio Gregório VI, um rico arcebispo romano que logo teve a consciência de que algo precisava mudar profundamente no seio da Igreja para recuperar seu esfarrapado prestígio. Curiosamente, a seu lado, se bem que ainda na sombra, se encontrava um jovem monge cluniacense chamado Hildebrando.

A necessidade de reforma que constituiu a preocupação de Gregório VI não se viu respaldada pelos interesses imperiais. Henrique III ainda tinha na Cidade Eterna dois papas dos quais poderia lançar mão se assim lhe conviesse: Benedito IX, que ocupava Santa Maria Maior, e Silvestre III, que vivia em São Pedro, enquanto que o domínio do novo pontífice se reduzia a São João de Latrão, e faltava-lhe força para impor-se. Assim, pois, o imperador não teve dificuldade em levá-lo desterrado para a Alemanha, de onde jamais regressaria (1046). Hildebrando, o cluniacense, o acompanhou, enquanto que em Roma prosseguia o contubérnio patrício pelo trono de Pedro.

Clemente II, imposto à força por Henrique III, morreu depois de poucos meses, sem pena nem glória. Seu apressado sucessor, Damásio II, tampouco resistiu aos embates do "pequeno Heliogábalo", que lutava desesperadamente para recuperar o seu poder. Mas, enquanto isto, algo parecia estar cozinhando além das fronteiras alemãs, porque em fevereiro de 1049 chegava a Roma, para tomar as rédeas da Igreja, um alsaciano parente do imperador, que foi coroado papa com o nome de Leão IX. Como que por acaso, seu capelão, que o acompanhou naquela viagem à sede pontifícia, era outra vez o cluniacense Hildebrando.

A coroação do novo papa coincidiu com a morte do abade Odilon e com a nomeação do mais importante impulsor do poder de Cluny, Santo Hugo (1049 - 1109), cujos cinqüenta anos de abadia coincidiram também com a mais profunda transformação vivida pela Igreja ao longo de sua história.[4]

Não é questão entrarmos aqui a detalhar tudo o que Cluny chegou a fazer em prol do poder pontifício através de Hildebrando, até que este mesmo alcançou a tiara em 1073. Mas uma simples enumeração dos acontecimentos nos demonstraria de modo superabundante que, enquanto se mantinha na sombra dos pontífices impostos pelos imperadores — Vítor II, Estêvão IX, Benedito X e Nicolau II —, ia trocando esta influência imperial pela proteção que logo começou a obter dos normandos, que dominavam os antigos territórios muçulmanos da Sicília e Calábria. Aquela sucessão ininterrupta de manobras, em que a Igreja parecia manter-se à margem, enquanto que exércitos rivais se atracavam numa luta sem quartel para influenciar a Cristandade através de uma bênção do Vaticano, não era senão uma maneira de desimpedir o caminho da Igreja — e, colateralmente, de Cluny — rumo ao império teocrático que constituía a meta dos abades do mosteiro burguinhão.

Ao ser nomeado papa Alexandre III, Hildebrando era já seu chanceler. Durante seu pontificado de doze anos (1061 - 1073), a liturgia romana, que ainda não havia sido reconhecida em alguns dos reinos da Espanha peninsular, se instaurou universalmente na Cristandade do Ocidente. Propiciou-se o desenvolvimento das ordens monásticas de conteúdo mais ascético, como a dos camaldulenses e a dos ermitãos calabreses. Submeteu-se a aristocracia romana, toda ela aparentada com papas anteriores e desgostosa com os que se mostravam firmes no seu posto, e se consentiu beatificamente que imperiais e normandos se debilitassem em guerras que só beneficiavam a ascensão constante do prestígio papal. Quando Hildebrando foi finalmente eleito papa com o nome de Gregório VII, a Igreja já estava em condições de lutar por seu ideal teocrático, com vistas a converter-se na base daquele império universal pelo qual Cluny lutava silenciosamente. A luta das investiduras contra as ingerências de Henrique IV, que converteram Gregório, segundo alguns, no pontífice mais importante de toda a Cristandade, é suficiente para demonstrá-lo. Mesmo que tenha perecido nesse empenho e terminasse seus dias em Salerno, depois de ter-se recolhido sob a custódia do abade Desidério de Montecassino, a sua foi a declaração de guerra de uma Igreja que muito bem poderíamos chamar de cluniacense, porque foram os monges desta Ordem que cavaram os alicerces e prepararam as estruturas do edifício glorioso do poder disposto a tomar as rédeas do destino do Ocidente.

Introdução à Guerra Santa

Insistiu-se sobejamente em definir as Cruzadas como uma reação visceral cristã ante a situação de uma Terra Santa dominada pelo Islã e de acesso impossível por parte dos peregrinos desejosos de alcançar aquele *Axis Mundi* marcado pela história sagrada que narravam os Evangelhos. Naturalmente, este foi o motivo proclamado, que foi ecoado por muitos historiadores, até que as correntes da investigação posterior se empenharam em descobrir as razões econômicas daquela epopéia medieval, procurando dessacralizar os motivos esgrimidos pelos cronistas que escreveram ao ditado dos interesses da Igreja.

A realidade meta-histórica, se é que assim pode ser chamada, era muito outra, e sua análise pode abrir novos caminhos de investigação. Inclusive tem cabimento que, para que a captemos em seu autêntico e secreto motivo, tenhamos de revisar sumariamente a situação que vivia a Península Ibérica durante os anos que giram em torno ao Milênio.

Nessa época, o território ibérico se encontrava geográfica e politicamente dividido por duas crenças pressupostamente em confronto: o Cristianismo e o Islã. Este último ocupava mais de dois terços do espaço hispânico, ao passo que o terço setentrional ficou nas mãos de cristãos divididos em esboços de Estados sem força para impor-se e só capazes de sobreviver formando uma espécie de cordão de isolamento que fez com que a Europa, na prática, os relegasse ao esquecimento. Comprova-se este fato recorrendo aos cronistas e historiadores não-peninsulares: a Hispania, para eles, não formava parte da Europa; era apenas um muro de contenção que permitia que o resto do Ocidente subsistisse sem a ameaça muçulmana imediata.

Mas esse estado de isolamento produziu no território ibérico uma situação que podemos adiantar como insólita no contexto europeu geral. Al Andalus, a Espanha islâmica, albergava em seu seio quase tantos cristãos quanto muçulmanos: os moçárabes. De sua parte, os pequenos reinos do norte estavam habitados por quase tantos muçulmanos como cristãos: os mudéjares. E de um e outro lado da fronteira — fronteira esta imprecisa, muitas vezes — se encontrava a numerosa colônia sefardi, o caudal de judeus chegados à Espanha pelo menos desde a conquista de Jerusalém por Tito, que serviam a cristãos e muçulmanos e propiciavam uma efetiva emulsão de crenças e afetos que faziam com que os cristãos peninsulares se sentissem mais perto de seus vizinhos andaluzes que seus correligionários transpirenaicos. As guerras, quando surgiam, eram de caráter político ou se deviam a meras necessidades territoriais ou econômicas. Mas, enquanto isso, o Islã hispânico se impregnava de espiritualidade esotérica cristã através de seus mestres sufis, e os monges de um lado e do outro da linha fronteiriça bebiam com avidez os manuscritos que o Islã havia resgatado no Oriente, da antiga tradição.

Para o ideário fundamentalista cluniacense, esta situação que se vivia na Península Ibérica era uma ameaça, ou ao menos um obstáculo ao desejo de integração do mundo conhecido à pretendida submissão universal ao poder da Igreja. Uma situação, quanto ao mais, paralela, em muitos sentidos, à que se vivia no Oriente, onde sob o domínio político do Islã floresciam crenças cristãs — armênias, coptas, monofisitas, maronitas, jacobitas, nestorianas e outras menores —, que ali podiam proclamar-se abertamente separadas da estrita ortodoxia romana e que deviam ser devolvidas ao seio da Cristandade dominante, ao mesmo tempo em que seriam liberados os territórios correspondentes do domínio islâmico.

Hoje já se conhece, inclusive em muitos de seus detalhes, como Cluny, nos últimos anos do período milenarista (*circa* 1027), começou a infiltrar-se na Península Ibérica, conquistando a vontade de seus monarcas cristãos e transformando à sua imagem e semelhança o monasticismo tradicional, ao mesmo tempo que preparava cuidadosamente o terreno para lançar os Estados cristãos à Grande Reconquista.[5]

Tratava-se de fomentar em todos os níveis a idéia da Guerra Santa, que, em teoria, deveria cristianizar à força todo o mundo conhecido, ao mesmo tempo que se criava, com o concurso dos governantes oficiais, uma armada cuja missão seria defender a Igreja e ganhar territórios para sua glória, outorgando-se a seus componentes, à guisa de soldo, a promessa formal de salvação mediante a adoção de um título, o de *cruzado*, que o tornaria guerreiro da Cruz e paladino da idéia teocrática universal.

As únicas diferenças que distinguiriam — apenas formalmente — os cruzados do Ocidente dos do Oriente seriam, por um lado, que na Terra Santa se encontravam os restos — ou a recordação — das raízes mesmas do Cristianismo. Por outro lado, a expedição ao Oriente exigiria, logicamente, uma preparação muito mais laboriosa, ao menos teoricamente, pois enquanto que na Península os "inimigos da fé" estavam ali na esquina, as metas palestinas exigiam um longuíssimo caminho prévio, durante o qual seria preciso atravessar o império bizantino, majoritariamente governado por um Cristianismo que já não reconhecia a autoridade romana. Assim, enquanto aventura pressupostamente salvífica, a aplicação de meios teria de ser consideravelmente maior e os riscos muito mais evidentes. Mas a idéia da Cruzada Oriental tinha, em contrapartida, um acicate extra, pois enquanto que, na Península, os territórios conquistados pertenciam sempre aos monarcas organizadores das campanhas, os do Oriente teriam de ser repartidos, e seria de entre os

Cruzados que sairiam os dirigentes políticos dos Estados ganhos para a Cristandade.

Um plano cuidadosamente traçado

Mas a Igreja necessitava a todo custo de uma total afirmação de seu renascer, por parte de toda a Cristandade. E esta resposta tinha de ser cuidadosamente preparada, para que nenhum setor da sociedade, por mais humilde ou alheio que fosse à chamada, se inclinasse para o lado contrário ao requerido. Muitos historiadores se assombram, ainda, com a resposta maciça que a Europa inteira deu à chamada de Urbano II no Concílio de Clermont-Ferrand (1095). Outros a admitem como um axioma. Fala-se do renascer da consciência cristã, da volta ao ideário martirial, inclusive de uma súbita identificação de todos os fiéis com uma Igreja finalmente renascida de suas próprias cinzas. Mesmo que tudo isto seja em parte certo, é difícil imaginar que a mensagem pontifícia pudesse expandir-se tão rapidamente, e que fosse acolhida com tanto fervor e tão prontamente, depois de passar mais de três quartos de século desde que os fatimidas do califa Al-Hakim destruíram o Santo Sepulcro.

Não resta dúvida de que a idéia da Cruzada tenha sido uma das metas que Cluny estabelecera para si, se não desde o instante de sua aparição, a partir do momento em que se constituiu como Ordem disciplinada, recompondo em níveis universais os preceitos puramente internos da Regra de São Bento. Para os cluniacenses, como para os pontífices, desde que Cluny monopolizou a cabeça visível da Igreja, a Guerra Santa era o meio idôneo, o único possível, para alcançar a teocracia universal, envolvendo para este fim a todos aqueles que, possuidores de um ascendente sobre a sociedade de seu tempo, fossem capazes de arrastar o povo a uma empresa da qual a Igreja romana teria de ser a imediata beneficiária, tanto no espiritual como no político e material. A experiência hispânica, que foi para Cluny uma espécie de ensaio geral para o projeto, demonstrou que era possível convocar os cristãos para uma empresa comum, sempre que dita empresa supusesse para o povo o cumprimento de um fim supostamente salvífico, seguindo líderes que seria preciso revestir com o carisma messiânico do sobrenatural, depois de escolhê-los com todo o cuidado entre aqueles que unissem em sua pessoa a ambição e determinados requisitos que lhes impedissem de atingir os cumes do poder a que sua estirpe lhes daria direito.

Não se tratava, pois, de envolver na Cruzada os monarcas nem o Império, que reclamariam para si a glória e os benefícios da empresa em detrimento das aspirações da Igreja, mas aos membros de segundo plano das grandes famílias e herdeiros de tradições míticas que o povo convertera ou viria a converter em paladinos tocados pela aura do sobrehumano, capazes de arrastar uma massa ansiosa por alcançar metas messiânicas que trocassem de raiz as perspectivas existenciais do mundo. E, sobretudo, que os limpassem, pessoal e coletivamente, da mancha do pecado, o terrível fantasma da condenação criado pela Igreja, que poderia impedir por toda a Eternidade a passagem para a Glória prometida.

Uma Crônica das Cruzadas, publicada em Castela provavelmente em princípios do século XIV e seguramente uma adaptação de outras crônicas latinas e francesas anteriores e contemporâneas, pode resultar interessante na hora de fazer um balanço e uma revisão do que foram os inícios daquele acontecimento fundamental na história da Idade Média. O relato, do qual se conservaram várias versões manuscritas e uma primeira edição feita em Salamanca em 1503, se intitula *La Gran Conquista de Ultramar*[6] e constitui, seguramente, o mais completo compêndio daquela aventura transcendente, com o acréscimo do imenso valor acrescentado por certos relatos tradicionais que acompanharam os principais caudilhos entre os que se puseram à cabeça da primeira expedição. Ali nos é contado, no capítulo XXIX do seu livro I, sobre muitos dos nobres cavaleiros que se "cruzaram", dispostos a partir para o Oriente depois da ardorosa proclamação de Urbano II durante o Concílio de Clermont, de 1095. Vemos, entre eles, um irmão do rei de França, o conde de Flandes, Roberto de Normandia, Guilherme Espada Longa, irmão também do rei normando de Inglaterra, os condes de Béarn, de Auvergne, de Chartres, de Flores, de Orange, os senhores de Montpellier, de Caumont, de Borneville e muitos mais. E, entre eles, o que haveria de converter-se em paladino indiscutível daquela primeira aventura divinal no Oriente: Godofredo de Bouillon.

O caudilho predestinado

Não resta dúvida: na hora de elucidar as razões pelas quais, cumprido o fim imediato da Cruzada, foi eleito Godofredo de Bouillon como rei de Jerusalém, não existe acordo entre os historiadores. Alguns passam como que sobre brasas ao relatar esta passagem. Outros parecem evitar pronunciar-se, dando a entender, cripticamente, que conhecem razões que seria impossível publicar. Os mais sinceros continuam sem explicar como chegou a esse posto aquele lorenês de trinta e seis anos, mesmo que tenha renunciado a ser coroado e só aceitasse o título de Defensor do Santo Sepulcro, pois nem tinha muitos méritos especiais, como outros, que se bateram com muito mais valor, nem procedia de uma estirpe que pudesse conceder-lhe um voto cego de confiança, mesmo sendo um muito distante descendente de Carlos Magno. Na verdade, a única coisa que realmente sabemos dele é que fora aliado, ainda muito jovem, do imperador Henrique IV na luta das Investiduras contra Gregório VII e que, antes de partir para a Terra Santa, junto com seus irmãos Eustáquio e Balduíno, desligou-se de todos os seus bens e propriedades, como se declarasse, por esta decisão, que não tinha intenção alguma de voltar para sua terra original. Até mesmo sua eleição, se é certo o que contam os cronistas, foi levada a cabo por uma assembléia de pró-homens cruzados da qual não nos chegou o nome de nenhum deles e que parece ter-se devido — o que resulta ser nada menos que incrível — à exagerada devoção que mostrava, tanto em público como em particular. O texto de *La Gran Conquista de Ultramar* refere que as pessoas que lhe eram mais chegadas, interrogadas quanto a seus defeitos pelos membros da assembléia, chegaram a contar que suas orações eram intermináveis e que, quando estava na igreja, esquecia-se de tudo o mais, inclusive de cumprir seus compromissos, com o que *"desto pesaba muchas vegadas à sus caballeros, ca tanto tardaba que se les dañaba el comer".*[7]

A eleição de Godofredo de Bouillon como cabeça visível daquela aventura ultramarina que transformou os esquemas históricos medievais é a primeira chave que parece vir advertir-nos que os planos teocráticos de Cluny não se realizaram inteiramente segundo suas previsões. Em primeiro lugar, havia se mostrado decidido partidário das idéias imperiais e colaborara ativamente ao lado de Henrique IV em sua luta pelo controle das investiduras contra o papa Hildebrando, Gregório VII, ao qual chegou a fazer prisioneiro durante o assalto de Roma. Mas ademais, segundo narram os cronistas contemporâneos, suas origens acumulavam elementos legendários que associavam sua pessoa a mitos tradicionais que não se encaixavam nas estruturas que os cluniacenses haviam traçado para o futuro papel político da Igreja e do papado. Segundo estes mitos, que *La Gran Conquista* conta com toda minúcia ao longo de 91 capítulos do livro I, Godofredo de Bouillon era neto do Cavaleiro do Cisne; e este personagem, inscrito na tradição ocidental e envolto em chaves de caráter mágico — heterodoxas umas, pagãs as outras —, forma parte de uma mítica cujos elementos se integram em narrações que abarcam uma amplíssima faixa do sentimento medieval, desde a épica novelesca dos *Sete Infantes de Lara* em Castela até os mitos nórdicos do Graal, que louvavam como protagonista a Lohengrin, o filho de Parsifal.[8]

Declarar Godofredo de Bouillon como descendente do Cavaleiro do Cisne era envolvê-lo naquela sacralidade ancestral que só alcançam os predestinados, os portadores do Signo[9] que os identificará como eleitos dos deuses para realizar as grandes gestas transcendentes. Essa era, com certeza, a intenção de Cluny, mas criando seu Rei do Mundo a partir da ortodoxia imposta a partir de Roma, e nunca a partir de uma tradição que a Igreja não podia controlar. Sem dúvida, essa predestinação existia, foi cuidadosamente preparada por caminhos insuspeitos em relação aos que a História já começa a ter notícia.

A cavalo no Milênio, desde o final do século X até bem dentro do século XI, produzia-se na Calábria um movimento eremítico que podemos qualificar de insólito.[10]

Nasceu ao mesmo tempo que a reforma cluniacense, mas, ao contrário dela, seu fundador, São Nilo (nascido por volta de 905), conduziu seus seguidores pela Regra de São Basílio, explicitamente proibida pela Igreja romana desde que se implantara a de São Bento sob os auspícios do papa Gregório Magno, no século VI. Na Apúlia, pode-se encontrar ainda restos de suas *lavra*,[11] construídas à semelhança das que reuniram os eremitas dos desertos de Tebas e Cisjordânia no primitivo cristianismo anacorético. Os cenobitas calabreses viveram a cavalo das influências islâmica e normanda, até que os monges de Montecassino lhes cederam um lugar onde concentrar-se e viver apartados das vicissitudes daquele instante histórico. O lugar se chamava Velleluce, o Vale da Luz, e num dos picos vizinhos se encontravam os restos do Mercurion, um santuário pagão dedicado a Hermes, a divindade sincrética procedente do Egito, cujo culto se estendeu por toda a bacia mediterrânea com toda a carga de conhecimento esotérico que comportava sua fama como mensageiro do saber dos deuses. Curiosamente, também os eremitas de São Nilo (atenção para a procedência deste nome) logo adquiriram fama em meio ao povo do sul da Itália como grandes astrólogos, capazes de predizer o destino dos fiéis.

Se bem que os eremitas calabreses se mantivessem sempre afastados do mundo e de seus avatares, chegaram a ter cerca de 300 cenóbios e obtiveram do papa Pascoal II, em 1105, um privilégio de exceção que os autorizava oficialmente a seguir a regra oriental que escolheram um século antes. Expandiram-se pouco pela Europa, a ponto de ter-se apenas notícia de uma fundação alemã em Burtscheid.[12]

Certamente, em torno do ano 1060, que é data aproximada do nascimento de Godofredo de Bouillon, um grupo deles remontou pelas terras francesas até o Norte e foi instalar-se nos territórios da atual Bélgica, no bosque de Orval, que formava parte dos domínios da condessa Matilde de Toscana e do conde Godofredo, o Corcunda, pais adotivos do que seria o caudilho reconhecido da Primeira Cruzada. Uma extensíssima tradição e com traços de realidade aponta para a evidência de que um daqueles eremitas era Pedro, o Ermitão, o mesmo que pregou a Cruzada *paralelamente* à chamada de Urbano II, aquele que partiu para a Terra Santa precedendo a cruzada chamada "dos cavaleiros", acompanhado de um impressionante exército de 40.000 indigentes, que foram morrendo pelo caminho, como que preparando a via salvífica que posteriormente seria seguida pelos guerreiros organizados.

Parece que, tão silenciosa e misteriosamente como chegaram, os eremitas calabreses abandonaram seu refúgio de Orval por volta de 1108 e que, imediatamente, a recém-nascida Ordem de Cister, fundada por Esteban Harding, e com São Bernardo de Claraval como eixo de seu ideário, apoderou-se do lugar e fundou nele uma de suas mais importantes abadias. Mas não parece que regressaram todos a seu lugar de origem, pois as crônicas da Cruzada, e entre elas *La Gran Conquista de Ultramar*, deixam entrever a presença de religiosos calabreses entre os que entraram vitoriosos em Jerusalém e, entre eles, o bispo de Mantrán, que teria sido, segundo a crônica, o que encontrou a chave milagrosa que decidiu que caísse sobre Godofredo de Bouillon a nomeação de rei, em confronto com as aspirações de outros importantes caudilhos da Cruzada.

Conta a Crônica castelhana[13] que os membros da assembléia, tendo dúvidas sobre quem seria merecedor daquele título, impôs-se a voz do bispo calabrês, que propôs que todos — assembléia, clérigos e caudilhos — acudissem em penitência ao Santo Sepulcro; que os chefes militares entre os quais se dilucidaria a decisão levassem velas apagadas, *"e roguemos todos a Dios que aquel que a él plugiere sea rey de Hierusalen, é que demuestre luego su virtud é miraglo sobre su círio, de manera que gelo encienda; é aquel a quien* *él encendiere, que le alcemos por rey a honra de Jesu-cristo".(*)*

Continua contando a Crônica que todos aceitaram isto, que os paladinos fizeram penitência e jejum de pão de cevada e água, *"cada um três bocados e não mais"*, e que, quando caiu a noite, reuniram-se em torno ao Santo Sepulcro, unicamente iluminado pela lamparina do altar, pedindo todos conjuntamente que o Senhor lhes concedesse a Luz, enquanto cantavam o *Veni Creator Spiritus*. Subitamente, soou um estrondo terrível, *"e depois veio um relâmpago, que entrou pela igreja como fogo e, de passagem, acendeu o círio do duque Godofredo de Bouillon"*.

O cenário está pronto

Urbano II morria, enquanto os cruzados estavam tomando Jerusalém. Não pôde contemplar, ainda neste mundo, os resultados da magna operação que acreditava ter montado quando, do Campo de Hermes de Clermont, lançava seu chamamento para uma empresa que, teoricamente, teria convertido a Igreja em senhora absoluta da Cristandade e em aspirante reconhecido ao Governo do Mundo. Algo ainda não muito evidente induzia mudanças em profundidade, das quais o ideário cluniacense ainda não se apercebia. A chave principal deste algo parecia estritamente política: Cluny havia levado ao poder pondo-se ao lado dos monarcas europeus e convencendo-os, para que estes, rebelando-se contra o Império, optassem pelo acatamento total ao

---

(*) "e roguemos todos a Deus que aquele que lhe aprouver que seja rei de Jerusalém que demonstre logo sua virtude e milagre sobre seu círio, de maneira que o acenda; aquele a quem se acender, que o alcemos como rei em honra de Jesus Cristo". - NT.

papado, o qual, por sua vez, se dignaria designar entre seus devotos defensores aqueles que, por sua fidelidade, seriam dignos de encabeçar os destinos daquele governo universal que tão cuidadosamente havia preparado, estrutu-rando à sua conveniência as conseqüências do Milênio.

Agora, entretanto, com os resultados da Primeira Cruzada à vista e com o regresso de muitos dos que partiram ao grito de *Dieu le voit!* (*) para a Terra Santa, o panorama se mostrava muito distinto. Ou, se o quisermos, igual, mas de sinal contrário. Politicamente, pois é deste aspecto que temos de falar, Cluny, ainda com seus monges colocados no cume romano, era contestado pelo povo e pela nobreza, que se viram passados para trás ante as ostensivas mostras de poder exibidas por uma Ordem que só parecia voltar-se para a acumulação de riquezas e ao oferecimento de seus favores aos que mais lhe faziam doações. Em toda a Europa, e na Península Ibérica muito especialmente, tanto a pequena nobreza como o povo retiravam seu apoio incondicional aos monges negros e, postos na obrigação de entregar seu óbolo e ganhar o céu a golpes de esmola sagrada, preferiam doá-lo a monges humildes que, inclusive às escondidas, saíam dos mosteiros e voltavam a gêneros de vida semelhantes ao eremitismo tradicional. As listas de doações, por exemplo, dos arquivos de mosteiros galegos,[14] nos demonstram claramente a sua diminuição, que se reduzem paulatinamente às de procedência real.

Quanto à Guerra Santa, convertida pelos cluniacenses em vértice essencial de seu ideário, escapou de suas mãos na Palestina e começou a escapar deles na Península, preocupados os monarcas perante um monacato que se apoderava de todo cenóbio disponível e da maior parte das sedes episcopais e que, através de sua influência, tratava de sub-

---

(*) NT- Deus está vendo!

meter o comportamento dos Estados e de seus monarcas à vontade insaciável de uma longínqua abadia independente de toda jurisdição.

A aparição de Cister nos anos que giram em torno à Primeira Cruzada foi uma revolta absoluta perante a prepotência cluniacense. Estabelecendo como meta os mesmos fins, o domínio teocrático do mundo, os cistercienses, e, em princípio, seus promotores máximos — Robert de Molesme, Esteban Harding e Bernardo de Claraval — determinaram-se a alcançá-los mediante algo que Cluny havia seguramente esquecido: a austeridade, o trabalho, e não a dependência econômica dos poderosos. Sentiam que os monges, e com eles a Igreja como um todo, só poderiam alcançar o domínio universal e a vitória sobre as forças contrárias às suas idéias se tivessem valor por si mesmos, se seu poder saísse de suas próprias convicções, se conseguissem prescindir do acúmulo de necessidades e dependências das quais Cluny não havia conseguido — nem desejado — desfazer-se. Em suma, partia-se da ascese e do trabalho como fonte de energia e de poder.

Nem sequer seria necessário renegar o que já fora conseguido. Na verdade, toda a trama ideológica promovida por Cluny valia perfeitamente, na hora de agir. Não era o cenário o que precisava mudar, nem sequer o argumento e a mensagem ideológica do drama sagrado, mas os atores e, por último, o *método*. Os atores, não era preciso elegê-los; convinha esperar que aparecessem, oferecendo os meios necessários para que aquela aparição fosse possível. Quanto ao método, Cister impôs a si mesmo contemporizar definitivamente o que era a estrita fé cristã com a Tradição. Quer dizer, sem renegar os princípios que sustentavam a essência do Cristianismo, tenderam a ressaltar aqueles aspectos em que o estritamente cristão podia tangenciar, sem rupturas nem espasmos dogmáticos, as tendências ancestrais da Humanidade. A vivência mística, equiparável em muitos aspectos ao processo iniciático que a Igreja renegava ostensivamente, voltou com Cister a constituir uma das bases fundamentais da experiência transcendente; ao menos como intenção. Quanto ao poder de captação, do qual nenhum ideário conseguiria desprender-se, seja qual for a sua tendência, Bernardo e seus cistercienses descobriram, depois de mil e cem anos de fé cristã, que o retorno à Mãe arcana resultava fundamental na hora de criar e fomentar um sentimento religioso ecumênico e universal. Eles, que preconizavam a volta à terra mediante o trabalho, viveram e propiciaram, como até então não se havia feito, o culto à Mãe Terra, através da ressurreição do culto àquela Mãe de Deus que, desde o Concílio de Nicéia, ficara restrito a escritos teológicos nunca divulgados, só conhecidos e discutidos no seio da mais alta autoridade eclesiástica.

Com Cister, que logo começaria a colocar papas no cume do Vaticano, a meta teocrática não se perdia, antes se reforçava com o acréscimo — segredo, se assim o quisermos; discreto, em qualquer caso — de modos de conduta que, ao menos em seus princípios, permitiriam a passagem para outras formas de abordar a fé e a transcendência.

2. As chaves da milícia de Deus

A Igreja romana, do pico de sua indiscutível autoridade, passou a metade de sua história pregando os princípios de amor a Deus e ao próximo, da paz e da concórdia entre os humanos; a outra metade passou discorrendo desculpas e razões teológicas para não cumprir estes preceitos e justificar a violência, a tortura, a discriminação e a luta até a morte pelo poder, com vistas a conseguir a submissão do mundo à sua vontade teocrática.

Da paz à Guerra Santa, passando pela Justa

As palavras atribuídas a Jesus nos Evangelhos são sempre palavras de concórdia e de amor. Inclusive quando proclama que não veio a este mundo para trazer a paz, ou quando preconiza a necessidade de romper com os vínculos amorosos ou familiares, não prega nem guerras nem ódios, mas unicamente a necessidade de que os afetos humanos se canalizem através do amor primordial à Divindade. Os anos de perseguição foram anos de vitimismo, de deixar-se matar por um ideal, e não de matar por ele. Só quando a Igreja entreviu a possibilidade de assentar-se com todo o peso de sua autoridade salvífica sobre o mundo, graças à permissividade de Constantino, o Grande, e sua exaltação solar, surgiu a Cruz como protagonista teórico de uma vitória guerreira: a batalha de Ponte Milvio, a do *"in hoc signo vinces"*.(*)

(*) NT - Sob este sinal (o da Cruz) vencerás.

Os escritos de todos os grandes teólogos da antigüidade cristã estão eivados de complicados processos mentais que tentam dar sentido à insensatez essencial da violência e da guerra. Para eles, aqueles que pretendiam seguir os ensinamentos evangélicos com o objetivo de construir um mundo diferente, baseado em uma idéia salvífica jamais surgida com tanta força em nenhuma estrutura religiosa anterior, não duvidaram em recorrer à desculpa — não evangélica, mas bem humana — da legítima defesa para, a partir dela, arrancar a mácula do pecado aos que matam, guerreiam ou geram violência para defender o que consideram justo ou por castigar aos que obram à margem da justiça. Naturalmente, ninguém põe em dúvida, em meio a essa plêiade de santos padres, o que é a justiça e quem a defende. Exatamente tal como em nossos dias — não é em vão que somos herdeiros diretos de dois mil anos de poder eclesiástico —, o justo é, indefectivelmente, o que estabelecem como tal os que estão no alto do poder; do mesmo modo, são justos aqueles que cumprem as regras que emanam deste poder. Uma guerra justa, como a que proclama Santo Agostinho, de Hipona, é a que vinga injustiças. Sem dúvida, nem Agostinho, nem Santo Isidoro de Sevilha, nem os papas que os aplaudiram, nem os Concílios que corroboraram e elevaram ao nível de preceito as suas palavras, mencionam jamais o que se entende por justiça, nem que justiça pode determinar quem é justo. A idéia fica subentendida e todos devem aceitá-la, com sua necessária seqüela de prêmios e castigos.

O conceito acomodatício da guerra justa, já o vimos, se manteve vigente no mundo cristão até o cumprimento do Milênio. Durante todo este tempo, os papas e a Igreja aprovaram ou rechaçaram as lutas entre os laicos segundo beneficiassem ou atentassem contra seus interesses. Mas nunca, até então, interveio o estamento eclesiástico em nenhuma guerra, apesar de que sofreu passivamente várias, sobretudo no tempo das invasões. Este fato não impedia que os pró-homens eclesiásticos propiciassem campanhas como as expedições de Carlos Magno ou justificassem agressões que permitissem sua expansão. Em meio a todas aquelas violências, no entanto, eram os leigos que intervinham por sua própria conta e risco; o clero e os pontífices, como os monges, se limitavam a pronunciar sua justificação ou condenação.

Em 1027, o abade Oliba, bispo de Vic, pronunciou-se em um documento que se conservou pela constituição chamada de *Paz e Trégua,* pela qual se proíbe, por parte da autoridade religiosa, que alguém *"assalte seu inimigo desde a hora nona do sábado até a hora primeira de segunda-feira, com o fim de que todos possam cumprir com os deveres do domingo; que ningüém assalte sob nenhum conceito os clérigos nem os monges que vão sem armas, nem aqueles homens que com sua família vão ou voltem da igreja; que ninguém ouse assaltar nem violar as igrejas nem as casas postas num raio de trinta passos".*[1]

Este documento, que refletia uma vontade firme da autoridade eclesiástica de controlar as ações guerreiras dos leigos e decidir sobre sua legalidade, foi subscrito e implantado em todo o mundo cristão pelo abade Odilon de Cluny, em 1041, marcando assim, e quase cronometrando, os limites das guerras que a Igreja não queria em nenhum caso impedir, mas apenas homologar e ajustar a seus propósitos, de modo que fosse autorizada quando e como conviesse aos interesses da Cristandade e de seus representantes.[2]

Mas para a Igreja, para Cluny e para Roma, enquanto seus representantes mais qualificados naquela trama teocrática em projeto, não podia bastar-lhes a guerra justa. Pois era muito diferente autorizar ou proibir uma contenda com o fito de promovê-la ou pregá-la. Era preciso criar uma figura nova. E a figura em questão, que teve precisamente a Espanha como cenário do ensaio geral, era a Guerra Santa, curiosamente estruturada à maneira como o Profeta havia proclamado a *jihad:* como luta sem quartel contra os inimigos da religião; como luta que asseguraria a impunidade moral ao que matasse e a Glória eterna ao que perecesse na tentativa.

A Guerra Santa teve seu catecismo no vibrante chamamento de Urbano II em Clermont, se bem que Hildebrando a colocara em prática durante sua pugna com Henrique IV e Alexandre II, seu antecessor, junto com Santo Hugo de Cluny, quando impeliu os exércitos cristãos peninsulares a recuperar para a Cristandade as terras arrebatadas três séculos e meio antes pelo Islã. Contudo, é a proclamação de Clermont que define a batalha divina e a quem está encomendada: *"A quem for para lá e perder a vida na empresa, durante a viagem por terra ou por mar, ou em peleja contra os infiéis, sejam-lhes nessa hora perdoados seus pecados, em virtude do poder que pelo mesmo Deus nosso Senhor me foi concedido [...] Quem até hoje viveu em criminosa inimizade contra seus irmãos crentes, voltem suas armas contra os infiéis e levem à sua conclusão vitoriosa a guerra que deveria ter-se iniciado há muito tempo; quem foi até hoje bandido, faça-se soldado; quem se fez mercenário por um punhado de moedas, mereça agora o prêmio eterno; quem dissipou suas forças com grave prejuízo de seu corpo e de sua alma, empregue-as agora e ganhe dupla recompensa..."*[3]

Do cruzado ao monge guerreiro

Por obra e graça do poder pontifício, assumido a partir do ideário cluniacense e aceito sem reservas por toda a Igreja militante, os leigos de toda procedência social voltavam a ter, como no tempo dos mártires, uma oportunidade para ganhar o céu pelo caminho mais rápido. Não importava o passado para quem empunhasse as armas ante o chamamento, pois estava claro que os pecados seriam perdoados pelo exercício devoto da violência, luta e extorsão, e que estas falhas da Humanidade podiam ser sacralizadas e integradas nos esquemas de comportamento do mais puro sentimento cristão. Bastava mudar o sentido original de alguns termos — com o tempo, esta prática se tornaria habitual, até nossos dias — para que toda uma matança adquirisse tons de *opus Dei*, de mero cumprimento por parte dos peregrinos dos fins sobrenaturais de Deus, reinterpretados a seu gosto por seus representantes reconhecidos.

Tenhamos em conta uma circunstância muito especial, no entanto: à classe eclesiástica — abades, sacerdotes, bispos e monges — era expressamente proibido empunhar armas, se bem que ninguém se escandalizava muito se visse um clérigo decapitar sarracenos. Oficialmente, a guerra era função dos leigos, por mais santos que proclamassem os seus fins e por mais sagrados guerreiros que fossem seus santos patronos, como Santiago Matamoros ou São Millán, na Espanha, que acudiam, lá da Glória, para decidir a vitória em batalhas difíceis. E aqueles leigos, ante determinados estímulos — a possibilidade do botim, digamos, por exemplo —, podiam esquecer sua sacrossanta função e entregar-se à pilhagem, em benefício próprio e em detrimento dos direitos adquiridos daquela Igreja que, mesmo se sentindo espoliada do que considerava seu patrimônio, tinha de manter sua promessa e garantir a salvação de quem prejudicava seus interesses. Sua consciência religiosa detinha-se na eleição de um inimigo, previamente designado, cuja aniquilação haveria de assegurar a salvação.

As coisas mudaram quando, uma vez conquistados os Lugares Santos previstos pela estratégia cluniacense, e uma vez conseguido o botim que compensaria das penalidades sofridas na campanha, os cruzados optavam por regressar a suas casas ou por estabelecer-se nos novos territórios, criando do nada ducados, condados, senhorios e até reinos que se estruturaram, desde o início, à imagem e semelhança do mundo feudal que deixaram para trás na Europa. A Igreja e os poucos leigos conscientes das autênticas intenções que provocaram o chamamento à Guerra Santa tomaram consciência de que aquela situação não propiciava precisamente a teocracia que se procurava construir. O ideal comum que havia atuado, na aparência, como um aríete capaz de derrubar os muros daquele *Axis Mundi* chamado Jerusalém se desfazia, abrindo de novo a brecha existente entre o rebanho leigo e a autoridade religiosa que pretendia controlar seu comportamento. Os interesses particulares dos cavaleiros cruzados voltavam a ser diferentes, e até contrários, frente ao interesse essencialmente unitário e ecumênico da Igreja, que ansiava impor-se como poder único e decisório no universo da Cristandade.

O problema, como sua eventual solução, se radicava na conveniência de tornar compatível a atividade guerreira com a vocação monástica, com seu conseqüente voto de pobreza, único modo pelo qual o cavaleiro lutador poderia antepor os preceitos de uma regra voltada para a obediência cega às tentações que comportava a atividade bélica e suas conseqüências.

O esquema surgiu — há cada vez menos dúvidas a respeito disto — das estruturas ismaelitas muçulmanas. No Islã, a Guerra Santa — a *jihad* — era um projeto consubstancial ao ensinamento corânico, ao contrário do que sucedia no ambiente cristão, onde o Evangelho apostava decididamente na paz e concórdia entre os seres humanos.

No mundo islâmico, tanto no Oriente como no Maghreb e em Al Andalus, os *ribats* eram conventos fortificados onde se concentravam coletividades de monges guerreiros especialmente preparados para integrar os corpos de elite dos exércitos muçulmanos. Ali se praticavam ao máximo os ensinamentos do Corão, ao mesmo tempo que se preparava conscienciosamente os crentes para aquela guerra santa que o Profeta havia proclamado como meta fundamental do Islã. Ao *ribat*, porém, não acudiam os devotos guerreiros para encerrar-se nele durante toda a vida, como os monges cristãos, mas para receber a sagrada iniciação guerreira que logo permitiria aos adeptos enfrentar os inimigos da fé em uma batalha que tinha muito de mística, enquanto que matar e morrer por ela se convertia em um ato transcendente emanado diretamente da vontade divina.

Se bem que as crônicas da época não costumem registrá-lo, os guerreiros cristãos, em sua luta contra os mouros peninsulares, deviam saber daqueles monges soldados do Islã. A toponímia, por sua parte, nos deixou muitos nomes que delatam lugares onde houve tais conventos: San Carlos de la Rápita, na desembocadura do Ebro, Calatrava (corruptela de Qalat al-Ribat) e a Rábida onubense, assim como os nomes sorianos de Rabanera e Los Rábanos, dão conta de que na Idade Média peninsular existiram monges guerreiros islâmicos que enfrentaram as tropas cristãs.

Templários antes do Templo

Algo mais que notícias de segunda mão deviam ter os cruzados sobre a eficácia e a valentia religiosa dos monges soldados dos *ribats* muçulmanos, porque sua fama e até alguns princípios de imitação começaram a estender-se, tanto entre os que ficaram na Terra Santa depois da tomada de Jerusalém como entre os que voltaram à sua pátria, uma vez cumprida a missão, muitos deles sofrendo o impacto da sacralidade da aventura que acabavam de viver.

Se bem que se saiba que o papa Urbano II vetou tacitamente aos espanhóis sua intervenção na Cruzada, alegando que as condições daquela convocação já se davam na guerra santa que tinha lugar na Península sob os auspícios de Cluny, não é menos certo que numerosos cavaleiros e nobres, tanto castelhanos como catalães, navarros e aragoneses, acudiram ao chamamento, em sua maioria integrados às hostes de Raimundo IV de Tolosa, casado com uma princesa castelhana que o acompanhou na empresa, a infanta Elvira, filha de Alfonso VI.[4]

Também se afirma, por parte de alguns historiadores, a presença na Terra Santa, durante esta Primeira Cruzada, do conde Henrique de Borgonha, casado com Teresa, outra das filhas de Alfonso VI e fundador do que seria o reino de Portugal, se bem que esta questão parece mais que duvidosa, tendo em vista os numerosos problemas que o conde teve de enfrentar na sua tentativa de tornar independente o mais cedo possível o território que seu sogro lhe havia legado.

Os cruzados peninsulares regressaram a seus reinos originais empapados de lendas milagrosas e carregados de relíquias, entre as quais começaram a adquirir justa fama, passado o tempo, as supostas imagens de Nossa Senhora esculpidas por São Lucas e, sobretudo, numerosos fragmentos da Cruz que suportara Nosso Senhor. Isto conta a tradição que afirma a marcha na Cruzada do conde de Portugal, a quem o mesmíssimo Godofredo de Bouillon havia presenteado numerosas relíquias e o imperador de Bizâncio nada menos que um braço do evangelista São Lucas, que até hoje se venera na catedral de Braga.[5]

Um cavaleiro da Ordem de Cristo, que substituiu os templários em Portugal.

Prodígios desta natureza se contam igualmente, se bem que com mais traços de certeza, do infante Ramiro, pai do que seria o rei de Navarra com o nome de García Ramírez, o Restaurador, e genro de El Cid Campeador, pelo matrimônio que contraiu com sua filha Elvira. O infante Ramiro lutou valentemente na Cruzada e esteve na tomada de Jerusalém, por cuja Porta dos Leões entrou na cidade. A tradição conta que alcançou a Piscina Probática e que, em seu fundo seco, encontrou uma imagem de Nossa Senhora — lavrada, naturalmente, por São Lucas — e um fragmento do *Lignum Crucis*. Para albergar tais relíquias, encarregou em seu testamento ao abade Pedro Virila, que o era do mosteiro de San Pedro de Cardeña, que levantasse uma igreja que se chamaria de Nossa Senhora da Piscina e que, para custodiar o templo e venerar as relíquias, se fundasse em seu nome uma Casa-Divisa ou confraria de devotos cavaleiros da qual fariam parte seus descendentes e familiares e gente de boas famílias que se comprometesse a levar vida de caridade e a defender a fé contra seus inimigos, constituindo uma espécie de Ordem cavalheiresca, dedicada a lutar pela religião. Isto ocorria em 1110 e no testamento se especificava que nunca poderiam entrar nela plebeus nem descendentes de muçulmanos ou judeus, todos eles carentes do espírito aristocrático e devoto que aquela fraternidade exigia.

Este esforço de ordem militar ou cavalheiresca, sem regras ou maior compromisso que uma espécie de declaração de intenções propostas por seu fundador, tem um evidente paralelo com a Ordem do Terraço, que fora fundada pelo avô do infante, o rei Dom Garcia, com base no milagre que, supostamente, o teria levado ao descobrimento de outra imagem, a de Santa María la Real, que ocorrera cerca de sessenta anos antes. Esta ordem, seguramente a primeira fundada entre os leigos, na Idade Média, se baseava igualmente no compromisso de seus membros de defender o nome de Nossa Senhora de ataques e agravos por parte dos inimigos da fé.

Foi em Aragão, com certeza, durante o reinado de Alfonso I, o Batalhador — de quem falaremos logo, a propósito de seu insólito testamento e a ordem do Templo —, onde se produziu um fato que, durante muito tempo, deixou perplexos os historiadores, alguns dos quais enunciaram a eventualidade de que os templários se teriam instalado neste reino peninsular inclusive antes da aprovação oficial da Ordem no Concílio de Troyes (1128). Foi o professor Lacarra[6] que publicou documentos onde se menciona uma *Militia Templi Iherosimilitanis* ou *Salomonis*, que existiu antes da introdução do Templo na Península, o que fez suspeitar da presença de algum contingente de templários chegados antes de ser reconhecida a Ordem. Na verdade, tal como descobriram estudos posteriores,[7] tratava-se de uma confraria de cavaleiros aragoneses e franceses, imbuídos do espírito da Cruzada, a que o rei Alfonso encarregou de defender as fronteiras com o reino de Valença dos ataques dos mouros. Esta confraria, instalada em Monreal del Campo, tal como as que tiveram sua sede em Belchite[8] e Saragoça *(Confraternitas Caesaraugustane Militiae)*, foi efetivamente concebida como uma ordem no estilo das que começaram a surgir na Terra Santa; e Zurita,[9] o cronista, confirmou-o ao especificar que o rei "propôs estabelecer, à imitação da ordem e milícia do Santo Sepulcro, uma outra".

O que estas criações demonstram fundamentalmente é que o mundo cristão, e de modo muito especial no ambiente hispânico, com a bênção tácita dos cluniacenses, havia captado a necessidade de avalizar o sentido da Guerra Santa através de coletividades comprometidas, controladas pela Igreja através de votos ou de regras que as obrigassem a tomar a luta contra os infiéis como missão vital e não como uma solução mais ou menos eventual para os problemas de consciência dos que a empreenderam como forma de adquirir terras, riquezas e honras à custa de um inimigo contra o qual se poderiam cometer todos os excessos sob a desculpa de que eram inimigos da fé. Estas iniciativas de associações, surgidas como desejo de institucionalizar os caminhos para a teocracia propiciados pelos pontífices cluniacenses, haveriam de encontrar no Templo não só seu modelo, mas a estrutura formal do que deveria constituir a autêntica milícia de Deus, a esperança que convenceria a Igreja de que podia ascender por seus próprios meios àquelas alturas do poder que havia determinado como meta para si, sem recorrer a uma força de leigos que, em um determinado momento, poderia virar as costas aos interesses de Roma, para ocupar-se unicamente dos seus, fossem estes coincidentes ou contrários aos de Roma.

O nascimento do Templo

Por mais que nos empenhemos em fazer cabalas ou ler nas entrelinhas os fatos da História, nunca chegaremos a saber com absoluta certeza se a Ordem dos pobres correligionários do Templo de Salomão nasceu inspirada pela Igreja, a partir de manobras monásticas concretas que estruturaram seu ideário, ou se surgiu de uma iniciativa particular que a mais alta hierarquia eclesiástica apoiou ao dar-se conta do papel que poderia representar na consecução de seus propósitos. A História contém chaves suficientes para suspeitar, com elevada margem de certeza, que o Templo não surgiu nem por acaso, nem por capricho de seus fundadores, nem por uma intencionalidade prévia da Igreja. Antes tudo se inclina a um posicionamento profundamente consciente por parte de Hugues de Payns e seus primeiros companheiros, conhecedores mais ou menos iniciados nos esquemas de conduta do pensamento tradicional, que entreviram a possibilidade de constituir uma fraternidade discreta, onde a busca do conhecimento se unisse à força e ao poder militar e econômico para conseguir, através do prestígio, um ascendente que lhes permitisse estruturar um projeto sinárquico do qual poderia formar parte a Igreja, como fonte de autoridade espiritual da qual eles seriam guardiães incondicionais e vigilantes firmes na hora de atingi-lo e defendê-lo.

O projeto sinárquico do Templo tinha muitos pontos de contato, sem dúvida, com a teocracia que os cluniacenses haviam concebido como ideal e meta a alcançar pela Igreja. Mas seguramente se afastava dela — e os nove anos de iniciação desconhecida de seus fundadores na Terra Santa poderiam corroborá-lo — porque os templários nunca foram esquivos em admitir certezas que poderiam desviar-se do estrito dogmatismo no qual a Igreja apoiava sua autoridade; antes, muitas das estruturas de seu comportamento apontam para uma intenção de unificação das crenças tidas como inimigas pelo Cristianismo fundamentalista — o Islã e o Judaísmo —, com o fim de estruturar uma crença transcendente muito mais ecumênica, que poderia ter Jerusalém como Grande Centro, enquanto que era cidade essencialmente sagrada, tanto para as três grandes religiões surgidas do Livro como para os movimentos marginais surgidos do Cristianismo primitivo, anatematizados no Ocidente, mas plenamente vigentes nas terras do Crescente Fértil.

Convenhamos, no mínimo, que as origens do Templo, esse espaço de nove anos que correm entre o instante em que Hugues de Payns e seus companheiros se apresentaram perante Balduíno II solicitando-lhe sua instalação nas cavalariças do antigo palácio de Salomão, que então o rei ocupava, e muito perto do lugar onde estivera o Templo, e o dia em que a Ordem foi aprovada e sua regra admitida pelo Concílio de Troyes (1118-1128), sugerem um acúmulo de perguntas aparentemente sem resposta, mas que apontam para um plano perfeitamente estruturado. A procedência dos principais fundadores, sua vinculação espiritual — e até familiar, como no caso de André de Montbart — a Bernardo de Claraval, sua obscura ou nula intervenção nos assuntos públicos e guerreiros da Terra Santa naqueles anos, sua insistência em ocupar o espaço que formou parte do Templo e a propagação de sua fama pela Europa, sem que eles, ao menos na aparência, tivessem feito algo para merecê-la, inclinam a pensar em inteligente manobra de tipo publicitário que, durante aquele tempo, esteve preparando sua aparição pública de modo semelhante ao que hoje se emprega para o lançamento no mercado de determinados produtos de consumo: anunciando seus efeitos antes mesmo de proclamar seu nome, ou criando nos futuros consumidores o desejo de conseguir a todo custo o que ainda não se sabe com certeza do que se trata.

Mais elementos se acumulam à intriga nos anos que precederam à aprovação da Ordem: se parece certo que os templários não deram mostra alguma de ser precisamente belicosos durante este período de nove longos anos e se, como indicam os cronistas da Cruzada, se apresentaram perante Balduíno II expondo-lhe sua intenção de converter-se em protetores de peregrinos e em vigilantes de seus caminhos — digamos, uma espécie de polícia rural, se nos ativermos à letra de seu propósito —, explica-se muito mal que o rei de Jerusalém escreva a São Bernardo uma carta da qual foram os portadores com certeza os mesmos templários que acudiram a Troyes, onde pede à Igreja que os proteja e ajude a recrutar homens para a defesa do Sepulcro de Cristo e para combater na Terra Santa.

E eis aqui ainda alguns elementos a mais que vêm reforçar a obscuridade das suas origens e intenções:

— A insistência em que foram nove cavaleiros, nem mais nem menos, entre sua apresentação ao rei de Jerusalém e a aprovação da Regra, quando se sabe que alguns deles, como o próprio Hugo de Champagne, se incorporaram ao Templo em 1125.

— A evidência de que nenhum dos templários fundadores se encontrava na conquista de Jerusalém e que todos eles chegaram à Palestina quando a Cruzada, de fato, já havia terminado.

— A surpresa de nos encontrarmos ante o fato de que, mal aprovada a Regra, os templários surgem como moscas, incorporando-se em massa uns supostos neófitos que, sem passar sequer por um período de noviciado — que para os fundadores foi de nove longos anos —, ostentam imediatamente cargos e responsabilidades com os quais se apresentam a senhores e monarcas, solicitando doações e expondo precisamente suas pretensões.

— O inusitado elogio de Bernardo de Claraval em seu *De laude novae militiae,* louvando virtudes templárias que, teoricamente, estavam para ser demonstradas e dando como estabelecido seu papel de protetores indiscutíveis dos interesses da Igreja e defensores da Cristandade.

Do Templo à Regra

Dizia, páginas atrás, que Hugues de Payns e seus companheiros, ao apresentar-se ao rei Balduíno para pedir-lhe a oportuna permissão para estabelecer sua casa em Jerusalém, solicitaram ao monarca montar sua sede precisamente nos terrenos que anteriormente eram ocupados pelo Templo de Salomão. A petição, imediatamente aprovada — houve quem dissesse que foi oferecimento direto do rei —, tinha uma importância capital naquele instante histórico, pois ao fato de estar ali instalado o palácio real, que posteriormente se trasladaria para perto da torre de Davi, deixando o rei aos templários todo o recinto, se acrescentavam duas circunstâncias de enorme transcendência.

A primeira, que o recinto do Templo foi sempre, inclusive depois de sua destruição por Tito, o lugar sagrado por excelência da religião judaica. O Muro das Lamentações continua sendo o principal lugar de oração de Israel; diz uma tradição hebraica que a chegada do Messias terá lugar quando o Templo for definitivamente reconstruído.

A segunda, que nessa esplanada se encontra a mesquita de Al-Aqsa, edificada no começo do século VIII (705-715), que era a que naqueles momentos servia de residência provisória para Balduíno II, e, sobretudo, a Cúpula da Rocha, uma soberba construção octogonal que foi erguida entre 687 e 691 sobre a pedra em que Jacó teve a visão da Escada e de onde o Profeta se catapultou aos céus no lombo de sua égua Boraq.

O lugar era, portanto, o mais sagrado da cidade, tanto para os judeus como para os muçulmanos. Bastaria, para recordar, que enumerássemos os conflitos que o lugar suscita ainda em nossos dias. Trata-se de um espaço cuja sacralidade se manteve imune ao tempo. Um espaço que, ademais, equivalia à quinta parte da superfície da cidade, na Idade Média. Não deixa de ser chocante que nove cavaleiros o ocupassem durante nove anos sem recrutar serventes para cuidar do lugar e soldados que o defendessem de eventuais ataques ou das rapinas que poderia suscitar.

Na época em que foi ocupado pelos templários — e que seria sua casa até a perda definitiva da Cidade Santa —, esse lugar, chamado Moria pelo Islã, seria certamente muito parecido com o que é hoje. Tal como na antigüidade, do destruído templo salomônico devia restar apenas parte do muro exterior, o das Lamentações, e parte também dos sótãos, aos quais se acessava da parte esquerda do dito muro e ainda constituía lugar de estudo e recolhimento para os judeus mais entregues à prática religiosa. O resto era formado pela esplanada superior, com as duas construções religiosas muçulmanas das quais os templários utilizariam a mesquita de Al-Aqsa como residência — a partir do momento em que o rei Balduíno a deixou livre — e a Cúpula da Rocha, como oratório, que seria consagrado em 1142 e a chamariam Templo do Senhor,[10] acrescentando-lhe uma grande cruz patriarcal dourada, que colocariam no ponto mais alto da cúpula. De certa maneira, aquele seria o templo-mãe da Ordem e nesta qualidade apareceria reproduzido em numerosos selos templários. Não resulta, pois, arriscado nem gratuito aceitar como conseqüência a paternidade templária da maioria dos templos octogonais e poligonais que surgiram na Europa durante os séculos XII e XIII, coisa negada por numerosos pesquisadores. Não se tratava com isto de erguer uma construção com implicações ocultas ou esotéricas — se bem que é preciso insistir sobre isto —, como aparece nos argumentos esgrimidos por alguns estudiosos. Trata-se, pura e simplesmente, de que os cavaleiros templários prestavam, através daquelas estruturas, uma homenagem à sua sede central, ao mesmo tempo que recordavam aos membros da Ordem de lugares como Eunate, ou San Saturio, ou Vera Cruz de Segóvia, que aquele era o modelo do lugar onde oravam os templários da Terra Santa: um espaço sagrado como o fora para os muçulmanos, onde não só se rezaria, mas que serviria de lugar de reunião, à maneira da sala capitular dos mosteiros.

Mas não convém esquecer que toda associação humana que se constitui com a intenção de se destacar de alguma maneira acima do conjunto da sociedade humana, em meio à qual vive e que aspira alcançar determinados níveis de poder e de influência sobre ela, há de jogar, necessariamente, com elementos que a distingam e que lhe sejam exclusivos. Elementos que podem ir desde o emprego de um conjunto de símbolos próprios até a adoção de códigos de conduta que sirvam para essas associações e que não sejam aplicáveis ao resto da coletividade sobre a qual se queira manter uma ascendência. Este é um fenômeno que se repetiu inexoravelmente ao longo da História, desde as classes sacerdotais do antigo Egito até a maçonaria de nossos dias, e que não tem por que escandalizar nem ser indiscriminadamente negado num contexto historiográfico que se pretende rigoroso e racionalista. Não se trata de *crer* no fato de que essas coletividades *conseguiram* seus propósitos por meios que poderiam chamar-se mágicos, mas reconhecer que muitas delas se regiam por modos de agir que não são os que, em linhas gerais, são seguidos por aqueles que não formam parte do núcleo de companheiros ou confrades que se constitui com fins secretamente dominadores.

Se hoje sabemos — e existe suficiente bibliografia comparada que o corrobora — que o nazismo hitlerista elaborou, inclusive, uma cosmogonia particular que nada tinha a ver com a que é aceita pela ciência; se recordarmos que há personagens como Benito Mussolini, que se entregava, junto com os seus "camisas negras", ao rito mágico que teoricamente haveria de elevá-los ao poder;[11] ou se trouxermos à memória tantos grupos, personagens, seitas e regimes que seguiram ao pé da letra os caminhos da irracionalidade com a esperança de alcançar suas metas graças a um comportamento de caráter mágico e pressupostamente secreto, por que haveríamos de negar esta atitude ao Templo, que deu mostras, ao longo de toda sua história, de seguir estruturas de comportamento no mínimo diferentes das que se consideravam lícitas em uma sociedade que se proclamava cristã e crente à toda prova?

O fato que creio objetivamente indubitável é que a Ordem do Templo se constituiu para um fim bem concreto, e que este fim se manifestou desde seu princípio — e uma prova suficiente disto é que despertou controvérsia, paixões e até ódios, desde o próprio instante de sua fundação — e se desenvolveu com altos e baixos de poder e de prestígio ao longo de toda sua trajetória, até um final que se produziu por evidenciar — certo ou parcialmente falso — um comportamento herético que a sociedade e os poderes de seu tempo não podiam aceitar, em aparência por passar por cima das regras aceitas e, na verdade, por constituir uma ameaça evidente para a autoridade estabelecida e reconhecida.

Hervás, um dos povoados extremenhos habitados por judeus, que foi do Templo, depois das campanhas de Fernando II de León.

O documento que confirma em primeira instância este projeto é a própria Regra do Templo. Insistiu-se muito — e eu mesmo caí nessa, arrastado pela insistência generalizada — que Bernardo de Claraval foi o autor dessa regra, escrita em seus 72 pontos tomando como modelo a de São Bento, tal como foi transformada por Cister. Lendo-a atentamente, surgem determinadas chaves que indicam que, com toda probabilidade, o mestre de Claraval se limitou a corrigir ou acrescentar algo que os templários redigiram em Jerusalém, tendo em mente os capítulos do código cisterciense, mas adaptando-os, por um lado, à circunstância guerreira da Ordem templária, que teria de ser composta com sua natureza conventual — e não monástica — e inclusive, de maneira muito mais discreta, com os fins a longo prazo a que os fundadores se propuseram. Prova destas circunstâncias encontramos no fato de que o texto se foi transformando sutilmente desde sua primeira aprovação, até o ponto em que se detectam diferenças substanciais entre a Regra Latina, que seria a adotada no Concílio de Troyes (1128), e a primeira versão francesa, da qual se conservam manuscritos redigidos pouco tempo depois da oficialização da Ordem. Igualmente se apreciam diferenças — sutis, mas importantes — em relação à posterior tradução da Regra para uso dos templários ingleses, italianos, castelhano-portugueses e catalão-aragoneses. Diferenças que, mesmo sendo sutis, poderiam indicar-nos, mediante um estudo minucioso, que o programa de ação da Ordem teve diferenças conforme o país em que se assentava, do mesmo modo que existem ligeiras, mas importantes, alterações nos programas desenvolvidos hoje mesmo pelas multinacionais nos diversos países onde entram em jogo os seus interesses.

Um deles é o tratamento conferido aos que vêm a denominar-se "cavaleiros excomungados". Em certas ocasiões — pela Regra Latina — estes cavaleiros, pelo que se entende, podem ser recebidos no Templo, a título de penitência por suas faltas, mas com a aprovação prévia do bispo do lugar onde se verifique seu recrutamento. Em outras ocasiões — pela Regra Francesa e, com outra localização de capítulo, também na castelhana — a permissão para incorporar-se à Ordem dependerá do Mestre ou do Capítulo, sem que aos bispos seja dada oportunidade de opinar e muito menos de decidir. Estas diferenças, formais na aparência, nos indicam, por um lado, que a transformação teve lugar depois que, em 1139, o Templo passara a depender unicamente do Sumo Pontífice, liberando-se, em todos os níveis, da tutela eclesiástica. Mas isto nos revela igualmente que o fato de ter sido excomungado não era motivo para que alguém fosse rechaçado pela Ordem, cujos fins estavam acima da trama clerical de praxe e dependiam de um projeto muito mais vasto que o mero cumprimento das exigências litúrgicas ou formais do então incipiente direito canônico.

Outro ponto da Regra que se presta a equívocos e a diversas interpretações é aquele que, com os números 46, 47 e 48 das regras latina e castelhana — 55 e 56 da francesa — especifica a proibição de que o cavaleiro templário cace, tanto com a ajuda de aves como com arco ou besta ou cachorro, não se permitindo outra caça que não seja a do leão (48), que é autorizada pelo sentido simbólico que tem nas Escrituras,[12] onde se identifica esta fera com o Diabo, sempre a espreitar. Se considerarmos que, nos tempos dos templários, os leões haviam desaparecido havia muito tempo das terras palestinas e, obviamente, da Europa, esta indicação consignada na Regra não deixa de parecer absurda e desnecessária, a não ser que consideremos, com todas as suas conseqüências, seu sentido simbólico e convenhamos no significado da luta do cavaleiro com a fera como uma batalha interior, que deverá conduzir à ascese do combatente vencendo a seus instintos, como pré-requisito de sua vitória segundo o ideário que se traçou como membro da Ordem.

Segunda Parte:

Como se planeja um projeto

E daí em diante cresceram tanto em herdades, como podeis agora ver. E chamou-se a ordem do Templo, porque eles estiveram primeiramente perto do templo, e não poderia agora falar de além-mar e aquém, em terra de cristãos, em que não haja, desta ordem, casas, frades e grandes rendas; no começo, mantinham-se sábia e humildemente, como homens que haviam deixado o século pelo amor de Deus; mas, depois que as riquezas cresceram, deixaram o que haviam começado e subiram em grande loucura, assim que logo saíram do comando do patriarca de Jerusalém, e depois fizeram tanto por enganar o papa que escaparam à obediência do Patriarca e de todos os prelados que os haviam dotado dos bens da Igreja...

La Gran Conquista de Ultramar,
livro III, cap. CLXIX.

3. Como uma mancha de óleo

Sem dúvida, agradaria sempre ao historiador encontrar a documentação suficiente que lhe permitisse abordar o estudo de um tema com todos os dados necessários, sem lacunas nem dúvidas e sem ter de recorrer a hipóteses carentes de sustentação documental ou às eventuais tergiversações promovidas pelos cronistas que contaram os acontecimentos de perspectivas cronológicas mais próximas, sujeitas, portanto, a pressões dos tipos os mais diversos, que os obrigavam a tomar partidos que hoje consideraríamos obsoletos. Por desgraça, continua havendo episódios na História que jamais conseguem reunir a devida documentação, quer porque em seu momento passaram despercebidos, quer porque convergiram interesses que conspiraram para ignorá-los ou julgá-los segundo seu próprio critério. Assim aconteceu na Espanha com a Ordem dos Templários, cuja primeira penetração permanece submersa em silêncios e contradições, permitindo, com isso, a aparição de hipóteses às vezes até tresloucadas que, num momento ou noutro, chegaram a ser contadas como certezas em determinados ambientes: hipóteses que, por sua vez, configuraram atitudes, opiniões e tendências que só conduziram a confusões, dificilmente superáveis na hora de estabelecer certezas impossíveis de fundar em dados objetivos.

Chauvinismo penibético

Vou contar uma mentira histórica que de modo algum pretendo que seja aceita por seja lá quem for. Só quero que sirva para comprovar como atitudes que costumamos reprovar nos historiadores de outras terras podem também afetar-nos. Mas também gostaria que tal mentira nos desse, se possível for, a medida da importância que a Ordem do Templo teve em nossas terras, a ponto de que, em determinado momento, houve quem não duvidou em tergiversar com a evidência histórica para arquitetar uma aventura impossível que, presumivelmente, se se acreditar-se nela, teria posto a Espanha, e mais concretamente a Catalunha, como berço histórico — e é de se supor que ideológico — da trajetória templária.

A história me veio às mãos por casualidade, através de um pequeno e quase desconhecido opúsculo sobre os templários publicado em Burgos por uma editora já desaparecida e escrito por um autor com o qual, quando vivo, tentei inutilmente colocar-me em contato.[1] Este autor, esmiuçando os manuscritos da Biblioteca Nacional, encontrou um do século XVII,[2] onde um tal Dom Esteban Corbera descrevia ao conde de Guimerá a história e os detalhes que rodeiam o *Lignum Crucis* que se conserva na igreja de San Esteban de Bagá, nas faldas dos Pireneus catalães. Falei deste manuscrito e do quanto nele se referia a uma suposta história das origens da Ordem do Templo, aportando todos os dados e as fontes de que me havia servido. Depois de tê-lo dado a conhecer, comprovei que outros o traziam novamente à luz como se tivessem acabado de descobri-lo e sem citar sequer o primeiro que o revelara, traindo a confiança que tal autor poderia merecer. Agora, terei de repetir a história, voltando uma vez mais a insistir sobre como caiu em minhas mãos.

Monumento a Dom Galcerán de Pinós, em Bagá.

Apesar de não ser citado nem nos *Anales* de Zurita nem na obra de Fernández de Navarrete,[3] o manuscrito em questão, fazendo-se, ao que parece, eco de alguma tradição que se difundiu pela comarca de Bagá, conta que quando da Primeira Cruzada, e atendendo ao chamado de Urbano II, acudiram os irmãos Hugo e Galcerán de Pinós, filhos do almirante de Catalunha e senhor de Bagá e de sua esposa, Berenguela de Montcada, pondo-se às ordens do já citado Ramón IV de Tolosa e formando parte do grupo catalão que era comandado pelos condes de Rosellón e la Cerdaña. Na tomada de Jerusalém (em 1099), os irmãos Pinós lutaram e entraram na cidade pela porta chamada de Santo Estêvão e, posteriormente, o irmão maior, Hugo, uniu-se a outros cavaleiros cruzados para fundar uma confraria dedicada de corpo e alma à proteção dos peregrinos, à qual o rei Balduíno II concedeu como sede alguns edifícios situados nas dependências do antigo Templo de Salomão, pelo que os confrades passaram a chamar-se templários, enquanto que seu fundador, convertido em chefe da nascente Ordem, mudava seu nome pelo nome do seu povoado original, passando a chamar-se Hugo de Bagá, latinizado como Hugo de Baganis ou Paganis, que os franceses rebatizariam como Hugues de Payons ou de Payns. Ele enviaria seu próprio irmão de volta à sua terra natal, portador do *Lignum Crucis* e com o encargo específico de fundar a igreja de Santo Estêvão, que abrigaria a relíquia, e começar o recrutamento de cavaleiros para a ordem que fundara na Terra Santa.

O *Lignum Crucis* de Bagá, trazido da Terra Santa por dom Galcerán de Pinós, por ordem daquele que aqui se diz que foi o fundador da Ordem, dom Hugo de Pinós.

A história é complementada com um milagre já quase tradicional na hagiografia peninsular, segundo o qual Dom Galcerán de Pinós teria caído nas mãos dos sarracenos, quando interveio na primeira conquista de Almería, uma minicruzada hispânica promovida pelo conde Ramón Berenguer IV de Barcelona, que teve lugar em 1145. Diz a lenda que o mouro pedia como resgate do cavaleiro catalão nada menos que cem vacas malhadas, cem cavalos brancos, cem peças de pano de ouro e cem donzelas; um preço difícil de pagar, uma soma quase impossível de reunir. Mas, enquanto seus vassalos tratavam de consegui-la a todo custo, mesmo condenando ao sacrifício seus bens e suas mulheres, Dom Galcerán se encomendou ao protomártir, por cuja porta havia entrado anos antes em Jerusalém, e Deus se dignou aceder às suas súplicas, depositando-o são e salvo no porto de Salou, justamente quando seu pai se dispunha a embarcar o custoso resgate solicitado pelo infiel.

Há de se reconhecer, chauvinismos à parte, que a trama da história concorda com toda uma série de chaves tradicionais que podem ser encontradas ainda hoje na Península, sob a forma de ritos ou festejos, em lugares onde, significativamente, dominou o Templo. Recordemos que o culto ao *Lignum Crucis* contido no relicário em forma de Cruz Patriarcal, cuja origem remonta a Santa Helena, mãe do Imperador Constantino, aparece não só em Bagá, mas também em lugares como Ponferrada, Segóvia e Caravaca, todos eles com importantes recordações dos templários, que os possuíram. De sua parte, o episódio do resgate tem um paralelismo com o mito do Tributo das Cem Donzelas, uma cristianização dos ritos de fertilidade que se praticaram na Península muito antes que o Cristianismo fosse lá implantado e que subsistiram precisamente em lugares como Tomar e San Pedro Manrique, onde houve igualmente importantes possessões templárias.

Se não há documento, à parte este, tão tardio, do século XVII, que possa confirmar a estranha história de um fundador do Templo de origem catalã — e se, em contrapartida, muitos que atestam a existência real do borguinhão Hugues de Payns —, existem, e foram devidamente consignados pelos medievalistas,[4] os que nos mostram de modo indubitável que a família Pinós esteve relacionada com a Ordem quase desde seu início, tanto através de constantes doações[5] como por atos como o legado ao Templo de armadura e corcel (1179) que denotam que pelo menos alguns membros da família estiveram relacionados com os templários ou foram membros ativos da Ordem. O longo período que durou esta relação (1154-1279) demonstra, pelo menos, que os templários e a família Pinós cimentaram uma prolongada amizade, estranha por ser tão prolongada, a tal ponto que não é absurdo pensar numa relação que proviesse talvez dos inícios da Ordem na Palestina.

Mesmo sem conceder ao que vou apontar valor maior que o de uma hipótese, sobre a qual teria cabimento trabalhar em profundidade, creio que esta história de Dom Hugo de Pinós ou de Bagá vem a ser uma espécie de corroboração local e sem fundamento de algo que apontei no princípio e que teremos ocasião de analisar mais adiante: se bem que criado por uma maioria de franceses, o Templo seguramente teve frades espanhóis desde os primeiros albores da Ordem. E, se é certo que seus nomes permaneceram desconhecidos, talvez por obra e graça da sempiterna "puxada de brasa para a sua sardinha", habitual em boa parte dos investigadores galegos, não deixa de ser curioso que fosse a Espanha o primeiro país onde se começa a falar de templários — como aconteceu com os da *Militia Christi* de Monreal, de que falei no capítulo anterior —, e o condado de Barcelona o primeiro onde um governante morre como membro da Ordem (Ramón de Berenguer III) e um nome espanhol, o templário Gondemar,[6] o primeiro estrangeiro não francês que surge no contexto originário dos primeiros militantes do Templo de Salomão.

O Templo se instala em Aragão e Navarra

Tudo leva à convicção — convicção que poderia estender-se aos demais países do Ocidente — de que, antes do momento de sua consagração oficial em Troyes, os templários já eram conhecidos e esperados na Espanha, como representantes de idéias novas, capazes de tirar a Cristandade de uma crise que as cruzadas não conseguiram superar e que o pontificado cluniacense nem sequer havia previsto. Mais atento aos princípios messiânicos sobre os quais se assentava o movimento promovido pelos frades do Templo de Salomão, Alfonso I, o Batalhador, um monarca que soube estruturar sua política de perspectivas imperialistas muito próximas daquele Governo do Mundo que havia de configurar uma meta de unidade universal, tanto no religioso como no político, que pulsava na origem mesma da Ordem, não só fundou confrarias de estilo templário para sentir-se em casa quando em suas terras, mas também, na hora de pensar no futuro de seu reino depois de sua morte — recordemos que governava sobre Aragão e Navarra, depois de renunciar a seu projeto de uma Espanha unificada por seu casamento com Urraca de Castela —, concebeu a disparatada idéia de entregá-lo àquelas ordens militares que, desde a Terra Santa, surgiam como promotoras do grande projeto sinárquico que ele mesmo, com certeza, já havia estruturado em seu interior.

O testamento de Alfonso I, enquanto ditado por um soberano de suas características, não pode ser aceito pelo historiador sem tentar compreender os motivos que o levaram a redigir algo tão insólito no contexto político de seu tempo. O dito testamento, publicado pela primeira vez por Moret em seus *Anales de Navarra*,[7] depois de dar conta das doações que haveriam de ser feitas a diversos mosteiros de seu reino, diz textualmente: *"E isto assim disposto, para depois de minha morte, deixo por herdeiro e sucessor meu ao Sepulcro do Senhor, que está em Jerusalém, e aos que velam em sua custódia e servem ali a Deus, e ao Hospital dos pobres de Jerusalém, e ao Templo de Salomão, com os cavaleiros que ali velam pela defesa da Cristandade. A estes três deixo meu Reino e o Senhorio que tenho por toda a terra de meu Reino, e o Principado, e Jurisdição que me toca sobre todos os homens de minha Terra, tanto clérigos, como Leigos, Bispos, Abades, Cônegos, Monges, Grandes, Cavaleiros, Lavradores, Mercadores, homens, mulheres, pequenos e grandes, ricos e pobres, Judeus e Sarracenos, com as mesmas leis e costumes que meu Pai e meu Irmão e eu os mantivemos agora e com os quais havemos de mantê-los e reger. Acrescento também à Cavalaria do Templo o Cavalo de minha pessoa, com todas as minhas armas. E, se Deus me der Tortosa, que inteiramente seja do Hospital de Jerusalém...*"

O testamento, ditado perante os muros de Bayona em 1131, foi ratificado pouco antes da batalha de Fraga, em 1134, que significou para Alfonso I não só a única derrota sofrida em seus longos anos da Cruzada peninsular, mas também a causa imediata de sua morte, ocorrida poucos dias depois, ao que parece, pelos ferimentos recebidos em combate. Assim, pois, a ratificação do testamento vinha a ser, além de uma aparente premonição, uma espécie de confirmação pública de intenções, perante a possibilidade de que os nobres do reino, tácitos cumpridores da vontade real, pudessem não ficar inteirados daquilo que pretendia.

É certo que naquela ocasião aconteceu algo que escapa aos hábitos medievais: ao rei recém-falecido não se prestaram as exéquias próprias de seu nível. Seu corpo foi materialmente escamoteado à homenagem de seus súditos e enterrado, quase em segredo, no mosteiro dos cônegos regulares de Montearagón, sem que ao povo fosse confirmada a morte do soberano até que, fazendo caso omisso do testamento, foi proclamado como sucessor seu parente mais próximo: seu irmão Ramiro, que fizera os votos como monge cluniacense e, naqueles momentos, exercia o cargo de bispo de Roda e de Barbastro. Tudo aconteceu precipitadamente: precipitou-se a dispensa papal para que Ramiro — a partir daquele momento, Ramiro II — se visse livre de seus votos; precipitou-se seu casamento imediato com Inês de Poitiers, de quem nasceu uma filha no ano seguinte, que foi chamada Petronilha, e oferecida em matrimônio em 1137, quando contava apenas dois anos de idade, ao conde de Barcelona Ramón Berenguer IV, que foi nomeado imediatamente príncipe de Aragão e, praticamente, regente do reino, enquanto que o ex-claustrado Ramiro regressava à obediência monástica sem esperar mais, exceto deixar oficialmente restabelecida a continuidade dinástica de Aragão e, de fato, a união definitiva de seu reino com o condado de Barcelona, configurando-se assim a coroa catalão-aragonesa, que deveria ficar unida ao longo de toda a Idade Média. O príncipe catalão, apelidado pelos cronistas contemporâneos como o Santo, seria encarregado de tratar com as ordens militares herdeiras presumidas de Alfonso, o Batalhador, as quais implantaria oficialmente no reino com a entrega de numerosas praças fortes em troca de sua renúncia aos direitos que lhe outorgara o controvertido testamento de apenas três anos antes.

Mas chamemos a atenção para umas especialíssimas circunstâncias que, de afogadilho e aparentemente, sem motivos que as atraiam, convergem neste instante preciso da História. O pai do novo príncipe de Aragão, o conde Ramón Berenguer III, foi casado com uma das filhas de El Cid Campeador. Ramón Berenguer IV era, portanto, quase neto do paladino castelhano. A outra filha de Rodrigo Díaz de Vivar, Elvira, contraíra matrimônio com o infante Ramiro de Navarra, de cujas aventuras como cruzado já dei conta anteriormente; ambos foram pais de García Ramírez, que foi guardião do castelo de Monzón, sob o reinado de Alfonso I, e, morto este, que havia reunido em sua pessoa as coroas de Aragão e Navarra, foi reclamado como rei pelos navarros, que se negaram a aceitar as decisões dos nobres aragoneses na hora de resolver sobre a sucessão do monarca falecido; foi chamado García Ramírez, o Restaurador. O castelo de Monzón, que dirigia, foi por certo uma das primeiras doações feitas por Aragão à Ordem do Templo e, curiosamente, parece que nele se continuou guardando por muito tempo a espada Tizona, do Cid, que posteriormente seria reclamada aos templários por Jaime I, o Conquistador.[8] À margem de sua estrita realidade histórica, Rodrigo Díaz de Vivar foi por muito tempo, para os espanhóis da Idade Média — e ainda da Moderna, graças à mitificação da nossa história — uma espécie de paradigma da Guerra Santa.

O poder messiânico do símbolo

Por mais que a historiografia acadêmica se empenhe em demonstrar o contrário, é evidente que a História, muito mais amiúde do que sói admitir, move-se a golpes de ações e intenções simbólicas, como se seus protagonistas obedecessem a chaves preestabelecidas ou dessem conta de suas intenções lançando mão de leis ancestrais, mais fáceis de entender através da intuição do que por meio da razão. Considero, de minha parte, que, se a aventura templária medieval foi parcialmente ignorada e até omitida pelos estudiosos mais academicistas, a causa foi determinada por um absurdo empenho em apresentar os acontecimentos unicamente de sua perspectiva racionalista, recorrendo a intenções e fatos essencialmente superficiais, que são os que se costumam publicar nos documentos, enquanto que os motivos mais profundos precisam ser arrancados de contextos que nunca são divulgados, e que, quando surgem, é através de parábolas aparentemente literárias ou lendárias que narram, nas entrelinhas, a realidade que nunca poderia ser proclamada, sob pena de fracassar antes de se cumprir.

Barbens: possível casa ocupada pelo Templo, em uma de suas primeiras propriedades catalãs.

A Idade Média, e muito especialmente o período que abarca os séculos XII e XIII, que correspondem aos do nascimento, ascensão e ocaso do Templo, é um tempo que dificilmente se poderá entender sem medir o poder e a influência do símbolo nas relações humanas e em suas conseqüências sociais e bélicas ou nas decisões políticas. Portanto, se pensarmos nos motivos que puderam conduzir à união de Aragão e Catalunha, mesmo à custa da separação de Navarra, veremos que existe uma espécie de razão interna, nunca evidenciada em nenhum pergaminho oficial, que parecia propiciar esta aliança, além das conveniências eventuais e imediatas.

O antigo bairro judeu (*judería*) de Tolosa, junto ao castelo que abrigou seus membros, enquanto a cidade foi feudo templário.

Se o testamento de Alfonso, o Batalhador, tinha de ser desobedecido pelas forças vivas de Aragão por razões de princípio — pareceria inconcebível um Estado daqueles tempos governado por um conjunto de ordens militares procedentes da Palestina e sob o domínio imediato do recém-reconhecido Templo —, era evidente, sem dúvida, que os templários, apesar do incomum de sua instituição, chegavam carregados de um messianismo que já havia feito com que dois governantes, precisamente Alfonso de Aragão e o conde Ramón Berenguer III de Barcelona, morressem cumprindo o ato simbólico da entrega de seu cavalo e armadura à Ordem, o que significava que doavam, com aqueles pertences, o símbolo de seu poder e de sua categoria social.[9] Dito de outro modo, com aqueles objetos emblemáticos, punham ambos nas mãos do Templo o que eles simbolizavam como cabeças visíveis de seus respectivos territórios.

85

Parece — e assim confirma Zurita[10] — que a primeira intenção dos aragoneses, perante as pressões de Alfonso VII de Castela, para se fazer dono da herança do Batalhador, foi a de entregar a coroa a um nobre, Dom Pedro de Atarés, para quem inventaram rápida e precipitadamente um remoto parentesco com o monarca defunto, mas a cuja importância real como membro dirigente da Milícia de Monreal — chamada templária nos papéis de Alfonso I — se unia nada menos que um nome sumamente evocador, posto que era de conhecimento e reconhecido por todos que um remoto e quase lendário Juan de Atarés fora o santo varão eremita sobre cuja tumba e recordação se configurou o mosteiro de San Juan de la Peña, que era o lugar onde se custodiava a relíquia considerada como símbolo fundamental do cristianismo esotérico, nada menos que o Cálice que continha o Conhecimento profundo da essência transcendente da verdade, como os escritos arturianos logo viriam a proclamar. Como vemos, ainda rastreando em meio à realidade imediata, o símbolo e seus representantes continuavam conformando os acontecimentos políticos.

Os nobres aragoneses, em seu desejo de cair nas boas graças dos navarros, que já haviam manifestado sua intenção de separar-se e nomear seu próprio rei, abandonaram a idéia de pôr no trono Dom Pedro de Atarés, mas tampouco consentiram que seu soberano fosse García Ramírez, apoiado pelas forças vivas de Pamplona; seguramente barganharam a perda de seu protagonismo e até cabe dizer que acreditaram que, afastando Ramiro de sua vocação monástica, tinham a possibilidade de manejar o reino à sua vontade e aumentar seu poder. Lembremos que muitos deles formavam parte das *Militiae Templi* de Monreal, fundadas por Alfonso I, à imagem e semelhança dos templários palestinos e que muito bem podiam afirmar que, com a eleição de um rei monge, poderia cumprir-se, de fato, se bem que não de direito, o testamento de Alfonso, se bem que em seu favor, e não em favor dos autênticos frades de Jerusalém.

Uma vez mais na história medieval, aquele conjunto de intenções e o modo pelo qual o rei monge teve de sufocá-las se converteu em parábola sutilmente banhada de simbolismo. Daquela luta secreta e sem documentação, surgiu a lenda da Campanha de Huesca, não concebida para que se acreditasse nela — de fato, nem Zurita lhe dava crédito[11] —, senão para que se captasse o seu sentido: *"Da morte destes cavaleiros não se encontra memória alguma, nem de sua causa, salvo que em certos Anais catalães antigos... se faz menção que foram mortos os Guardiães de Huesca, na Era de mil cento e setenta e quatro, que foi o ano da Natividade de Nosso Senhor Jesus Cristo de mil cento e trinta e seis"*. Algumas linhas antes, o mesmo cronista aragonês nos revelou que *"as sepulturas, que um autor afirma que estão na Igreja de São João, na cidade de Huesca, onde estes ricos homens e cavaleiros foram sepultados, que diz tê-las visto, segundo por elas se mostra, foram de cavaleiros Templários, de cuja Ordem e convento foi aquela casa primeiro; e não têm nenhuma divisa, ou sinal daquelas linhagens, que eram as principais do reino"*.

Operação Templo

De todo aquele conjunto de tensões internas, inicialmente provocadas pelo polêmico testamento do Batalhador, a solução surgia apenas três anos depois. Aragão rechaçava os templários como herdeiros do reino, mas Ramiro II, enquanto monarca provisório e consciente de seu papel transitório, punha este mesmo reino nas mãos de um príncipe regente filho de templário e oriundo de uma terra onde o Templo já estava assentado, tanto na capital, Barcelona, em cuja casa dos templários se suspeita que tenha morrido Ramón Berenguer III, como nos castelos de Granyena e Barabará, doados respectivamente pelo conde Armengol de Urgel e o próprio conde de Barcelona.

Ramón Berenguer IV, que nunca ostentou o título de rei de Aragão, que Ramiro II reservou para si mesmo depois de ter abandonado o trono e reingressado em Cluny, no mosteiro de San Pedro El Viejo, de Huesca, atuou, de fato, como monarca, mesmo que só fosse consorte.[12] No mesmo ano em que Ramiro voltou a tomar o hábito, seu genro, quase como compromisso aceito, ou talvez como promessa, escrevia ao Mestre Craon para solicitar-lhe o envio de dez cavaleiros que organizassem a milícia templária em seus domínios catalão-aragoneses. Ele mesmo, juntamente com outros cavaleiros do reino, se comprometia a cumprir um ano de serviço como vassalo, mas ainda sem mencionar a questão pungente da herança de Alfonso I, que a Santa Sé, em permanente ânsia por ampliar seu poder político, insistia que fosse cumprida integralmente. Uma viagem do cardeal Guido de San Cosme em 1136, enviado por Inocêncio II, não conduziu a nenhuma aceleração de soluções.

Em 1140, o patriarca de Jerusalém, Guilherme I, e o mestre da Ordem do Hospital, Raimundo de Pódio, renunciavam aos direitos presumidamente derivados do testamento do Batalhador. Em troca, recebiam de Ramón Berenguer IV casas e bens, tanto em Catalunha como em Aragão.[13] E em 1143, por fim, tinha lugar em Gerona uma reunião com dirigentes templários na qual a Ordem, através de seu representante direto, Pedro de Rovira, renunciava formalmente a seus direitos hereditários, mas em troca da confirmação da propriedade dos bens anteriormente adquiridos em Catalunha e a posse dos castelos de Monzón, Chalamera, Montgay e Remolins, a promessa do de Corbins, quando fosse conquistado, a renda anual de mil soldos em Saragoça, o dízimo de todas as rendas que suas possessões produzissem, a quinta parte do botim em todas as campanhas onde os templários interviessem e a quinta parte das terras que fossem conquistadas com seu concurso, a incorporação ao Templo das confrarias de Monreal e Belchite e o compromisso de que, mesmo com todas essas prebendas, se cumprisse o testamento do Batalhador no caso de que o matrimônio do conde e da infanta Petronilha não chegasse a ter descendência.

Mas nem mesmo aqui terminavam tais condições que, segundo todas as aparências, foram impostas pelo Templo, fazendo uso de sua renúncia *voluntária* aos direitos que tinha sobre a Coroa aragonesa. O príncipe consorte se comprometia a não interromper sua luta contra o Islã e não firmar paz nem trégua sem o consentimento explícito do Templo, o qual, por sua vez, estabelecia, inclusive com nomes de lugares do território islâmico, aqueles que haveriam de passar a seu poder quando fossem conquistados.

A Santa Sé, com evidente falta de visão teocrática realista, coisa que sobrava, certamente, para os templários, se negou a sancionar aqueles acordos até quinze anos depois, sendo papa Honório II (1158) e apesar de que naquelas reuniões se encontrasse presente o cardeal Guido como legado pontifício. Sem dúvida, o Templo, consciente das enormes vantagens que lhe eram concedidas, sancionou-os sem titubear, estando presentes o que haveria de ser o seu terceiro Grão-mestre, Éverard de Barres, um de seus fundadores, Geoffroy de Saint Omer, e o que se converteria no primeiro Mestre da nova província templária catalão-aragonesa, o já mencionado Pedro de Rovira.[14]

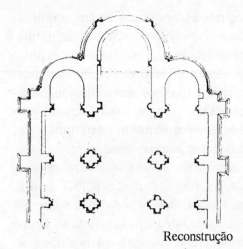

Planta da igreja templária do Burgo del Faro, em La Coruña (Colexio de Arquitectos de Galícia)

Reconstrução

Desta província ficava separado, por hora, o novo reino de Navarra, depois de ser elevado ao trono García Ramírez, o Restaurador. Não resulta estranho que, nos documentos correspondentes a estes primeiros anos de reestruturação do Estado, não se mencione implantação alguma de templários no território. A razão parece óbvia. E mais que a razão, as razões, posto que, em primeiro lugar, Navarra logicamente se negaria a aceitar o mandato imposto pelo testamento do último soberano que a manteve ligada a Aragão, o que significaria que qualquer presença templária seria considerada de imediato perigosa para a estabilidade de um reino em luta por sua independência. Mas, ademais, convergia uma outra circunstância: Navarra, como território soberano, carecia de fronteira com o Islã, pelo que *a sua* Reconquista, de fato, havia terminado. E foi precisamente a idéia de reconquista, por mais circunstancial que fosse, a que facilitou de maneira imediata a penetração templária nos demais reinos peninsulares. Navarra, neste sentido — e apenas neste —, era de importância secundária; pelo menos, faltava motivo que justificasse a urgente presença do Templo como acicate de uma Guerra Santa que, ali, pelo menos, já havia terminado, enquanto desculpa para uma ampliação do território.

Por certo que o Templo contava em suas estruturas com outra razão poderosa para assentar-se em Navarra: sua condição de Ordem dedicada à proteção dos peregrinos. Por Navarra haviam passado, desde o início das peregrinações a Compostela, boa parte dos viajantes procedentes da França e do Norte da Europa. E já em meados do século XI, com o auge da influência cluniacense, o Caminho Francês, criado por eles, atravessava todo o território navarro, se bem que uma de suas ramificações, a que entrava na península por Somport, viesse de território aragonês. A desculpa da proteção ao peregrino era mais que suficiente para que os templários tivessem motivo para assentar-se em terras navarras. E assim aconteceu, se bem que as primeiras propriedades de que se tem notícia ainda se encontrassem longe dos caminhos de peregrinação. Trata-se de doações que seriam feitas por Sancho, o Sábio, filho de García Ramírez, de que nos fala o padre Moret, em seus Anais:[15] *"Uma só achamos antes que saísse para a jornada (o rei Sancho) lá pelo mês de março, estando em Tudela, e é a favor dos cavaleiros templários, e teve de servir-se de alguns deles nesta empresa. Deu-lhes, por isso, para que possam dar o destino que quiserem, Fontellas, descendo o Realengo del Rey, sobre o Ebro, e que possam fazer cortes de madeira no Bosque de Fontelllas".* O texto nos indica, numa nota, que este território, que abarca uma enorme extensão entre a mencionada Fontellas e Ribaforada, foi doado ao Templo aos sete anos de reinado do rei Sancho, o Sábio, que corresponderia ao ano de 1157, estando presente o Mestre para os reinos de Espanha, que já devia estar velho, o templário Hugues Rigalt.

A silenciosa discrição e o arriscado jogo do valor

Se, na hora de estabelecer os inícios da penetração da Ordem do Templo na parte oriental da Península Ibérica há documentos que permitem configurar as linhas de uma política que se prolongaria, sem altos nem baixos, até o próprio momento da dissolução da milícia templária, seu caminho pelo Ocidente peninsular — Castela, León e Portugal — parece composto de retalhos e fios soltos, onde os templários aparecem e desaparecem como um rio Guadiana histórico que emerge em determinados instantes, como que para dar conta de sua presença, e desaparecesse em outros, quando, por motivos sobre os quais só podemos conjecturar, lhes convinha, quiçá, permanecer na sombra, ignorados pelos grandes acontecimentos que tinham lugar à sua volta.

Mas, no que se refere ao reino castelhano-leonês e, sobretudo, a Castela, que viveria, neste século, sua última separação de León, a ausência de notícias sobre as atividades do Templo, que constituem estranho e prejudicial costume de historiadores e cronistas contemporâneos, só é rompida para dar conta de um fato que sempre se coloca como uma mancha na história da Ordem e um florão de glória para as ordens militares autóctones que nasceram à sua sombra e, em muitos casos, à sua imagem e semelhança.

Refiro-me a um acontecimento que começou com a mais precoce introdução dos templários em Castela: a doação que lhes fez o rei Alfonso VII, genro de Ramón Berenguer III, da praça de Calatrava em 1129, em plena luta contra os almorávidas, e o posterior abandono da fortaleza pelos frades em 1157, perante a invasão dos almôadas, sendo imediatamente substituídos pela ordem militar que tomou o nome da praça e que foi precipitadamente fundada para tal fim pelo santo abade de Fitero, Raimundo, com a colaboração do padre Diego Velázquez.

A crônica do arcebispo Jiménez de Rada[16] conta como, perante a notícia de que os almôadas avançavam sobre Toledo, *"os frades da ordem do Templo, que ocupavam a fortaleza de Calatrava, perante a possibilidade de que não seriam capazes de resistir à investida dos árabes, correram para o rei Sancho[17] a rogar-lhe que se encarregasse da fortaleza e da vila de Calatrava, já que eles não tinham forças suficientes para fazer frente aos árabes e não haviam encontrado nenhum poderoso disposto a assumir o risco da defesa. Encontrava-se então em Toledo um clérigo, Raimundo, abade de Fitero, acompanhado de um monge chamado Diego Velázquez, de origem nobre e que anteriormente fora versado em coisas da milícia, junto ao rei Sancho. Ao dar-se conta da preocupação do rei perante o perigo que corria Calatrava, aconselhou ao abade que solicitasse esta ao rei; e, mesmo que em princípio o abade se tivesse mostrado reticente, acabou por aceder aos rogos do monge..."* O rei acedeu, se bem que temeroso, e o arcebispo Juan contribuiu com o seu patrimônio, e segue contando o arcebispo, *"dispôs que se fizesse público que ganhariam indulgências de todos os pecados todos os que corressem em defesa de Calatrava"*, mas a mourisma não apareceu. *"E então muitos, animados por sua devoção, aligeiradas suas vestimentas, como exige a mobilidade militar, entraram para essa ordem, e em seguida começaram a acossar e atacar os árabes, e com a ajuda de Deus foi tomando corpo a proeza, com o impulso dos monges."*

Campomanes, seguindo em tudo o que narraram os cronistas anteriores,[18] repete que os templários de Calatrava *"haviam deliberado desampará-la, por não se acharem com forças para defendê-la"*. E termina contando como, tendo-se alistado muitos cavaleiros às ordens do abade de Fitero, a quem o rei Sancho deu a fortaleza, a vila e suas terras, *"teve, a partir daqui, glorioso princípio a de Calatrava, que tão gloriosas façanhas praticou para ajudar a desterrar de Espanha o abominável nome de Mahoma"*. Moret[19] descreve os templários como "aterrados com o risco que os ameaçava". De sua parte, um historiador das ordens militares espanholas[20] repete a história ao pé da letra, argumentando com a inoportunidade daquele abandono, porque o rei *"tinha de se preocupar com a guerra que lhe preparava seu irmão, Dom Fernando, rei de León, coligado com o de Navarra"*. Em resumo, para a história aceita e inamovível, este é motivo suficiente não só para enaltecer uma ordem autóctone, em detrimento do possível prestígio dos templários, mas também para justificar a idéia de que não vale a pena mencioná-los demasiado, e apenas como comparsas dessa pretensa guerra santa que livraria a Espanha da mancha sarracena. Entretanto, acho que não seria inútil escavar outros motivos seguramente mais reais na hora de entender e julgar aquele ato, que não se enquadra com os princípios templários e, muito menos, numa época — apenas trinta anos depois da aprovação canônica da Ordem — em que seus cavaleiros tinham de sentir-se absolutamente imbuídos do espírito da Regra e de suas Constituições, dentre as quais, a de número 232 especificava que perderiam o direito de continuar na Ordem aqueles irmãos que abandonassem o estandarte de guerra e fugissem, por temor aos muçulmanos.[21]

Para penetrar nestas razões, não será demais entrever em que circunstâncias se produziu tanto a doação de Calatrava aos templários como seu abandono voluntário apenas trinta anos depois. Quando o Templo chegou à Espanha, a cruzada peninsular estava enredada com os almorávidas, um povo beduíno procedente do Iêmen que, seguindo a doutrina sunita mais ortodoxa, apoderou-se do Norte da África e impôs em Al Andalus o comportamento religioso de um Islã radical e sem concessões aos refinamentos culturais que predominavam nas cortes dos emires das Taifas. De certo modo, os almorávidas podiam ser considerados como tribos bárbaras, tardiamente islamizadas e, por causa disto, intolerantes com as formas permissivas — e, sem dúvida, muito mais espiritualizadas — de seus correligionários andaluzes, dentre os quais se desenvolvia, de forma paralela à do Islã mesopotâmico, o misticismo sufi, impregnado de sadio sincretismo e, dentro dos limites lógicos, em boa harmonia com a espiritualidade cristã e judaica.

Para o Templo, este fundamentalismo feroz, intolerante e cego, tanto para cristãos e judeus como para os muçulmanos que não compartilhavam dele incondicionalmente, era precisamente a doutrina a combater, um impedimento fundamental para seu projeto nunca proclamado de unidade religiosa sob um império universal, a postura contra a qual pelejaram na Cruzada palestina e que agora dominava em Al Andalus quando chegaram para instalar-se discretamente na Península. Contra a intolerância dos almorávidas empreendeu sua expedição a Córdoba Alfonso, o Batalhador, de onde regressou com milhares de moçárabes perseguidos. Contra os almorávidas guerreou Ramón Berenguer III em sua efêmera conquista das ilhas Baleares. E, para defender a cidade santa de Toledo da espionagem dos almorávidas, colocou Alfonso VII a linha defensiva da qual formava parte Calatrava e seu contingente de cavaleiros templários, contentes de guardar um *ribath* onde se professaram os mesmos ensinamentos místicos e militares que compartilhavam.

Mas eis que, naqueles trinta anos, houve uma profunda mudança no panorama islâmico, religioso e político, do Maghreb e da Andaluzia. A transformação chegou pela mão de Ibn Tutmart, o Aventumerth das crônicas, filho do guardião das lâmpadas da mesquita cordobesa e não apenas um sábio *"versado em astronomia e ciências naturais"*, como o definia Jiménez de Rada,[22] mas também discípulo preferido do grande mestre sufi Al-Ghazâlî, de Bagdá, cujos livros foram declarados heréticos e queimados por ordem dos fundamentalistas almorávidas.[23] Precisamente este ato ofensivo contra seu mestre foi o detonador do messianismo de Tutmart. Voltando ao Maghreb, começou a difundir a doutrina espiritual dos sufis e, conseqüentemente, a atacar sem piedade a cerrada ortodoxia dos almorávidas. Logo se enraizou na alma andaluz e seus seguidores, os *al-muwahhidûn* — os que dão testemunho da verdade —, foram logo conhecidos sob o nome castelhanizado de almôadas.[24]

Os protestos, algumas vezes encobertos, outras vezes violentos, dos líderes andaluzes que rechaçavam o ensinamento almorávida se estenderam por todo o domínio islâmico da Península. Alguns, como Ibn Hamdîn, de Córdoba, preferiram abandonar sua terra e acolher-se sob a jurisdição dos cristãos no Norte. Outros, como Ibn Mardanîsh, de Múrcia, optaram pela rebelião e por fazer um desesperado pedido de socorro aos almôadas do Maghreb, cujos caudilhos espirituais já haviam aceito o qualificativo de *mahdis* — algo entre profetas e messias — e estavam dispostos a impor sua doutrina espiritual sobre a ortodoxia selvagem dos beduínos almorávidas.

Por volta de 1150, os almôadas dominavam as cidades e os emirados mais importantes do território andaluz de então, e, mesmo que encontrassem núcleos de oposição também no Islã autóctone, dispunham-se a completar, com enorme força militar, a reconquista de todo o território peninsular.[25] Uma reconquista que, se bem que tivesse ares religiosos totalmente diversos dos almorávidas, continuava sendo para os cristãos o perigo sarraceno indiscriminado, mas não sendo bem assim para os judeus, que sabiam, como sem dúvida sabiam também os templários, das enormes diferenças doutrinais que separavam estes muçulmanos dos outros.

A experiência da Terra Santa e as alianças mais ou menos secretas que ali tiveram os frades do Templo com grupos xiitas frente ao fundamentalismo da ortodoxia sunita, podem ser a razão — por certo oculta, mas não por isso menos verossímil — pela qual a Ordem optou pelo abandono de Calatrava e seu discreto afastamento parcial das atividades guerreiras em Castela, uma vez vencidos os impulsos fundamentalistas almorávidas. Inclusive tem cabimento pensar que a escolha da data de abandono do *ribath* calatravenho (1157) deveu-se à impossibilidade de tomar antes esta decisão, talvez por compromissos não documentados que os templários castelhanos teriam acertado com Alfonso VII e que com seu filho Sancho III já não tinham razão alguma para ser cumpridos.

Quando dançam as cifras e as datas

Há ocasiões em que a cronologia se mostra ao investigador com um autêntico baile de números inúteis e incertos, vacilantes e contraditórios, que o fazem saltar como sobre um jogo de amarelinha, onde seria impossível estabelecer o que há antes e depois. No caso dos templários castelhanos, quase — mesmo que não totalmente — se chegam a compreender as razões para que assim aconteça, pois são várias e díspares. Em primeiro lugar, a independência de Portugal, que começou de fato, e creio que não gratuitamente, com a chegada dos frades à Península; em segunda instância, a separação circunstancial do reino de León, entre 1157 e 1230, que marcou um período de caminhos muito diferentes para os templários estabelecidos em ambos os reinos: tremendamente ativa em León, sobretudo junto a Fernando II, como veremos logo a seguir; passiva e discreta em Castela, onde, por não existir, nem sequer cabe encontrar documentos suficientes e fidedignos que nos assinalem sua gradativa expansão pelo interior da terra castelhana, longe da região de conflito com o Islã.

Curiosamente, esta discrição dos templários castelhanos no primeiro século de seu assentamento, perturbada apenas pelo conflito calatravenho, tem uma dupla vertente que, por uma de suas águas, nos impede de conhecer detalhes concretos e verazes de sua vida pública e, pela outra, nos desorienta para saber em que instante exato (ou sequer aproximado) e em que circunstância chegaram a possuir os bens e fazendas que sabemos apenas tardiamente que lhes pertenceram. E ainda ocorre que muitos desses bens, só os reconhecemos através de conjecturas, porque a maior parte dos documentos existentes referem que pertenciam a outros, que só deveriam possuí-los depois da extinção da Ordem e das evidências que essas propriedades foram repartidas entre pessoas e comunidades que tivessem permanecido fiéis aos desejos dos monarcas ou mesmo da Igreja.

Uma coisa resulta certa, além de qualquer conjectura: ao norte da região que poderíamos chamar de extremidade castelhana, situada a partir de uma linha que uniria, aproximadamente, Torija a Toledo, não encontramos *fortalezas* templárias, e sim feitorias, capelas, casas, oratórios, igrejas e as lembranças de granjas-conventos. Boa parte dessas propriedades se encontra em pleno Caminho de Santiago ou em suas imediações, ou em estradas secundárias para Compostela.

Cabe conjecturar que, mesmo sem provas, concluímos na maioria das vezes que os castelos e fortalezas ao sul da linha fronteiriça — apesar de móvel — foram doações reais, como foi a de Calatrava, supostamente a primeira de todas. Em troca, os estabelecimentos templários ao norte da dita linha seriam doações de particulares, que as entregaram em troca de sua condição de "doados" — adscritos ao Templo por um tempo fixo de serviço sob o estandarte da Ordem —, ou cessões feitas pelos mesmos cisterciences, em cuja regra se inspirava a do Templo, ou compras realizadas pelos templários, nos lugares onde tinham interesses especialíssimos para se assentar.

Como é natural, estes locais não estavam fortificados, ou só o eram para impedir saques menores, ou rapinas circunstanciais. As ruínas encontradas marcam muretas sem importância, demarcações que mais serviriam para preservar a intimidade dos frades do que para permitir uma defesa que, em princípio, não era em absoluto necessária. O único que foi proclamado popularmente como castelo, o de Castillejo de Robledo, perto do Burgo de Osma (Sória), mal e mal poderia ser reconhecido como castelo, seria antes uma granja fortificada e erguida junto ao casario e à igreja, sobre uma colina que dominava as cercanias, rodeado de alturas superiores àquelas ocupadas pela pequena fortaleza.

No que se refere a estas possessões, assim como a muitas outras correspondentes à região galaico-leonesa, dá-se, ademais, a circunstância de que as notícias que pretendem esclarecer a natureza e localização nos historiadores antigos — refiro-me ao padre Mariana, a Argote de Molina e ao próprio Campomanes, considerado como o primeiro estudioso do Templo na Espanha — citam lugares que hoje é impossível localizar, porque são designados com nomes que posteriormente desapareceram ou foram alterados; destarte, lugares como Canabán, Safines, San Pedro, Neya ou Villapalma. Em contrapartida, e possivelmente pela mesma causa, pode-se detectar hoje locais que não oferecem dúvidas racionais sobre se pertenceram ou não aos templários e, com certeza, não figuram por nada naquelas listas.

Com tudo isso, a elaboração de uma geografia templária resulta, na atualidade, praticamente impossível e, quando se procura,[26] sempre restam dúvidas impossíveis de superar, umas por causa de falta de documentação que ateste sua origem, outras pela impossibilidade material de localizar o lugar mencionado nos documentos. Neste sentido, tenho para mim, respeitando escrupulosamente todos os esforços que se façam, que a via mais conveniente, a que melhor permite aprofundar-se no templarismo hispânico, é optar por uma escolha garantida de documentos e tradições confiáveis, sem tentar uma busca exaustiva que será praticamente inviável e que, além de tudo, pode prestar-se a excessivas inexatidões que só servirão para confundir leitores e outros estudiosos.

Dentro dessa possível relação de possessões templárias estritamente castelhanas, situadas ao norte da fronteira que só seria superada depois da batalha das Navas de Tolosa (1212), podemos dar conta das seguintes, sem que na maior parte seja possível estabelecer o momento em que passaram a pertencer à Ordem:

Villalcázar de Sirga, na província de Palencia e em pleno caminho de Santiago. Foi feitoria de templários desde a primeira metade do século XII, provavelmente desde 1158. Resta-nos dela uma igreja, hoje paróquia do povoado, que será mencionada na hora de analisar a arquitetura própria da Ordem.

San Bartolomé de Ucero, ou San Juan de Otero. Provável feitoria conseguida prematuramente e, segundo alguns documentos, abandonada pelos templários vários anos antes de sua extinção.

La Vera Cruz de Zamarramala, junto a Segóvia. Feitoria templária atestada por um breve do papa Honório II ao fazer entrega ao Templo da relíquia da Vera Cruz em 1224. Passou ao poder dos sanjuanistas (e hoje pertence à Ordem de Malta), que se empenharam em negar seus antecedentes templários.

San Polo, em Sória extramuros. Possessão certamente dentre as primeiras, que incluía o santuário do anacoreta Satúrio e passou aos sanjuanistas ao efetuar-se a divisão dos bens do Templo.

Toledo. Os templários possuíram o castelo de San Servando e umas casas na *Judería*, não longe do Alcácer real. É impossível precisar o ano de obtenção destas propriedades.

Alcanadre, na província de La Rioja; tiveram propriedades das quais nenhuma subsistiu.

Torija, na província de Guadalajara, na Alcarria. Pertenceu ao Templo seu castelo, mas ignora-se a possível data em que o obtiveram.

Santorcaz, na província de Madri. Ali o Templo teve um convento, que passou a ser propriedade do cabido complutense depois da extinção da Ordem.

Cuenca. Houve uma feitoria templária concedida depois da conquista da cidade. Formou parte dela a desaparecida igreja de São Pantaleão (1176). Suspeita-se fundamentalmente da intervenção templária na construção da catedral.

Agreda, atualmente, forma parte de Castela e da província de Sória, mas formava parte do reino de Aragão e suspeita-se que foi doação muito antiga, conservada pelos templários até sua extinção.

Sobre estes lugares insistiremos quando, mais adiante, nos introduziremos nas circunstâncias ideológicas do Templo e nas singularidades de seus monumentos espanhóis.

A inclinação templária de um rei trovador

Como é notório, a idéia imperial — ou, mais que a idéia, o conceito feudal do império — foi uma inclinação, com mais ou menos variantes, acolhida e até proclamada por vários monarcas peninsulares da Idade Média. Alfonso VII, durante cujo mandato se instalaram os templários no reino castelhano-leonês, foi um deles. Imitando outros Alfonsos, seu padrasto o Batalhador, de Aragão, e seu avô, o VI de Castela, foi coroado três vezes: uma, muito pequeno, em Santiago de Compostela, como rei da Galícia (1111); outra, como soberano de Castela e León, na catedral da velha capital, em 1126; nove anos depois, com a presença de todos os que, em teoria, seriam seus vassalos navarros, catalães e aragoneses, como imperador e de novo na catedral de León. Porém, depois de um longo reinado de prepotência e de sonhos de grandeza mais ou menos cumpridos, pareceu perder todo interesse pelo futuro daquela idéia quando, na hora de sua morte, e imitando o que já havia tentado seu bisavô Fernando I, voltou a dividir o poderoso Estado que havia criado entre seus dois filhos, e ao mais velho, Sancho III, legou Castela, e ao mais jovem, Fernando, um reino de León repleto de problemas derivados do avanço almôada e da separação de fato do condado português, a ponto de converter-se em reino independente.

Pode-se afirmar que os templários viveram aquela separação sem preocupação alguma, nem risco para sua integridade. De fato, e até a dissolução da Ordem, houve uma só província templária que abarcava as três nacionalidades e que, amiúde, compartilhou os mestres entre elas. Outra coisa eram as relações do Templo com os governantes do dia. Deve-se reconhecer que, se os primeiros tempos da Ordem em Castela e León foram, como víamos, de silêncio, discrição e voluntária colaboração nas campanhas, outra coisa foi seu protagonismo em León, durante o reinado de Fernando II, enleado em conflitos familiares e de política interna, nos quais o Templo interveio mais do que poderia parecer, pois se é verdade que a Regra proibia à Ordem intervir em lutas entre cristãos, não é menos evidente que, convertendo-se em paladinos cristãos frente à mourisma, aliviavam o soberano de parte de seus numerosos conflitos, permitindo-lhe resolver com menos esforço e grandes vantagens as questões político-familiares que o assediavam, tanto de Castela como de Portugal.

Seguindo o inveterado costume que assinalei já quase no começo deste livro, os historiadores continuam silenciando ou minimizando a importância dos templários neste instante da história medieval. Inclusive, ocorre o caso que o arcebispo Gelmírez, que foi figura de destaque nos caminhos da história da Galícia e da Espanha durante seu tempo (1093-1140), nem sequer parece permitir que sejam citados em sua crônica, a *Compostelana*,[27] como se em seu tempo já não houvessem entrado numa Galícia cujas grandes catedrais eles ajudariam a construir e em cujos portos, como Vigo ou Santiago del Burgo, atracariam suas naus.

Fernando II (1157-1188) é um monarca também estranhamente desprezado pelos historiadores que se ocuparam entusiasticamente destes séculos cruciais da Idade Média. Alguns, como Claudio Sánchez Albornoz, nem se dignam citá-lo em sua obra máxima, como se houvesse sido um simples número numa longa lista de soberanos espanhóis.[28] No entanto, poucos como ele uniram, em sua época, o espírito poético e o sentido de uma política quase irracional, que o levou a fazer a guerra e conquistar meia Extremadura, tal como o samurai que pratica as artes marciais: como uma luta contra si mesmo, sem sinal de revanchismo, inspirado por um trovador, Peire d'Alvernha, cedendo, dadivoso, aos muçulmanos o governo municipal de cidades conquistadas e favorecendo a criação de ordens militares teoricamente dedicadas à Guerra Santa, imitadoras locais daqueles templários que se voltaram em sua ajuda na empresa de recuperar territórios de perdida recordação lígure.

Apenas iniciada sua guerra de tons cavalheirescos pelas terras de Extremadura, os templários já estavam ao lado do monarca na conquista de Trevejo, que lhes foi doada para que a defendessem e sobre a qual edificaram um castelo muito bem conservado. Logo depois da conquista, os frades obtiveram Portezuelo (1167), Cabeza de Esparragal e Santibáñez el Alto, todos estes lugares que lhes seriam arrebatados pelas ordens autóctones de Alcântara e Santiago durante o reinado seguinte de Alfonso IX. O castelo de Alconétar, em compensação, puderam conservar, a título de feitoria, até a extinção da Ordem. Ainda hoje se destaca a sua torre pentagonal sobre as águas de um pântano, a pequena distância de uma ponte romana e impregnada pela lenda oriental da princesa moura, irmã do bravo Ferrabrás de Alexandria.

Significativamente, como mostra o sentido insolitamente divino que rodeou boa parte dessas campanhas extremenhas, é preciso alertar que houve nelas reveses, vitórias retumbantes, medos, euforias e constantes avanços e recuos da linha fronteiriça, dos quais Cáceres mesmo, com suas sucessivas conquistas e ulteriores perdas, constitui exemplo que, seguramente, na Castela de Alfonso VIII teria sido uma exceção, ao passo que no efêmero León de Fernando II, o rei trovador, foi um motivo a mais para cantar heróis mortos convertidos em tema de lenda ou poema trovadoresco.

Os templários, naquelas contendas, tiveram de ceder, vez ou outra, às pressões que recebiam de alcantarinos e santiaguenses. Conquistavam praças que logo tinham de abandonar para entregá-las a quem se considerava com mais direito que eles, por serem ordens nascidas daquele território. Finalmente, daquela primeira investida, só conservaram o senhorio de Coria, que tão ativamente colaboraram para conquistar,[29] e — curiosa coincidência, se é que assim foi —, Garrovillas e Hervás, dois lugares com considerável proporção de população judia, que o Templo protegeu até o fim da Ordem.

Criar um Estado a partir do nada

A coisa vinha de longe: nada menos que a partir do instante em que os beneditinos cluniacenses penetraram na Península, começaram a fazer o que bem entendiam com a liturgia tradicional dos devotos e, na medida de sua influência, também com as decisões políticas de seus governantes. Reinava em Castela e León Alfonso VI, casado com Constanza de Borgonha, terra onde nasceu a reforma de Cluny, em cujo cenóbio foi gestada aquela primeira idéia sinárquica de um Ocidente europeu fortemente regido pelos princípios teocráticos emanados de Roma, perante cuja autoridade precisava dobrar-se toda a Cristandade, e não só no que se referisse à religião, mas nas decisões fundamentais da alta política.

Ninguém parecia querer ser o primeiro a atirar uma pedra. Por certo que a decisão tomada por Alfonso VI de casar duas de suas filhas com condes borguinhões sempre soou a meus ouvidos como arranjo de sacristia, como vinculação concertada nos mosteiros, como cabeça-de-ponte que vinculasse definitivamente a terra castelhano-leonesa ao ideal teocrático de Cluny. Curioso, seja como for, que Urraca fosse destinada a Raimundo de Borgonha e que a bastarda Teresa se casasse com seu primo Henrique.[30] Não é menos curioso que outra filha, Elvira, contraísse matrimônio com Raimundo de Tolosa, destinado a ser um dos principais dirigentes da Primeira Cruzada. E até curiosa a coincidência de que o único filho varão do rei Alfonso, Sanchuelo, tido com a irmã de Al-Motamid de Sevilha, Zaida-Isabel — algo que raiava o cúmulo da frivolidade religiosa —, fosse morrer prematuramente na chamada Batalha dos Sete Condes, deixando o destino do reino nas mãos de mulheres casadas com estrangeiros partidários de Cluny.

Continuemos com as curiosas coincidências. Depois de seus respectivos matrimônios, Urraca e Raimundo foram nomeados condes de Galícia, Teresa e Henrique, condes de Portugal. Tanto o bispo português de Braga como o galego de Santiago eram eleitos dentre os monges cluniacenses. Muito em particular, o bispo Gelmírez, que foi bispo de Compostela desde 1093 e foi o primeiro arcebispo eleito da terra jacobéia, sempre demonstrou sua repulsa às veleidades políticas de Urraca — sobretudo na raiz de seu segundo matrimônio com Alfonso, o Batalhador, de Aragão — e sua decidida preferência por Alfonso Raimúndez, o futuro Alfonso VII, a quem coroou rei de Galícia em 1111, vinte e cinco anos antes que ascendesse à coroa castelhano-leonesa.

Até 1095, o conde Raimundo de Borgonha, casado com Urraca, fora conde de Galícia e Portugal. Nesse ano, passou a ser conde apenas de Galícia, porque seu primo Henrique contraía matrimônio com Teresa e recebia o condado português. Mas essa segmentação se fez sem traumas nem protestos de ninguém, depois do acordo que firmaram os dois primos perante o monge Dalmas Geret, delegado do tio de ambos, Hugo de Cluny, no qual se especificava que, no caso de se converterem Urraca e Raimundo em soberanos da coroa castelhana, Henrique e Teresa seriam senhores, *jure hereditario* (quer dizer, para eles e sua descendência) de Portugal, mesmo que sob a soberania, e apenas nominal, dos monarcas castelhanos. Como vemos, tratava-se de ordem tácita emanada de Cluny, à qual ninguém poderia fazer o menor reparo.[31]

Depois de três anos morriam Raimundo de Borgonha (1107), o infante Sancho, filho de Alfonso VI e de Zaida (Batalha de Uclés, 1108) e o próprio soberano (1109); cinco anos depois, morria também o conde Henrique de Portugal, que havia ampliado consideravelmente seu território à custa de numerosas conquistas contra os muçulmanos. Era um momento de tensão máxima entre todas as forças políticas que pretendiam dominar o reino castelhano-leonês, mas o que parecia indubitável era que, apesar das dissensões e do estado de guerra civil aberta, nenhum dos contendentes parecia disposto a ceder os direitos sobre Portugal, e muito menos Cluny, que havia disseminado muito firmemente sua influência atlântica peninsular. Teresa, no entanto, mesmo já viúva, rechaçou os deveres e pactos contraídos e, apenas morreu o marido, fazia-se chamar rainha e, ao que parece — mesmo que os historiadores nunca se põem de acordo sobre a data —, chamava para seu lado os templários, mesmo antes que a ordem fosse oficialmente reconhecida em Troyes: em 1126.

O Templo, como obra inspirada que foi na doutrina cisterciense, formava uma coletividade monástico-guerreira vista com maus olhos por Cluny. De sua parte, um condado português independente, suscetível de converter-se em reino, era uma possibilidade política não admitida pelo todo-poderoso arcebispo compostelano Gelmírez, que já havia provocado a ira dos súditos do conde Henrique quando, em 1102, entrara em seu território para levar de Braga para Compostela as relíquias do monge São Frutuoso, uma ação que foi chamada pelos portugueses de *"pio latrocínio"*. Não é estranho, nestas circunstâncias, que a rainha Teresa visse no Templo uma confirmação de seus desejos e uma defesa tácita de suas intenções e no Cister de Bernardo de Claraval a tendência monástica que melhor se enquadrava com seus interesses. Calcula-se como muito provável a data de 1126 como a da entrada dos primeiros templários em Portugal, e tem-se quase como seguro que, naquele mesmo ano, receberam em custódia a fortaleza de Soure e o lugar de Fonte Arcada. O primeiro mestre da Ordem em Portugal foi Guillelme (talvez Guillaume) Ricard.

Mesmo não podendo servir como força capaz de lutar contra cristãos, o Templo significava, no nascente Estado português, a tranqüilidade de não ter de atender a duas frentes de batalha: a dos castelhanos e a do Islã. Por sua parte, os templários viam, sem dúvida, a importância de fincar-se solidamente em um país nascido do nada, com uma dinastia jovem e com uma vontade nacionalista, sobre a qual poderia exercer uma influência que lhes abriria as portas do Atlântico. Ali, de fato, poderiam exercer uma influência mais eficiente que em Castela e, sobretudo, poderiam conservar uma exclusividade que entre os castelhano-leoneses se colocava como muito mais problemática. O tempo lhes daria razão. Portugal chegaria a admitir, como se fosse uma concessão, a presença das ordens militares espanholas, sobretudo as de Santiago e Alcântara, nascidas na vizinha Extremadura, mas o Templo conservaria sempre a sua primazia em Portugal. O que essa primazia poderia significar para o projeto templário, veremos mais adiante. Por hora, basta apresentarmos como evidência os rapidíssimos avanços da influência templária, tanto com Dona Teresa como, a partir de 1128, com seu filho e herdeiro Alfonso Henriques, o qual, segundo confirma a *Compostelana*, *"não quis submeter-se à dominação do rei* (Alfonso VII), *mas se alçou, arrogante, assim que obteve o senhorio"*.[32]

Os templários tiveram de esperar até o ano 1137 para entrar em ação. Antes, seguramente, limitaram-se a seu papel oficial de guardiães da fronteira. Mas naquele ano se firmou o tratado de Tuy, pelo qual Alfonso VII reconhecia a soberania de seu primo sobre todo o território português.

Havia chegado o momento de empreender a recuperação da cornija atlântica. E ali estavam os templários dispostos a colaborar; e parece que ali esteve também, em pessoa, Bernardo de Claraval, recém-saído do conflito do antipapa Anacleto e glorioso profeta que anunciou a tomada de Santarém. Nos nove anos seguintes, a ofensiva foi inelutável, como se houvesse pressa para conquistar territórios antes que a máquina almôada se pusesse em marcha como rolo compressor. Em 1146 fora reconquistada a praça, e, com Santarém, Leiria e todo o território circunstante entre os rios Mondego e Tejo. Em 1147, com a colaboração de cruzados (templários?) ingleses, conquistava-se Lisboa e por toda a área da conquista o Templo acumulava igrejas, conventos e castelos. Um templário português, Gualdim Pais, se distinguia como herói indiscutível daquelas ações guerreiras, e, mal alcançada a vitória, partia para a Terra Santa, para receber a iniciação reservada às mais altas hierarquias da Ordem.

4. O lento acesso ao cume

Estrangeiros em Castela

Em meados do século XII encontramos definitivamente assentada a Ordem do Templo na Península Ibérica, com melhor ou pior sorte, segundo os Estados e territórios, mas já formando parte de sua história e compartilhando suas estruturas formais com hospitaleiros, sanjuanistas e outras ordens autóctones nascidas à sua sombra e por causa de seu exemplo, mas amiúde rivais em influência perante o poder real e a autoridade religiosa, que, sobretudo nos domínios da coroa castelhano-leonesa, sempre viram os templários como uma instituição de origem estrangeira, por mais provas e testemunhos trazidos de sua vocação hispânica e por mais que fosse de espanhóis a maioria de seus membros e todos os seus dirigentes. Bastar-nos-ia meditar obre a natureza das propriedades templárias em Castela e comparar sua importância política, territorial e estratégica com as que foram obtidas pelas ordens de Calatrava, Santiago e mesmo os sanjuanistas, ou repassar os documentos onde os comendadores e mestres provinciais estamparam sua firma como testemunhas ou como participantes das decisões reais, para comprovar que a presença do Templo na vida pública do reino não era, muitas vezes, mais que um ato honorífico ou testemunhal.

Naturalmente, é impossível estruturar as circunstâncias históricas sem levar em conta os mil matizes que podem transformá-las e dar-lhes sua autêntica dimensão. Assim, resultaria arriscado esquematizar a presença castelhana dos templários sem considerar a enorme importância que teve para a Ordem o período de quase três quartos de século (1157-1230) em que León e Castela se mantiveram separados, com monarcas como Fernando II e Alfonso IX regendo o reino ocidental e reis como Sancho III, Alfonso VIII e Henrique I no eixo castelhano, mediano, da Península. Pois, naquele período, enquanto Castela evoluía conforme mandavam as oportunidades e as circunstâncias históricas do dia-a-dia, León, que abarcava dentro de seus limites Galícia e Astúrias, mantinha-se mais apegado a estruturas tradicionais muito mais alheias, que carregavam o sentido de sua história — e, conseqüentemente, o ideário de seus governantes — de elementos arcaicos conservados desde tempos em que o mito compartilhava sua realidade vetusta com os acontecimentos imediatos. Se recordarmos alguma das circunstâncias apontadas no capítulo anterior, como o fato de que toda uma campanha guerreira poderia ser instigada pelas estrofes de um trovador — Peire D'Alvernha —, dar-nos-emos conta do profundo abismo existencial e até ideológico que separava o Estado leonês de uma Castela que, à mesma época, era berço de uma poesia épica, testemunhal e realista como o *Cantar de Mio Cid*.

A estranha posição (provavelmente simbólica) de uma das figuras da comenda templária castelã de Siones, no vale de Mena.

Durante esses setenta e três anos de trajetória independente, o Templo castelhano manteve seus laços com os templários leoneses e portugueses, com os quais formavam uma província única, cuja máxima autoridade residia em Zamora. Os templários, abandonada a praça de Calatrava — uma afronta que Castela tardaria em perdoar, incapaz de compreender suas razões — tiveram em Toledo, em sua fortaleza de San Servando e nas casas que ocuparam no bairro judeu, seu enclave mais próximo à fronteira com Al Andalus. Pelo que se especula — sem que nenhuma prova o confirme — nunca pediram um lugar de destaque nas batalhas onde enfrentavam as agressões dos almôadas e, quando interferiram nos combates, fizeram-no com pequeno número de frades e em ações que nem sequer mereceram ser testemunhadas pelas crônicas contemporâneas. Quando procuraram locais para as casas da Ordem, fizeram-no em enclaves apartados e — exceto no caso de Toledo — longe do centro das cidades, como ainda hoje podemos comprovar em San Polo de Sória e em Vera Cruz de Segóvia-Zamarramala.

Castelo templário de Alba de Aliste, no antigo reino de León.

Em todo este tempo, só se registra uma intervenção bélica de certa importância por parte dos monges templários em Castela: sua contribuição ao sítio e tomada de Cuenca por Alfonso VIII (1176). E, ainda desta intervenção, cabe suspeitar que a maior parte dos frades que intervieram nela puderam proceder da província catalão-aragonesa e acorreram acompanhando seu rei, Alfonso II, o Casto. Em qualquer caso, por suas ações naquela campanha, obtiveram uma propriedade na cidade conquistada, o atualmente inexistente convento de São Pantaleão, perto da mesquita convertida em catedral, e a mais que provável intervenção no milagroso encontro e imediato patrocínio de Nossa Senhora da Luz, que ainda hoje continua sendo o mais importante nome mariano da cidade. De sua parte, alguns autores[1] insistem também no provável templarismo que revelam as estruturas mais antigas da obra catedralícia.

A discrição templária fora absoluta até então, em Castela, que havia atravessado, até esta campanha de Cuenca — primeiro ato como soberano do mui jovem Alfonso VIII —, um longo período de conflitos civis internos, provocados pelas famílias que pretendiam aumentar suas áreas de poder, ascendendo a tutores do rei. Os princípios da Ordem do Templo se opunham, como foi notório, a toda intervenção em assuntos entre cristãos. Mas, se acrescentarmos que ditos problemas cortaram por muitos anos as tarefas conquistadoras castelhanas, reduzidas a defender-se das turbas almôadas, é perfeitamente compreensível que qualquer eventual protagonismo templário brilhasse por sua ausência. Não aconteceu o mesmo com a Ordem dos Hospitaleiros, sempre imitadora e a reboque dos templários. Os monges do Hospital de São João de Jerusalém, sem que nada pudesse justificá-lo, intervieram nos conflitos emanados da tutoria do pequeno rei, apoiando a família dos Lara frente à dos Castro, a quem, mais ou menos direta e abertamente, favorecia o tio do monarca, Fernando II de León, em cujas campanhas da Extremadura tanto haviam colaborado os frades do Templo.

Mosteiro de San Pedro de Montes, com o qual o Templo de Ponferrada manteve questões territoriais.

O ouro secreto dos montes

Um ano depois da conquista de Cuenca, Fernando II de León premiava a colaboração dos templários nas campanhas da Extremadura com a doação do castelo de Ponferrada, no coração do Bierzo e a muitas léguas da fronteira muçulmana, mas em plena Rota Jacobéia. A natureza especialíssima deste enclave, a fama que adquiriu até converter-se no lugar templário por excelência, quase paradigma da Ordem na Espanha, e o fato de ter-se hipertrofiado a importância que teve realmente, graças ao êxito popular daquela novela do século XIX que foi intitulada *El Señor de Bembibre*,[2] nos obriga a uma parada nesta presença do templo em Bierzo, estranha por sua notoriedade e significativa pelos problemas que coloca, que resumem todos os temas-chave do trajeto ibérico dos frades do Templo de Salomão, desde sua condição de banqueiros a seu prestígio como custódios exclusivos de simbólicos relicários contendo milagrosos *Ligni*

Ponferrada, a fortaleza templária mais exemplar no reino de León.

Crucis, um dos mais importantes procedente precisamente dos domínios de Ponferrada,[3] o qual se conserva atualmente na catedral de Astorga e continua sendo objeto da primeira demonstração oficial de piedade dos bispos que se incorporam à sé apostólica da capital da Maragateria.

Nenhum historiador, ao menos que eu saiba, nem nenhum documento confiável especificam se o castelo de Ponferrada foi um oferecimento do monarca leonês ou uma petição expressa dos frades templários. Sabe-se que passou para sua propriedade em estado calamitoso: apenas estavam conservados os muros principais da fortaleza romana, que estava em ruínas havia séculos e que era conhecida por *Interamnium Flavium*.[4] Mas o Templo não hesitou em torná-la sua e empreender sua reforma, adquirindo para a Ordem, nos anos seguintes, todo um conjunto de castelos que praticamente os levaram a possuir, ou ao menos a controlar, boa parte da comarca de Bierzo. Ditos castelos, reformados alguns e outros construídos, foram os de Cornatel, Corullón, Pieros, Tremor, Antares e Balboa, este último situado na subida do Cebrero galego. Mas, além dos castelos, quase todos eles já obsoletos para as necessidades defensivas da comarca, afastada, havia muitos anos, da fronteira muçulmana, tiveram casas em Bembibre e em Rabanal, em Cacabelos e em Villafranca, o que, de fato, os tornava senhores não só do Bierzo, mas também do trecho correspondente do Caminho de Santiago, da Maragateria e daquele setor dos montes de León que não pertencia diretamente aos monges beneditinos de San Pedro de Montes, proprietários daquelas encostas inóspitas que abarcavam: Peñalba, Valdueza, Foncebadón, Compludo e o Vale do Silêncio, caminho dos picos tradicionalmente sagrados do Teleno e da Aquiana.

A comenda templária de Ambel (Saragoça).

Tem havido, entre os historiadores, uma tendência generalizada a admitir, sem maiores razões, que a proteção dos peregrinos a Compostela foi o motivo essencial da instalação do Templo em Bierzo. No entanto, receio que esta desculpa não consiga sustentar-se. Em primeiro lugar, porque a chegada àquela região, tanto quando se seguia a rota oficial estabelecida pelos cluniacenses como quando se chegava do litoral, passando por Oviedo, pressupunha que a maior parte das dificuldades e perigos que poderiam justificar o imponente conjunto de fortalezas templárias, tinham sido vencidos, e estas eram as primeiras — e as únicas — que demarcavam o Caminho. O Templo, que havia semeado de casas, hospitais e igrejas todo o Caminho, desde seu início, em Aragão e Navarra, não parecia ter-se preocupado em estabelecer-se em castelos até aqui, quando as grandes dificuldades sofridas pelos peregrinos estavam praticamente superadas. Esta circunstância obriga a pensar que aquelas fortalezas estariam destinadas a outros fins, que não figurariam nos documentos oficiais.

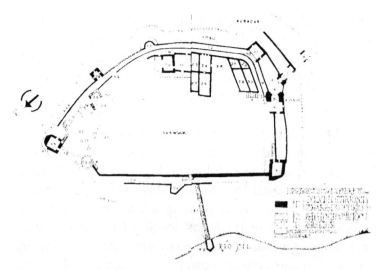

Planta do castelo de Ponferrada (segundo J. M. Luengo).

Se revirmos a história de Bierzo desde seus tempos remotos e a prolongarmos até nossos dias, tropeçaremos, em meio a longos períodos de silêncio, com um elemento que surgiu na antigüidade romana, quase desapareceu durante mais de mil anos e revive através de notícias da época moderna, muito próxima de nós. Refiro-me ao ouro.

Percorrendo o Bierzo, entre o lago de Carucedo e a fortaleza templária de Cornatel, pode-se visitar o grandioso panorama de Las Médulas, a jazida de ouro que os romanos exploraram durante mais de duzentos anos para proporcionar o metal precioso para os cofres do Império. Rapidamente, sem que nenhum historiador latino nos conte os motivos, aquele filão foi definitivamente abandonado, se bem que ainda se podem reconhecer ali os métodos que foram empregados para extrair o mineral. Plínio chamava aquela forma de exploração de *ruina montium*, que consistia em armazenar grandes volumes de água em represas nas alturas dos montes vizinhos e soltá-los através de galerias subterrâneas fortemente inclinadas. Esta fortíssima corrente saía pela boca das galerias com uma força tal que atacava as colinas fronteiriças, destruindo-as e desmoronando-as. Os mineiros, geralmente escravos cantábricos e asturianos, removiam aquela massa de terras e lavavam-nas, extraindo o ouro que continham.[5]

Minas deste tipo, se bem que menos espetaculares que as de Las Médulas, houve em boa parte de Bierzo e Maragateria, em Santa Colomba de Somoza, em Leitosa, em Paradaseca, em Montefurado. Mas não foram as únicas, porque a exploração aurífera foi levada a cabo, também em grande escala, nas margens dos rios Sil e Cua, onde se lavavam areias provenientes do aluvião arrastado pela corrente. Em vários lugares estratégicos, como a Puente de Domingo Flores e Barco de Valdeorras, houve garimpeiros, mas em nível particular, pelo menos até o primeiro quarto do século XX; foram os famosos *aureanos* de Bierzo, que dedicaram sua vida a uma busca que raramente os tirava da miséria em que viviam.[6]

Resulta curioso comprovar como as fortalezas e casas templárias filiais de Ponferrada se encontram, em sua maior parte, nas imediações daquelas jazidas totalmente abandonadas nos tempos tardios do Império, ou, mais recentemente, sujeitas a explorações particulares. O castelo de Cornatel se encontra quase à vista de Las Médulas, a granja de Rabanal del Camino, ao lado das minas de Santa Colomba; as fortalezas de Corullón e Pieros, respectivamente, na vazante dos leitos do Cua e do Burbia, os dois rios mais ricos em areias auríferas. Custa-me crer que estas localizações fossem casuais e que essa linha compacta de fortificações inexpugnáveis se encontrasse ali apenas para consolar os peregrinos de Compostela que, pela dificuldade de seu caminho, precisariam alcançá-las vencendo encostas quase impossíveis de escalar.

120

Riquezas de natureza a mais diversa

Mesmo que ignoremos em que medida, as chaves que nos revelam as propriedades dos templários em Bierzo nos sussurram um segredo a que os documentos se esquivaram sistematicamente: a mais que provável exploração de suas jazidas auríferas por parte dos cavaleiros do Templo de Salomão. Prova, não há nenhuma. Coincidências aparentes, as há demais: dentre elas, o começo da construção das grandes catedrais leonesas, a de Tuy, a de Astorga, a de León, assim como o glorioso término da de Santiago, todos estes acontecimentos que tiveram lugar a partir da obtenção de Ponferrada por parte do Templo.

Mas ainda convergiram outras circunstâncias que abonam o interesse dos templários pelas comarcas de Bierzo e Maragateria. Os indícios das épocas mais remotas destes territórios nos dão conta, em níveis tanto tradicionais como arqueológicos, de que a região esteve semeada de espaços considerados como sagrados desde antes da implantação do cristianismo. Sagrados foram os picos do Teleno e da Aquiana e até, muito perto do cume deste último morro, se conserva o lugar chamado Campo das Danças, onde devem ter tido lugar festas rituais pagãs em determinadas épocas do ano.

Nos primeiros tempos do cristianismo, no final da dominação romana, se expande por esta comarca e por toda a Gallaecia a heresia priscilianista, que tentava adequar conceitos teológicos difundidos entre as igrejas orientais com ritos e devoções pré-cristãs, que seriam anatematizadas por São Martinho Dumiense. Junto àquela expansão das idéias e das práticas heréticas, surgiria daquelas mesmas terras, já na era visigoda, a maciça explosão mística encabeçada pelo eremita Frutuoso, que encheu os morros de León de buscadores da transcendência, a meio caminho das práticas anaco-

Propriedades Templárias Castelhano-Leonesas

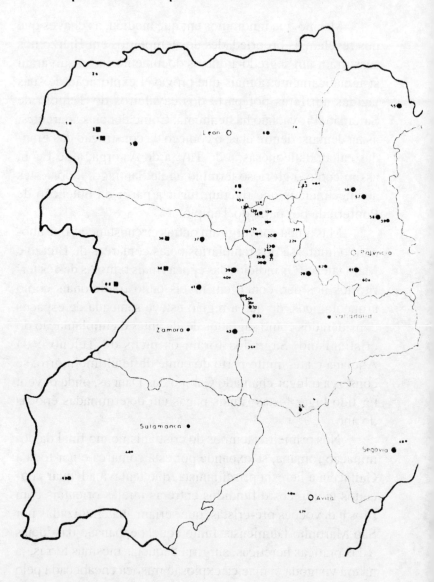

O Templo no reino castelhano-leonês (segundo Castan Lanaspa).

Convenções

○ Capitais de província
■ Fortalezas
● Igrejas
• Igrejas desaparecidas
· Propriedades territoriais

1 Corullon
2 Caro
3 Ponferrada
4 Cornatel
5 Rabanal del Camino
6 Nava de los Caballeros
7 Almanza
8 Valdenaz de los Oteros
9 Alcuetas
10 Matanza
11 Izagre
12 Valdemorilla
13 Fremosos
14 Mayorga de Campos
15 San Martin del Rio
16 Castroponce
17 Crones de Castroponce
18 Villagrado
19 Becilla
20 Villacid de Campos
21 Herrin de Campos
22 Gatón de Campos
23 Ceinos de Campos
24 Pajares de Campos
25 Zalengas
26 Villatrechos
27 Moral de la Reina
28 Villalba de los Alcores
29 San Pedro de Latarco
30 Villardefrades
31 Griegos
32 Castromembibre
33 Villalbarba
34 Cubillas
35 Muriel de Zapardiel
36 Santibañez de Tora
37 Benavente
38 Tabara
39 Villalpando
40 Villardiga
41 Pajares de Lampreana
42 Toro
43 S. Muñoz del Valle
44 Ciudad Rodrigo
45 Dornelo
46 Aldea del Rey Niño
47 Torrecaballeros
48 Milana
49 Agreda
50 S. Pedro Manrique
51 Cueto
52 Villafrandovines
53 Señes
54 Matalbaniega
55 Carrion de los Condes
56 Villalcazar de Sirga
57 Tamera
58 Astudillo
59 Cevico de la Torre
60 Villamuriel de Cerrato
61 Ampudia
62 S. Nicolas del Real Camino
63 Terradillos de Templarios
64 Alcameca

123

réticas dos desertos tebanos e a devoção visceral dos primeiros cenobitas pelo *abba* condutor que conduzia a alma dos devotos para os caminhos celestiais.

Quando os templários tomaram posse de suas propriedades de Bierzo, a espiritualidade de tons anárquicos dos cenobitas frutuosianos já fora substituída pela vida perfeitamente regulada dos beneditinos que ocupavam San Pedro de Montes. As propriedades daquele mosteiro abrangiam boa parte das serranias que dominam o Bierzo, ao sul. Mas, inclusive sob a influência ortodoxa dos monges, ainda conviviam naquela comarca, com toda probabilidade, remotos seguidores do herege Prisciliano e até gente — muito provavelmente os próprios maragatos — com indubitáveis raízes pagãs em suas práticas religiosas, como o provam os documentos pertencentes ao mosteiro citado, onde em certas ocasiões se dá conta de doações feitas por povoados que tiveram seus "pagãos" convertidos graças à intercessão dos beneditinos.[7]

Gualdim Pais, grão-mestre do Templo português.

Está completamente fora de dúvida, e resulta absurdo que uma historiografia recalcitrante em seu racionalismo o queira negar, que o Templo estruturou seu ideário teocrático estudando e assumindo muitos princípios não muito ortodoxos, extraídos tanto das seitas cristãs orientais como de estruturas tradicionais que a Igreja romana condenara reiteradamente. O mundo espiritual concebido pelo Templo, traduzido em práticas e idéias que em muitos casos serviram para acusá-los ao final de sua existência, colocava uma teocracia universal em que teriam lugar muitas heterodoxias cristãs, assim como parte substancial das idéias religiosas defendidas por judeus e muçulmanos. Estes esquemas ideológicos aparecem esporadicamente — e sempre de maneira discreta e, muitas vezes, equívoca — nas ações protagonizadas pelos templários e se adequam, sem dúvida, ao ambiente de referências e recordações tradicionais que dominava na região de Bierzo e na Maragateria, onde uma curiosa lápide encontrada na localidade de Quintanilla de Somoza nos revela que também em séculos remotos se praticaram por aquelas paragens cultos de caráter gnóstico, que seriam severamente anatemizados pela Igreja, mas que foram inestimáveis na hora de buscar as raízes comuns das grandes religiões do Livro e sua relação transcendente com as crenças mais profundas que as precederam.[8]

Gnose significa conhecimento. Um conhecimento dirigido fundamentalmente para desvelar verdades que os sistemas religiosos só pretendem dar a conhecer como revelações que hão de ser assumidas exclusivamente pela fé. A gnose não é, pois, uma religião, mas uma forma de apresentar o fato religioso como algo que se harmonize com tudo o que signifique busca do conhecimento. E nessa busca se encontra a alma do ser humano e a mente do ser humano. E, com a alma e a mente, sua capacidade de penetrar em todos os aspectos que o saber adota. A Igreja, tal como o islã oficial e o judaísmo mais ortodoxo, enquanto conformando religiões estabelecidas, abominam o conhecimento e o renegam aos que o buscam, mas estes buscadores, aberta ou ocultamente, surgiram em todas as épocas, procurando fazer com que os crentes tivessem a oportunidade de alcançar a luz do saber em todas as suas facetas e na contracorrente das castradoras devoções estabelecidas pelas ortodoxias. Curiosamente, as montanhas de León nos trazem, no mínimo, um exemplo imediato desta busca. Trata-se de uma ferraria, única em sua categoria que ainda se encontra em funcionamento no mundo, e construída no mesmo século VII em que o mestre Frutuoso recrutava eremitas para aquela sua fundação aos pés dos morros sagrados da antigüidade, em torno a um cenóbio já desaparecido, o de Compludo, que se encontrava nas imediações do lugar onde ainda continua dando mostras de sua vitalidade a ferraria que comento, mostra cabal de uma tecnologia perfeita, quase incrível para a época em que foi construída e modelo do que poderia ser uma indústria ecológica em que o ser humano sabe servir-se do que a Natureza lhe oferece para obter a energia de que ele pode necessitar para sua subsistência.

A ferraria de Compludo não foi única, mesmo sendo ainda a única que continua em perfeito estado de funcionamento, e representa um exemplo vivo da harmonia que pode reinar naquele lugar entre a ciência e a crença, em tempos que sempre nos ensinaram a considerar como primitivos e sujeitos à ignorância, em comparação com a nossa época, aferrados que estamos a um progresso predador que até já pôs em perigo nossa sobrevivência. Se recordarmos a tese defendida por Mircea Eliade,[9] a arte do ferro, como a da Alquimia, foi um caminho da perfeição a que o ser humano se dedicou durante seu processo evolutivo, como forma material — técnica, poderíamos dizer —, de um processo através do qual poderia alcançar as bases do Conhecimento totalizador que o levaria a compreender os fundamentos do sagrado.

Este alcançar a compreensão é o que também pretenderam os iniciadores do Templo, com o fim de ascender, mediante o conhecimento, a esse poder que haveria de permitir-lhes estabelecer o grande Estado teocrático universal que foi a base ideológica da Ordem e o próprio fundamento de sua existência. Mas este ideário, ao longo da História, sempre teve sua expressão simbólica. E o Templo expressou isto em Bierzo, através do estabelecimento de um culto que, além de seus valores devocionais, significava a expressão de uma idéia que o povo estava começando a assumir havia pouco: a devoção pela Mãe Terra através de uma Mãe de Deus que a simbolizava.

Nossa Senhora de la Encina

Os dados históricos, como sói acontecer, já não mais existem. Só nos chegou a lenda, empapada de fatores hagiográficos tradicionais, que nos conta, num primeiro ato, como a imagem de Nossa Senhora de la Encina, cinzelada por São Lucas, foi trazida para Astorga desde a Palestina por São Toríbio e colocada em sua catedral, até que a proximidade dos invasores sarracenos obrigou a escondê-la em um lugar que os fiéis esqueceram. O segundo ato está dividido em duas versões. A primeira diz que, cerca de quinhentos anos depois, enquanto os cavaleiros templários reconstruíam o castelo de Ponferrada, a imagem foi encontrada no oco de uma encina, pelos carpinteiros da Ordem, quando derrubavam árvores para as vigas das dependências da fortaleza. A outra versão faz protagonista do achado um frei que regressava ferido da derrota de Alarcos (1184) e que, perdido no bosque, percebeu uma luz na neblina, que resultou ser emanada pela imagem que se escondia no interior do tronco. As duas versões do achado se unem num terceiro ato, segundo o qual a santa imagem, de rosto negro, foi levada pelos templários a uma capela que construíram frente à porta principal do castelo, para que o povo pudesse venerá-la, e chamaram-na Nossa Senhora de la Encina, por causa do local onde foi encontrada, e fixaram sua festa no dia 8 de setembro, comemoração da Natividade da Mãe de Deus, que coincidia com a data em que foi encontrada.[10] Coisa de trinta anos depois, dizem que, à custa das esmolas dos fiéis, ergueu-se naquele mesmo lugar um santuário muito mais grandioso que a pequena capela de antes, levantada pelos templários.

Independentemente de que a imagem original se tenha perdido e que a atual, lavrada no século XVI, só tenha em comum com a primitiva a face escura, e que o santuário onde atualmente ela é venerada foi construído também posteriormente à desaparição da Ordem, parece correto pensar que o culto à Virgem de la Encina foi promovido pelos templários, que, efetivamente, tinham o dia da Natividade de Nossa Senhora como um dos mais importantes de sua vida litúrgica como monges. O artigo 75 de seu regulamento fixa esta data como uma das que "devem ser guardadas nas casas do Templo".[11]

Os templários, junto com os cistercienses de Bernardo de Claraval, foram, no século XII, os grandes promotores de um culto a Santa Maria, que a Igreja havia escamoteado durante séculos inteiros ao fervor popular. Sem dúvida, a recuperação deste culto mariano, em boa medida, respondia a uma consciência coletiva adormecida, que o povo acolheu com entusiasmo, porque equivalia à velha religião visceral da Grande Mãe, que a Igreja oficial havia tratado de deixar de lado, silenciando a enorme importância que esta figura sagrada sempre teve no esquema religioso da Humanidade.

Em contrapartida, para o Templo, enquanto que correspondia a um ideário estruturado sobre princípios mais ecumênicos do Cristianismo, a devoção pela figura da Mãe do Salvador correspondia à que guardaram as igrejas orientais separadas de Roma, com as quais os templários mantiveram estreito contato através da Palestina. Em certo sentido, a recuperação do culto à Mãe de Deus formava parte do grande plano sinárquico da Ordem. Efetivamente, se estabelecêssemos uma relação dos cultos marianos surgidos na Europa ao longo do séulo XII, e mesmo a partir do final do século XI, poderíamos constatar com facilidade, sem exceções dignas de constituir contradição com o exposto, que a imensa maioria deles surgiu em zonas de influência imediata de Cister ou do Templo.

Haverá seguramente quem creia que a insistência a respeito destas questões pouco ou nada tem a ver com a história dos templários propriamente dita. Não o creio, assim como me nego a admitir que, mesmo que definidas a longo prazo, começaram a manifestar-se desde o momento em que, aprovada em Troyes a Regra que a oficializava, a Ordem começou a estender-se imediatamente por todos os Estados do Ocidente cristão e, fundamentalmente, pelos reinos da Península Ibérica. As intenções daqueles que *fazem* a História não se manifestam em documentos nem se expõem publicamente, sobretudo se encerram um projeto de poder que poderia alarmar aqueles que teriam de perdê-lo caso o ideário em questão chegasse a materializar-se. Por isso convém, em tais casos, não guardar num saco roto nenhuma de suas manifestações, por supérfluas ou inoperantes que pareçam em uma primeira aproximação, porque atrás desses atos inocentes e sem transcendência aparente podem esconder-se intenções muito mais profundas, que formariam parte de um ideário que, momentaneamente, se manifestaria apenas parcial e incompletamente.

No caso do Templo, ademais, dá-se a circunstância de que este projeto jamais chegou a tomar feições concretas de realidade, porque a Ordem foi extinta muito antes de estar madura, quando muito poucas circunstâncias chegaram a concorrer para dar um passo decisivo para sua realização. O do Templo, como ideário inconcluso, prestou-se a muitas fantasias, é certo, mas sofreu, ainda com maior freqüência, de uma indiferença olímpica derivada da preguiça dos pesquisadores na hora de interpretar convenientemente os acontecimentos mais ou menos importantes ou não-transcendentes dos quais foram protagonistas diretos ou indiretos, e inclusive daqueles nos quais, na aparência, atuaram como meros comparsas.

A introdução de cultos marianos em meio à devoção popular é um destes acontecimentos. Na verdade, há tal quantidade de testemunhos desta eclosão devocional na época que, às vezes por conveniência dos que [engedram] sua história, outras por preguiça perante fatos que parecem carecer de importância, poucos se preocuparam em aprofundar o que realmente significaram. Por certo que se trata de manifestações que superam sua aparente futilidade para converter-se em chaves de um projeto muito mais amplo, que tinha de iniciar-se criando um estado de opinião novo, distinto; neste caso, devolvendo-se ao povo um elemento devocional que podia chegar a transformar sua consciência e propiciar suas atitudes perante outros fenômenos políticos, sociais e religiosos que teriam de surgir depois, quando amadurecessem as estruturas que então se cimentavam.

Gualdim Pais, a personalidade do Templo português

Conta Herculano, pai da historiografia portuguesa, que na campanha que terminou com a conquista de Santarém

(1147) acompanhavam o rei Dom Alfonso Henriques 250 cavaleiros *"e muitos templários"*, o que parece significar que o número de frades foi pelo menos tão elevado quanto o dos nobres que intervieram naquela primeira ação guerreira do nascente país. Foram talvez mais, talvez menos, as cifras importam bastante menos do que o fato de comprovar que a Ordem estava solidamente afiançada em Portugal e que, no início de sua conquista particular, já constituía uma força militar de importância, capaz de medir-se com vantagem com as forças almorávidas do rei de Badajoz.

Nesse mesmo ano, antes de lançar-se ao assalto de Lisboa, o soberano estendia uma escritura de doação à Ordem do Templo, onde afirmava o voto *"de dar aos cavaleiros e demais religiosos do Templo de Salomão que residem em Jerusalém em defesa do Santo Sepulcro todo o direito eclesiástico sobre Santarém"*.[12] Esta cessão pressupunha, para os templários, passar a ser proprietários de fato de um território muito extenso que, ainda compartilhado com Cister — que receberia, por sua vez, o lugar onde se edificaria o mosteiro de Alcobaça —, representava a maior parte da bacia norte do Tejo, em terras portuguesas.

Nesse momento, era mestre dos templários portugueses o segundo deles, Hugo Martins, e um dos frades que mais se destacara na campanha se chamava Gualdim Pais, nascido em Amarães, por volta de 1118-1119 e armado cavaleiro pelo próprio rei, depois da batalha de Ourique, quando apenas contava vinte ou vinte e um anos de idade. Agora, mal terminada a ofensiva que deu como resultado a tomada de Santarém, foi chamado pela Ordem para que se incorporasse à casa-mãe de Jerusalém, onde permaneceu pouco mais de seis anos ao lado dos Grão-mestres Robert de Craon e Evérard de Barres. Não era, com certeza, o primeiro templário português que se unia ao poder central da Ordem: há suspeitas fundadas de que um dos nove primeiros cavaleiros que constituíram o grupo fundador, o chamado pelos franceses Arnaud de Roche, pode ser um Rocha e proceder da terra que logo se converteria no reino de Portugal. De qualquer modo, a permanência de um templário na Terra Santa pressupunha o acesso à mais profunda interioridade da Ordem e, sem dúvida, o apoio que lhe permitiria alcançar os postos de maior responsabilidade dentro da estrutura hierárquica templária.

Da estada de Gualdim Pais na Terra Santa só podemos supor que interviria nas ações bélicas em que os templários tiveram um papel de destaque. Assim, podemos também supor que estaria sob a orientação do mestre Barres, um dos valores espirituais mais firmes do primeiro período da Ordem.[13] Com toda a probabilidade, se encontraria no sítio de Gaza e na tomada de Ascalão, onde encontrou a morte Bernard de Tremelay, o quarto Grão-mestre. E é quase certo que, antes de seu regresso a Portugal, conheceu pessoalmente André de Monbart, tio de São Bernardo, e que colaborara na redação dos estatutos da Ordem que seriam publicados durante o período em que foi Grão-mestre Bernard de Blanquefort. Se assim realmente foi, o que não é absurdo pensar, deparamo-nos com a estada do templário Gualdim Pais em Jerusalém coincidindo com um dos momentos mais intensos da Ordem, aquele em que se estruturou definitivamente o ideário do Templo e se definiu seus esquemas como poder multinacional capaz de começar a influir ativamente nos projetos políticos da Europa cristã de seu tempo.

O fato certo é que a presença de Gualdim Pais em Portugal é detectada de novo por volta de 1155, coincidindo com a carta de proteção ao Templo do rei Alfonso. Gualdim trazia da Palestina, ao que parece, uma preciosa relíquia, altamente simbólica, aliás, como a maior parte das relíquias de origem tradicional: uma mão de São Gregório Nazianzeno, num rico estojo de prata. Neste caso, como em tantos ou-

Uma fonte claustral de Tomar adota a forma da cruz templária.

tros, deve-se pensar num especial valor atribuído à recordação deste pai da Igreja, não só filho de um bispo da heresia dos ipistários,[14] como também companheiro dos cenobitas Basílio e Gregório, o outro, o Niseno, em sua campanha espiritual pelo estabelecimento do monasticismo oriental, do qual tantos ensinamentos e chaves do conhecimento extraíram tanto os templários como as então chamadas igrejas separadas.

Desde o regresso de Gualdim Pais a Portugal, começaram a acelerar-se acontecimentos fundamentais do recém-nascido reino. A disputa por direitos eclesiásticos sobre Santarém, desencadeada pelo bispo inglês de Lisboa, Dom Gilberto, durante a estada de Gualdim na Terra Santa, começava a acalmar-se; e, depois da morte do terceiro mestre português, Pedro Arnaldo, na conquista de Alcácer do Sal, resolveu-se logo depois a eleição de Gualdim Pais como quarto mestre. O arranjo, politicamente muito inteligente, pressupôs a cessão das igrejas de Santarém, com todos os seus dízimos, à mitra lisboeta; mas, em contrapartida, o rei confirmava os templários como senhores praticamente absolutos dos territórios da vertente norte do Tejo e da bacia do rio Zêzere: Pombal, Tomar, Cês, Almourol, Idanha, Monsanto, onde começariam a repovoar os campos desertos, convertendo imediatamente aquelas paragens em *Nullius Dio-cesis* — dioceses de ninguém —, onde a única autoridade religiosa reconhecida seria a do Sumo Pontífice, a quem os tem-plários ofereceram o bispado honorário na pessoa, primeiro, de Adriano IV e depois de Alexandre III (1159-1181); ambos os pontífices as aceitaram como tais e assim as confirmaram e reafirmaram como propriedade exclusiva do Templo, contra quem nada nem ninguém teria o direito de intervir.

Não cabe dúvida de que aqueles territórios sobre os quais os templários adquiriram tão firmes direitos eram estrategicamente muito importantes. De fato, cortavam toda a possibilidade de futuras surpresas invasoras, porque por eles passavam absolutamente todas as vias e vaus que permitiam penetrar no território português, desde o sul. Mas, ademais, tratava-se do espaço sagrado tradicional mais importante do país, carregado de recordações e de vivências ancestrais que o convertiam, ou podiam convertê-lo, em *Axis Mundi* a partir do qual concretizar o projeto firme de ação messiânica. Tratarei de explicá-lo.

A chave do Ocidente

O litoral atlântico europeu e fundamentalmente seus confins mais ocidentais, aqueles que mais se adentram no mar desconhecido — Cornualha, Normandia, Irlanda, Galícia e Portugal —, gozaram sempre de um particular prestígio mágico, baseado em tradições referentes ao fim do mundo e aos albores míticos do Conhecimento. Sei muito bem que a historiografia mais acadêmica sempre pouco se importou com a improvável realidade que estas crenças encerram, muitas vezes assumidas exageradamente pelos estudiosos do esoterismo e dos saberes tradicionais. No entanto, ninguém seria capaz de negar que os povos e as ideologias se moveram muito amiúde sob o impulso das crenças ancestrais, firmemente enraizadas na consciência coletiva e dispostas a emergir à menor oportunidade que se lhes dê.

Neste sentido, o Extremo Ocidente, como fim de um mundo e porta para outro, desconhecido, foi uma constante nos esquemas mentais do mundo antigo e medieval, desde o Caminho dos Mortos, traçado pelos sacerdotes egípcios, rumo ao Amenti, às inumeráveis migrações e invasões que se produziram ao longo da História, seguidoras, quase sem exceção, da rota Leste-Oeste. O Ocidente e seu Além foram o núcleo protagonista da lenda tradicional atlante no *Crítias* platônico e, curiosamente, em muitos períodos-chave do passado se dá o caso de que as estruturas criadoras da cultura chegam também do Ocidente, da mão dos povos que percorreram o caminho rumo aos *Finis Terrae* e voltaram, supostamente encharcados dos conhecimentos que ali receberam. Destarte, o caminho para o Ocidente foi como uma preferência ancestral que teve sua mais definitiva expressão no Caminho de Santiago, que unia em suas motivações a suma das preferências que moveram os homens e os povos desde as origens rumo ao limiar do Desconhecido, rumo àquele ponto indefinido onde, tradicionalmente, se uniria o fim com o Princípio, a morte com a Vida, a ignorância com o Saber.

De certo modo, a possessão daquele território português, que praticamente compreendia desde o cabo Carvoeiro — a ponta mais ocidental da Europa, com poucos metros de diferença com o Finisterra galego — até o rio Zêzere, pressupunha a propriedade do principal conjunto de tradições e crenças ancestrais do território, um lugar onde, em muito maior medida que em qualquer outro, sobrevivia a recordação mítica de um passado remoto convertido em lenda ou em evidência mais próxima à fé e à fantasia do que à realidade imediata e cotidiana.

Sobre esta vivência, que sem dúvida propiciou que aquela região inóspita se repovoasse rapidamente com cristãos procedentes do norte, e com muçulmanos que preferiram ficar por ali em vez de emigrar para o sul, haveria, por certo, outras razões suscetíveis de despertar o interesse do Templo: a possessão de portos estratégicos que poderiam servir de escala para uma frota templária que logo se converteria na mais importante da Europa de seu tempo, fazendo aberta competição com as esquadras de Pisa e de Gênova, que dividiam oficialmente o domínio comercial marítimo do Mediterrâneo. O Templo, o mesmo que possuiu de fato — e não de direito — o porto de La Rochelle, o mesmo

Fortaleza templária de Óbidos, em Portugal.

que preparou cuidadosamente um embarcadouro próprio em Burgos, muito perto de La Coruña, controlou a costa portuguesa entre Nazaré (muito perto de Alcobaça) e Peniche, junto a Óbidos, cidade que então se encontrava muito mais perto do mar do que em nossos dias. Naquele amplo trecho da costa, existiam pelo menos quatro pontos-chave onde construir ou dispor portos próprios, que poderiam ser guardados e controlados a partir da rede de fortalezas que bordejavam o Tejo e rodeavam aqueles estimados enclaves de terrra adentro.

O centro daquele denso núcleo de poder haveria de constituir-se no castelo de Tomar, que começou a ser construído quando foi mestre Gualdim Pais em 1160. Os templários de sua guarnição, que então formavam o conselho de governo da Ordem no reino, se instalaram ali imediatamente, mesmo antes que se lançassem as fundações da fortaleza. Sua primeira sede foi o complexo de construções que rodeavam a capela de Santa Maria de Olival, situado na falda da colina onde se levantaria a fortaleza. Com o tempo, aquele lugar se converteria em panteão da Ordem, onde se enterrariam todos os mestres, ao passo que os cavaleiros teriam seu cemitério ao lado, no Horto da Ordem, que então, e até hoje, se conheceria como Horto do Rei.

Ao longo do tempo que decorreu antes que a fortaleza fosse terminada, o mestre Pais, dono e senhor incontestado do território, concedeu até três foros distintos à população. Neles, a Ordem chama a si mesma *o senhor* e o primeiro deles se inicia com uma declaração singular: *"Eu, mestre Gualdim Pais, com meus irmãos, a vós, que de Tomar sois moradores grandes e pequenos, de qualquer classe que sejais, e a vossos filhos e a vossas gerações, corresponde a nós, irmãos do Templo, integrados na fé de Salomão, fazervos uma carta de afirmação do direito sobre vossas herdades...".*

No terceiro foro, promulgado em 1174,[15] o Templo já se manifesta como autêntica força feudal, sem disfarces, que obriga os habitantes de sua terra a pagar impostos que chegavam à quarta parte sobre os bens e colheitas de um povo que se arriscara a sobreviver numa das comarcas menos favorecidas do reino. O abuso, ao que parece constante, se devia, segundo os templários, a que a população daquelas terras nunca fora antes gravada por imposto algum. Os camponeses tentaram mais de uma vez protestar, mas a prepotência templária e sua influência sobre os monarcas portugueses conseguiram que todos os julgamentos fossem em favor da Ordem. Este protesto se prolongou até a extinção da milícia, no Concílio de Vienne, em 1312. Nos sete anos que se passaram entre a desaparição do Templo e sua substituição pela Ordem de Cristo, os cidadãos de Tomar conseguiram tramar de modo que desaparecessem do foro as seis linhas que marcavam sua indiscriminada dependência dos frades, que atuaram, ao menos neste caso conhecido, com muito mais dureza e com uma cobiça digna dos mais absolutos princípios emanados do feudalismo.[16]

Portugal templário

Gualdim Pais, o quarto mestre, morreu a 13 de outubro de 1195 e foi o primeiro que recebeu sepultura em Santa Maria do Olival, depois de resistir a um duro assédio dos almôadas, cinco anos antes. Sua lápide ainda se conserva, na segunda capela, atrás da porta de entrada do templo, junto às dos demais mestres da Ordem. Por elas, e pelas notícias trazidas no século XVIII pelo cronista da Ordem de Cristo, frei Bernardo da Costa, que se propôs escrever uma Crônica de sua Ordem, e que só conseguiu redigir seu primeiro volume, dedicado precisamente ao Templo, temos uma idéia bastante clara do que foi o trajeto histórico dos templários portugueses. Um caminho que, resumido ao máximo, nos dá a pauta do poder que teve o Templo na história do jovem reino.

```
✝ : OBIIT : FRATER : OVAL
DINVS : MAGISTER : MI
LITVM : TEMPLI : PORTV
OAL : Ē : M̄ : CC : XXX : III : iii : ⊛
IOVS : OCTOBs : HIC : CAS
TRVM : TOMARIS : CISM :
MVLTIS : ALIIS : POPVLAVIT :
REQUIESCAT : IPACE : AM.
```

Gualdim Pais foi sucedido, em 1195, pelo quinto mestre, frei Lopo Fernandes, que, em que pesem os preceitos da Ordem que proibiam aos frades intervir nas lutas entre cristãos, morreu em 1199 no cerco de Ciudad Rodrigo, lutando contra o rei de León, Alfonso IX.

O sexto mestre foi frei Fernando Dias, que teve como inimigos os elementos da Natureza. Primeiro, uma grande escassez que se estendeu por Portugal em 1202. Logo depois, em 1206, uma peste que assolou Tomar e sua comarca e arrebatou também o mestre.

O sétimo mestre, frei Gomes Ramires, foi mestre dos templários portugueses, leoneses e castelhanos a partir de 1210. Naquele tempo, o comendador de Tomar foi valido do rei Sancho I e seu grande amigo. Os bens da coroa, ou ao menos uma boa parte do tesouro do reino, cerca de 20.000

Desenho esquemático do castelo de Tomar.

maravedis, se encontravam custodiados no castelo de Tomar. Este mestre, enquanto o era dos templários castelhano-leoneses, interveio ativamente na Batalha das Navas de Tolosa (1212) e morreu lutando contra os almôadas, oito dias depois desta batalha, no assalto a Úbeda.

O oitavo mestre, Pedro de Alvito, também foi mestre dos três reinos, e recebeu para o Templo a posse de Castelo Branco, ao qual deu foro, e confirmou, por Inocêncio III, em 1216, a sujeição dos domínios portugueses do Templo à Santa Sé. Reuniu os templários dos três reinos e outros templários europeus para a conquista de Alcácer do Sal (1217) e foi conselheiro particular e grão-valido do rei Dom Sancho I, tal como seu sucessor, o nono mestre, Pedro Anes, que o foi entre 1223 e 1224.

Também mestre dos três reinos foi o décimo, Martim Sanches, que exerceu seu cargo até sua renúncia, em 1229. Sucedeu-o frei Esteban Belmonte (1229-1237), que se converteu também em valido de Alfonso II depois das ações bélicas que levou a cabo conquistando as praças de Jeromenha, Aljustel, Serpa e Aroches ou Arronches. Sucedeu-o Pero

Nunes (o décimo segundo), que faleceu em 1239, e a este, frei Guilhelme Fulcon (possivelmente francês, o 13º mestre), que governou nos três reinos e faleceu em 1242.

O mestre mais jovem do Templo castelhano-português foi o que figura como décimo quarto, Martim Martins, que assumiu o cargo com apenas vinte e cinco anos e estava ligado familiarmente à nobreza mais antiga do reino português. Irmanado com Sancho II, conseguiu unir a suas forças a dos cavaleiros de Santiago, que até então intervieram apenas esporadicamente em Portugal, e com eles se lançou à reconquista do Algarve.[17] Durante o período em que foi mestre, o rei português Sancho II teve de exilar-se em Toledo (1247). No mesmo ano renunciava a seu cargo o mestre, que passou ao serviço de Fernando III e morreu na conquista de Sevilha (1248). Era já mestre do Templo castelhano-português Gomes Ramires, que entrou com suas forças na cidade e conseguiu do monarca a doação da Alquería de Rastiñana.

O mestre Gomes Ramires morreu como décimo quinto mestre português em 1251, partidário do rei Alfonso III.

Paio Gomes continuou sendo mestre dos três reinos e, mesmo tendo fixado residência em Zamora — o que acontecia já havia muito, mesmo que seja difícil fixar a data —, convocou um capítulo de templários em Tomar (1251), no mesmo ano em que morria na Sicília o imperador Frederico II Staufen, personagem que não devemos esquecer, e que haverá de reaparecer nos próximos capítulos. O mestre Paio Gomes esteve sempre muito perto do rei Alfonso III, não só em suas ações bélicas, mas também como conselheiro. Sem dúvida — desta vez sim — honrando a tradição templária, renunciou a seu cargo quando foi obrigado a levar seus templários portugueses à luta contra Castela.

Seu sucessor, o décimo sétimo mestre, Martín Nunes, foi intermediário com seus templários para dirimir a questão da repartição entre os dois reinos da comarca do Algarve.

O papa Urbano IV dirigiu-lhe pessoalmente a bula *Gloriosus Deus in Sanctis suis*, pela qual se concediam indulgências aos membros da Irmandade de Santa Maria do Olival, fundada sob os auspícios do Templo. Durante o tempo em que foi mestre, terminara, graças à sua intermediação, a conquista portuguesa. Por isso se levantou com seus templários castelhanos e lutou ao lado de Alfonso X, de Castela, em suas campanhas andaluzes. Em 1265, regressou a Portugal para morrer.

Dos últimos mestres do Templo português, falaremos mais adiante. Formam parte da queda da Ordem e toda sua ação teve relação certa com aquele final que muitos crêem ter sido anunciado.

O Templo navarro: uma equívoca presença

Os estudos mais recentes sobre a presença dos templários no reino de Navarra a partir de sua restauração sob García Ramírez, bem como sobre a importância que poderia ter no desenvolvimento de sua história, quiseram demonstrar, e não sei se para alguns tiveram êxito, que o Templo se limitou a administrar umas poucas propriedades, quase todas elas de caráter supostamente rural, que não tiveram relevância alguma na política do reino, cada vez mais vinculado à França, e que o papel dos frades deve ter-se limitado a contribuir com o produto de suas granjas para as necessidades da Ordem na Terra Santa.[18] As provas que apresentaram para defender esta tese se basearam nos documentos existentes nos arquivos nacionais, lidos ao pé da letra e assim rechaçando tudo quanto não figurasse nos pergaminhos que foram conservados. Assim, esqueceram-se as provas arqueológicas, as contribuições da tradição — repitamo-lo, sempre turvamente rechaçadas pela historiografia acadêmica — e inclusive a possibilidade de interpretar em alguns casos, e até de localizar em outros, os dados que traz, nas entrelinhas, o material existente nos arquivos.

Não é minha intenção desmentir os documentos, mas tratar de desmentir os desmentidos que a leitura de tais documentos provoca em quem se limita a dar conta supostamente cabal de sua realidade pura e simples, esquecendo aquilo que não se encaixa nas idéias preconcebidas que se costuma esgrimir quando se entra nos escaninhos de uma investigação de cujo resultado já se escavaram os alicerces. Digamos, em poucas palavras, que estes trabalhos pretensamente exaustivos costumam ser colocados a partir de estruturas ideológicas já enraizadas na mente do investigador. Que os documentos sejam apresentados, então, sem sujeitar-se à análise prévia nem a perguntas que talvez façam vacilar os esquemas prévios. Que se evitem os porquês que poderiam ficar sem resposta ou que dariam resposta diferente da que se espera. Por fim, que se tome o que resta como o único que houve, sem definir-se a possibilidade, tampouco — conjectural, naturalmente —, de que o fundamental tenha podido desaparecer em aras de interesses que nem sequer se apontam.

Todo o mundo conhece o ar de heterodoxia que envolveu sempre o Templo. Isto fez com que a pesquisa histórica sobre tudo o que se refere à Ordem, quando foi levada a cabo pelo setor majoritário de pesquisadores academicistas e conservadores, que constituem as vigas inamovíveis do ensino oficial, se inclinou por: a) evitar adentrar-se na realidade templária, ignorando-a olimpicamente; b) liberar a Ordem de toda suspeita, reduzindo-a a seu caráter original e oficial: o que tomou ao ser fundada e que manteve, salvo erros de definição (que a levaram à sua dissolução), em seus documentos e suas manifestações públicas e políticas. Sigamos nós, por hora, estas posturas, mantidas em nosso país desde Campomanes, para adentrarmos, quando faça falta, na dúvida ou nas chaves de certezas muito distintas. Sobretudo, abandonemos o temor a fazer-nos perguntas, nem nos atenhamos ao fato de que muitas delas carecem de resposta razoável.

No que se refere a Navarra, os arquivos nacionais, locais, diocesanos e provinciais nos apresentam nada menos que duzentos documentos, quase todos eles relativos a doações, compras, permutas, concessões, pleitos e foros. As datas destes documentos nos indicam, em traços gerais, uma implantação imediata do Templo nos tempos que se seguiram à aprovação da Ordem, que coincidiram, com diferença de poucos anos, com o polêmico testamento de Alfonso, o Batalhador, e com a emancipação de Navarra sob García Ramírez.

Entre 1128 e 1136 se computam sete importantes doações ao Templo, primeiro particulares e, posteriormente, reais, na margem navarra do Ebro, todas elas ao sul de Tudela. Entre estas doações, destaca-se a de Lope Kaisal em 1134, feita pouco antes da morte do doador na batalha de Fraga, onde lutou junto ao rei Batalhador. A primeira doação real seria a vila e o castelo de Novillas, entregues aos templários em um dos primeiros atos oficiais do rei Restaurador, em 1135. As doações em questão, antes que apareça como recipiendário o mestre de Provença, Pedro Rovira (Rovera, em Navarra), são feitas, de maneira abstrata, à Ordem. E, segundo aponta o historiador aragonês Paulino Usón,[19] são todas de caráter agrário, com uma clara preferência dos templários por territórios férteis, mais do que estratégicos.

Naturalmente, esta circunstância resultava lógica em Navarra, que com sua emancipação da Coroa de Aragão ficara sem terra por conquistar aos mouros. Não existiam razões válidas para pedir ou aceitar lugares de fronteira, nem o Templo poderia oferecer compensações daquele tipo em terras navarras. Resulta significativo que esta circunstância se reflita nas doações reais, que, de seis durante o reinado de García Ramírez (1134-1150), se reduzem a cinco no de Sancho, o Sábio (1150-1194), e a uma em cada um dos de Sancho, o Forte — apesar da intervenção dos templários navarros nas Navas de Tolosa (1194-1234) —, e de Teobaldo II (1253-1270); muito menos, em qualquer caso, que as que receberam os frades sanjuanistas nos mesmos períodos, o que lhes permitiu criar um priorado navarro da Ordem, ao passo que os templários apenas conseguiram conformar um par de feitorias para administrar territórios que se distribuíram praticamente nas três únicas regiões do reino:

— a primeira, constituída por terras que se estendiam entre Tudela e a margem esquerda do Ebro, com Ribaforada como centro vital e econômico;

— a segunda, que abarcava hoje terras de Rioja, se encontrava a oeste de Tudela e chegava até Alcanadre, Yanguas e Arenzana, tendo Funes como centro;

— a terceira, nos limites de Estella, compreendia uma parte do Caminho de Santiago, foi a mais tardia e, a meu parecer, a mais significativa, no que se refere à implantação firme dos templários. Tinham casa em Estella — não localizada, se bem que muitos supõem, e não sem razão, que fosse o atual santuário de Rocamador —, em Artajona, em Sagües, em Legarda, em Aberín (doação de 1177), em Allo e em Obanos. Segundo todos os indícios, o núcleo daquela propriedade se encontrava em Puente la Reina, cedida pelo rei García Ramírez aos templários, em 1142, e nomeada por ele mesmo *"illam meam villam veteram"*.

A relação de documentos existentes que se referem à Ordem do Templo nos dá conta de uma série de feitos significativos, à margem da natureza concreta de cada um deles.

Em primeiro lugar, detecta-se uma sensível diminuição progressiva das doações aos templários, que, a partir do período de 1200 a 1250, nada recebem e se limitam a comprar ou permutar propriedades, como que numa tentativa precoce de concentração. Em segundo lugar, percebe-se uma não menos progressiva carência de documentos, que praticamente desaparecem nos últimos anos de existência da Ordem. Em terceiro lugar, não existem papéis referentes a intervenção alguma dos templários navarros em campanhas guerreiras empreendidas por seus monarcas, nem sequer na tão celebrada jornada de las Navas, onde tão destacado papel se atribuiu, em seu tempo, a Sancho, o Forte. Em quarto lugar, tampouco há documentos referentes à Terra Santa, onde se supõe que iriam parar os benefícios obtidos pelo Templo de suas propriedades navarras, nem à situação ou existência das casas, mosteiros ou residências onde se concentrariam os frades: apenas terras, vinhas, sotos, moinhos, acéquias ou parcelas; há, em contrapartida, quatro documentos que são "cartas pueblas" concedidas pelo Templo a lugares sob sua jurisdição direta, entre 1234 e 1247.

Escamoteios

Todas estas circunstâncias levam a conjecturar que houve uma deliberada intenção — mesmo que não saibamos por parte de quem — de fazer desaparecer os testemunhos dos enclaves templários de Navarra. Ignoramos igualmente quando, mas ainda cabe reconstruir algumas chaves que dão conta da evidência desta suposição. Apresentemos o exemplo de Puente de la Reina e de Eunate. A historiografia acadêmica, contra as provas formais que proclamam a origem templária tanto da igreja do Crucifixo como da chamada capela funerária, argumenta que não existe prova alguma de quem a construiu. Com certeza, existem sinais claros que indicam o contrário. No que se refere à capela de

Eunate, cuja origem templária tem sido negada reiteradamente, acrescentando que aquela não era terra de propriedade da Ordem, já foi citado um documento[20] no qual se especifica que o Templo permutou terras de cultivo de Novillas (28-II-1175) por outras situadas entre Obanos e Poyo, que hoje é lugar de El Pueyo. Não sei se se trata de pura casualidade, mas a capela funerária de Eunate se encontra, tal como a igrejinha de Olcoz — cuja fachada é exatamente igual ao portal norte da capela, mas em imagem especular —, precisamente nos campos e colinas situados entre ambas as localidades mencionadas no documento de permuta.

Mas isto não é tudo. Na mesma compilação que citei anteriormente das atas do Congresso sobre Ordens Militares,[21] há uma de Dom Luis Romera Iruela referente à fundação do mosteiro do Crucifixo em Puente de la Reina, onde, depois de confessar, não sei exatamente por que, ter de enfrentar uma documentação "de certo modo incômoda", cita-se o achado de um documento pertencente à coleção de Juan de Lastics, Grão-mestre de São João de Jerusalém, que escrevia em (1414) a seu lugar-tenente em Navarra, Pedro del Bosco, encarregando-o de buscar lugar adequado para fundar um hospital para peregrinos de Santiago, tarefa pela qual sentia um especial interesse a rainha, Dona Blanca. Ante a impossibilidade de habilitar o que já tinham em Bargota, segundo se diz, por *"quatro ydiote et indocte moniale"* (*NT: "quatro monges idiotas e ignaros"*), decidem levantá-lo em Puente de la Reina, onde, segundo se depreende do escrito, não possuíam nenhum edifício. A partir destas intenções, os documentos existentes são um autêntico baile de datas: confirma-se a criação de uma confraria avalizada por um pontífice que reinaria quarenta anos depois; compram-se igrejas que os sanjuanistas já possuíam havia muito; construía-se um convento que já existia havia cem anos. Tudo soa a conspiração, a documentação improvisada, arranjada, falseada.

E quem se lançou a estudá-la limitou-se a dizer que só se trata de equívocos dos copistas na hora de estabelecer as datas.

A realidade é, seguramente, muito mais simples e, ao mesmo tempo, intencionalmente equívoca. Existem os documentos — foram citados, mais acima — que testemunham a doação de Puente de la Reina ao Templo, em 1142. Existe igualmente a passagem das propriedades templárias aos sanjuanistas, obedecendo à ordem expressa de Clemente V (1313), bem como a evidência da estreita relação de parentesco dos monarcas navarros com a casa real francesa. Não seria a de Puente de la Reina a primeira propriedade templária que os sanjuanistas fizeram sua, depois da extinção da Ordem.[22] Como se não bastasse isto, a Igreja do Crucifixo ostentou até hoje sua arquitetura românica e sua fachada simbólica também românica, aberta sob o arco que servia de passagem aos peregrinos. O românico era, desnecessário dizer, um estilo inconcebível em meados do século XV, quando os sanjuanistas dizem ter construído aquele hospital que existia desde muito antes que decidissem encarregar-se dele.

Estes exemplos, cujas circunstâncias teremos a oportunidade de explanar mais adiante, não são mais que a confirmação precisa de uma suspeita firme: houve deliberada intenção de apagar as pegadas templárias. Mesmo que este seja um fato que só se deu em Navarra, é possível que em Navarra se conjuguem as coordenadas precisas que possam ajudar a pôr em evidência este fato, sobre o qual voltaremos a falar. Esta mesma constatação, antes mencionada, da progressiva carência de documentos e da diminuição também progressiva das doações, seria assim mesmo, ou teria cabimento levar em consideração a possibilidade de que os documentos mais recentes poderiam ser os mais suscetíveis de destruição ou falseados por parte daqueles que, por interesse próprio, queriam apagar a marca de uma herança que, com toda probabilidade, supôs um autêntico espólio dos anteriores possuidores daqueles bens?

Perante esta suposta manipulação, da qual, por desgraça, a História não se livrou em nenhum momento, convém levar em conta outra evidência, sistematicamente esquecida, que atinge diretamente a Navarra medieval: o próprio fato de ter encerrado precocemente o ciclo de sua reconquista particular contribuiu para que numerosos nobres, banhados naquele espírito de cruzada que Cluny semeara, se aprestassem para as sucessivas expedições à Terra Santa, seguindo o precoce exemplo do pai de García Ramírez, o infante Ramiro, de que falamos demoradamente em capítulos anteriores. A mais importante destas expedições foi, sem dúvida, a que empreendeu o rei Teobaldo I entre 1239 e 1243, na qual o acompanharam cruzados de sua terra e templários navarros, o que não se costuma registrar na hora de expor o trajeto da Ordem em Navarra.[23] A expedição do rei Teobaldo, unida à cruzada de Luís XI, foi, com certeza, o toque que iniciou a decadência progressiva dos templários no reino, já que, quer fosse pela inexperiência real ou pelo desejo de acumular incertas glórias, o certo é que Teobaldo I empreendeu ações na zona de Gaza com as quais o Templo se mostrou abertamente desconforme, provocando uma inibição dos frades que o monarca navarro teria de tomar como parcialmente culpada da estrondosa derrota que sofreu.[24]

Na História, os fatos nunca ocorrem isoladamente. Não é possível abordar uma determinada circunstância sem levar em conta todas as demais que a rodeiam, se bem que aparentemente lhe sejam alheias. Já não há uma cadeia, mas um sutil entretecer-se de fatos, que poderia conduzir à demonstração de que nenhum deles poderia ter ocorrido sem que todos os demais contribuíssem, mesmo os aparentemente mais distantes, que fossem suscetíveis de propiciá-los. Com toda a relativa ignorância que ainda hoje temos do que o

Templo significou realmente na história da Europa de seu tempo, persiste a evidência de que, na medida em que pôde tornar efetiva sua influência, conformou o desenvolvimento de acontecimentos que seriam muito diferentes se a Ordem não tivesse estado ali. Outra coisa seria perguntar se o Templo foi causa ou efeito de tais acontecimentos, mas adentrar-se em tal investigação exigiria, em primeiro lugar, uma revisão conscienciosa de boa parte da História da Humanidade, que interesses amplamente estabelecidos se negam absolutamente a compreender.

5. A coroa catalão-aragonesa: uma meta templária

Com a morte de seu pai, Ramón Berenguer IV, o filho que o sucedeu, herdava conjuntamente a Coroa real aragonesa, sob o nome de Alfonso II, e o condado de Barcelona, com todos os seus anexos, como Alfonso I, uma vez abandonado o primeiro nome que lhe foi dado, que era, como seu pai, o de Ramón Berenguer (V). Com este ramo comum das casas governantes, uniam-se definitivamente os dois Estados sob uma denominação comum que, segundo a origem dos historiadores e sua postura ideológica particular, chamou-se Coroa de Aragão, ou Coroa catalão-aragonesa. Na verdade, para acompanhar o trajeto da história, pouco importa se adotarmos uma ou outra denominação. Muito mais grave pode ser a constatação desse singular empenho por conservar denominações distintas na hora de designar os monarcas, com a conseqüente confusão quando se procurou localizar instantes históricos precisos, acontecimentos e personagens. Advirto, pois, que assumirei a relativa heresia de conservar a numeração real aragonesa, só porque assim poderemos fugir de confusões tais como atribuir o mesmo nome e o mesmo número a Alfonso, o Batalhador — que continuará sendo protagonista *in pectore* desta estranha história —, e a seu sobrinho-neto, Alfonso, o Casto, que reuniu definitivamente em um só Estado os condados catalães e o reino de Aragón; aquele Estado que o testamento do Batalhador deixara como herança para as ordens militares surgidas na Terra Santa e aquele condado cujos condes se proclamaram abertamente *donados* da Ordem do Templo.

153

As renúncias impossíveis

A historiografia continua silenciando realidades e evidências. Os historiadores evitam falar do Templo inclusive hoje, tal como o vieram evitando, na medida do possível, as crônicas contemporâneas. A sombra dos templários, confundida amiúde com outras sombras menores, plana entre os acontecimentos históricos, configurando lendas de aparência impossível, negadas e esquecidas sem que quase ninguém se tenha dado ao trabalho de deter-se para perscrutar seus motivos ou, pelo menos, para tomar uma simples nota perante a evidência de um fenômeno de sincronismo que de modo algum deveria ter sido expulso para longe, como hóspedes molestos.

O acordo político atingido por Ramón Berenguer IV com os templários resolvia provisoriamente o problema dos direitos que conferia aos templários o testamento de Alfonso, o Batalhador, trocando-os materialmente por um importante patrimônio em doações a médio ou longo prazo, segundo se foram desenvolvendo os projetos de conquista do reino e segundo fosse a intervenção neles, por parte dos frades. Politicamente, o Templo adquiria no novo Estado uma influência tão decisiva quão importantes eram os direitos aos quais formalmente havia renunciado; uma influência que se reforçava com a que vinha exercendo nos condados ultrapirenaicos, desde o próprio momento de sua oficialização. Ali, as fazendas, as casas, os hospitais e as doações feitas à Ordem do Templo tornavam seus membros árbitros da política de seus governantes e, de fato, convertia-os em vigilantes oficiosos do comportamento da população, graças ao controle que tinham sobre boa parte de seus meios habituais de subsistência: fornos, moinhos, hospitais, diques e até terras lavradas.

É, pois, um mero esconder a cabeça debaixo da asa essa pertinaz resistência dos pesquisadores a ignorar — deliberadamente — a influência daquela Ordem templária que, supostamente, se dá por bem paga por suas renúncias com a concessão de uns tantos castelos e umas tantas vagas promessas. O Templo tinha consciência de que sua renúncia se levava a cabo em troca de abrir caminho rumo a um projeto de muito maior envergadura. Este projeto, a partir de sua entrada oficial no reino recém-constituído, começou a desenvolver-se silenciosamente; não com gritaria e imposições, mas mediante uma política de sólida confiança nas instituições, à espera do instante em que pudesse manifestar-se em toda sua grandeza.

Ao subir ao trono pela morte de Ramón Berenguer IV, seu filho tinha apenas dez anos; e o nome de Ramón, que usara até então, foi trocado por insistência de sua mãe pelo de Alfonso, segundo afirmam[1], para deixar bem definida sua sucessão direta em relação ao outro Alfonso, o Batalhador, cuja recordação não se havia apagado, apesar dos anos transcorridos desde sua morte. A rainha Petronilla, demasiado jovem para assumir o papel de rainha e de mãe, andou por uns poucos anos supervisionando os assuntos do reino, mas deixou que seu filho se fosse preparando para cumprir suas funções, colocando-o sob a orientação dos que melhor pensou que podiam ajudá-lo. Estes personagens, que formaram uma espécie de pequeno Conselho de Estado, foram: Guilherme VII, senhor de Montpellier, o senescal Guillén Ramón de Montcada e o bispo de Tarragona, Guillem de Torroja, ligado estreitamente à ordem do Templo através de seu irmão Arnau de Torroja, que seria Mestre para Provença, Catalunha e Aragão entre 1167 e 1180, ano em que seria nomeado Grão-mestre da Ordem em lugar de Eudes de Saint Amand, que caíra prisioneiro dos muçulmanos no desastre de Peneas e nunca foi resgatado, segundo os preceitos do Templo.

Como podemos começar a vislumbrar, a vigilância sobre o soberano foi estreita e cuidadosa desde seus primeiros passos no governo, do mesmo modo que a política guerreira, durante a menoridade, cumpriu ao pé da letra os pactos estabelecidos, lançando ofensivas pelas terras do domínio do Mestre aragonês que beneficiaram fundamentalmente os interesses templários, conquistando-se para a Ordem (1168-1169) Chivert e Oropesa, que já formavam parte de suas exigências nos pactos estabelecidos, tal como Alfambra, Castellote, Escorihuela, Villarrubio e toda uma linha de fortalezas que vigiavam e tinham ao seu alcance o reino mouro de Valença, levado a fazer trégua com o de Aragão, pelo que, em troca da paz, pagava ao tesouro real 25.000 morabetinos anuais, 1.000 dos quais eram transferidos ao Templo, como força encarregada de vigiar a trégua[2] e como garantia de sua não-intervenção armada para conseguir recursos.

Enquanto colaboraram ativamente na política expansionista de Aragão, os templários, convertidos em autêntico poder territorial e econômico de primeira grandeza em todos os condados ultrapirenaicos, iam preparando com calma uma futura união de Estados onde se poderia cimentar o princípio de uma confederação muito mais ampla, suscetível de ser o germe da sinarquia sonhada. Para tanto, estabeleceram sua própria unidade interna, fazendo com que um só mestre provincial estivesse encarregado de todas as propriedades templárias de Provença, Languedoc, Foix, Cominges, Béarn, Tolosa, Bigorra, Catalunha, Aragão e Navarra. Com o primeiro desses mestres, Pedro Rovira, já travamos conhecimento. O segundo foi Hugo de Barcelona, sob cujo mandato teve lugar um esforço para obter uma aliança entre Ramón Berenguer IV e Henrique II de Inglaterra para apoderar-se do condado de Tolosa. O artífice destas negociações foi o chanceler Beckett, arcebispo de Cantuária e inclinado à ideologia templária. Quando Henrique II mandou assassiná-lo (1170), os frades consideraram-no como santo, mesmo antes de sua beatificação oficial. O terceiro mestre provincial foi Hugues Geoffrey, que presenciou a morte do conde catalão. O quarto foi o mencionado Arnau de Torroja, futuro Grão-mestre da Ordem e, sem dúvida alguma, o grande arquiteto do plano que, em teoria, deveria propiciar aquela macroconcentração de territórios controlados pelo Templo com vistas a constituir os alicerces do grande projeto universalista que conceberam.

O instante em que o rei se transformou em sapo

Se considerarmos os acontecimentos históricos como indícios de um projeto global muito mais amplo e não como acontecimentos que só têm valor por si mesmos, tal como demasiado se pretende, conviria que víssemos como fases de tal projeto a volta quase triunfal que os mentores de Alfonso II, ainda menino, o fizeram dar pela Provença, tendo como causa a morte de seu senhor, Ramón Berenguer III, trespassado por uma flecha enquanto sitiava o porto de Niza, partidário da influência naval dos pisanos frente às claras inclinações do conde pelos genoveses. Curiosamente, a viagem do rei catalão-aragonês foi financiada por um banqueiro de Montpellier, Guillén Lateric, que tomou como garantia para seu empréstimo os impostos cobrados dos mouros de Valença,[3] impostos que os templários se encarregavam de arrecadar, a partir de suas fortalezas fronteiriças do Mestrado. A viagem do rei menino era, politicamente falando, a demonstração tácita da autoridade do reino peninsular sobre aquelas terras de cultura e língua comuns, que deviam unir-se, com interesses também comuns, ao projeto de Macroestado que estava sendo gestado sob a autoridade de um monarca que, apenas com dezesseis anos, se delineava — ou estava sendo delineado — como cabeça visível de união daqueles territórios em uma empresa comum, capaz de instaurar uma força política occitana frente à autoridade real francesa, que só oficialmente era senhora daqueles territórios, desde os tempos do imperador Carlos Magno.

Alfonso II de Aragão e I de Catalunha, segundo o *Liber Feudorum Maior*. Abaixo se distingue o sinal do rei, de reminiscência templária.

O Templo, aliado tácito de Gênova, enquanto estruturava seu próprio poderio naval, era senhor de numerosos bens e terras em toda a Occitânia e controlava, na sombra e através de testas de ferro, o prestígio daquele jovem rei, que já era apresentado com ares de unificador e, sobretudo, como herdeiro da fama lendária, cuidadosamente promovida, do mítico soberano Alfonso, o Batalhador, senhor da terra de Grial e herói desaparecido, que não morto, capaz de surgir sempre por detrás destes acontecimentos isolados que, pouco a pouco, iam tecendo a consciência de um destino unificado entre aqueles pequenos Estados ultrapirenaicos e propiciando sua imediata dependência para com o monarca predestinado que tentavam apresentar como a luz de um futuro glorioso.

Por certo que Alfonso II, apenas chegado à maioridade, começou a querer atuar por contra própria e como soberano, sem dar atenção ao que poderia convir para aqueles que, para o bem ou para o mal, queriam usá-lo. A primeira oportunidade soou quando, a 4 de julho de 1172, morria o conde Geraldo II de Roussillon, deixando um testamento em que, mesmo declarando que o rei de Aragão não tinha nenhum direito formal sobre seu pequeno feudo — que oficialmente pertencia ao rei de França —, declarava-o seu herdeiro, bem como dos direitos que ainda detinha sobre os condados de Perelada e Ampúries.[4] O soberano aragonês se apresentou em Perpignan em apenas doze dias para se apossar da herança, mas ao chegar descobriu que, efetivamente, o condado era seu, mas o Templo, mais que provável inspirador do testamento, havia recebido, entre outros detalhes, todos os direitos do território sobre pesos e medidas, todos os fornos de uma capital que contava com mais de 12.000 habitantes e todos os moinhos que a circundavam, os melhores e mais capazes do condado. Os hospitalários recebiam, por aquele testamento, o leprosário de Perpignan.

Não muito tempo depois, o rei, se bem que sempre demonstrando sua amizade para com os templários, começou a agir segundo a sua conveniência. Necessitando, como costumava, de fundos para atender à vida cortesã de relativo luxo que adotara, encontrou-se em situação financeira negativa e com a oposição do Templo a proporcionar-lhe mais crédito. O rei, então, aproveitou uma nova visita a Perpignan para fomentar os hospitalários, que tinham sua sede no vizinho Monte dos Leprosos, nas cercanias da cidade. Em poucos dias tornou pública uma decisão que caiu como uma bomba em meio à população do condado: visto o estado de falta de defesa da cidade, edificada numa planície aberta, concebera a idéia de transportá-la para as faldas do citado monte, e fortificá-la devidamente, deixando isolada, no plano, a casa do Templo, que, com sua sólida construção, se convertia em fortim avançado para a defesa do recinto urbano.

Aquela decisão desagradou ao Templo, que a ignorara até sua publicação, mas também, e em muito maior medida, à burguesia de Perpignan, que viu em risco a continuidade de sua cômoda subsistência com os gastos terríveis que eram pressupostos por aquele traslado, que todos viam como arbitrário. Então acudiram aos mais chegados ao monarca e mostraram sua disposição em negociar um arranjo que os livrasse daquele problema. A resposta foi surpreendentemente rápida: o rei gastara muito naquele projeto e seria preciso indenizá-lo de algum modo. Como a burguesia do Roussillon era gente de posses, ofereceu-se para reunir uma coleta que compensaria aqueles supostos gastos. A coleta se traduziu em seis mil soldos melgorianos,[5] que foram parar nas mãos do rei, em troca da promessa de postergar um plano que jamais se levou a cabo.

Mesmo que aquela trapaça real tivesse importância menor, que provavelmente nem mesmo os burgueses de Perpignan levaram em consideração, mostrava já os traços de uma personalidade que não se comportava de acordo com os esquemas que o Templo traçara para seu projeto. Mais perigoso era que isto ocorria paralelamente a outros acontecimentos, que poderiam revestir-se de maior gravidade para a Ordem. O principal deles, a rápida expansão aragonesa da milícia de Montgaudí ou Ordem do Santo Redentor de Alfambra, como foi chamada aqui a de Monsfragüe.

A Ordem de Monsfragüe foi um estabelecimento monástico-militar de um nobre galego, Dom Rodrigo de Sarria, que a fundou como Ordem de Montegaudio na Terra Santa, onde estivera nos tempos de Balduíno III, e reavivou-a na Extremadura, por volta de 1171, depois de ter sido um dos fundadores da Ordem de San Julián de Pereiro, logo chamada de Santiago.[6] Enquanto isso, a Ordem de Monsfragüe se consolidava na Extremadura, onde implantou precariamente sua sede no castelo que tomaria seu nome, convertido também em santuário de uma imagem de Nossa Senhora, supostamente trazida por Dom Rodrigo da Palestina. A sua dificuldade para competir com as ordens espanholas recém-implantadas em território castelhano-leonês obrigou-o a recorrer ao legado pontifício, cardeal Jacinto, que encontrou em Saragoça, durante o casamento de Alfonso II com Sancha, filha de Alfonso VIII de Castela.

O conde de Sarria matou, naquela ocasião, dois coelhos com uma só cajadada. Ao obter a promessa de intercessão perante o papa Alexandre III, conheceu o rei de Aragão, que não tardou em conceder para a sua Ordem as terras e o castelo de Alfambra — que, por certo, fora propriedade do Templo — e, pouco tempo depois, toda uma série de fortalezas que os templários tinham sob custódia, ou que lhes foram firmemente prometidas: Castellote, Villel, Libros, La Peña del Cid, Villarluego. Estas doações tiveram lugar entre 1174 e 1177, todas em território do Mestrado turolense, e se complementaram com a custódia do hospital do Santo Redentor, recém-fundado também na cidade de Teruel.

O regresso do ausente

Quase imediatamente depois da primeira doação à Ordem de Monsfrag, rebatizada em Aragão como Montgaudí e como Alfambra, por sua primeira localização no reino, com o conseqüente golpe baixo contra a Ordem do Templo, que possuía Alfambra já havia quatro anos, sucedeu no âmbito do reino algo que Zurita nos conta com as seguintes palavras, se bem que confundindo estranhamente as datas (1162 em lugar de 1174):[7] *"Neste meio tempo aconteceu uma certa*

161

novidade que foi como que uma representação de um espe-
táculo mui memorável e insigne aos olhos de todo o povo
(...) que causou grande alteração e escândalo na terra, mor-
mente junto ao vulgo, que já por sua condição natural é
amigo de coisas novas e levianamente as recebe e aprova.
Pois foi assim que, quase de chofre, levantou-se fama pelo
reino que o imperador Dom Alonso, rei de Aragão, que foi
morto pelos mouros na Batalha de Fraga, vinte e oito anos
antes,[8] *era vivo. Depois deste rumor, surgiu um homem que*
dizia ser o próprio; e, começando-se a divulgar a coisa, deu-
se grande crédito a ela pela gente do povo, (...) e não devia
faltar quem o reconhecesse e amparasse, ajudando-o, para
que voltasse a seu primeiro estado e dignidade. Pôde com
artifício persuadir a muitos, representando em sua pessoa e
seu semblante gravidade para que tivesse autoridade, de
maneira que lhe fizessem reverências e entendessem que era
merecedor da dignidade da qual estivera antes investido;
para tanto, ajudava-o a idade mui anciã, que sói ser
favorecida comumente; mas ainda que se impusesse peran-
te os ricos-homens e perante a corte, como era costume,
não poderia haver justa causa para que tivesse deixado o
reino, justo quando ele mais precisava do seu favor e ampa-
ro, desamparando seus leais vassalos e súditos que tão bem
e fielmente o serviram nas guerras que teve..."[9]

Àqueles que quiseram escutá-lo, que não foram poucos, contou-lhes, segundo Zurita, que, abatido pela derrota
de Fraga, *"ele, que havia sido sempre vencedor, foi-se para*
a Ásia como peregrino, onde se meteu em muitas batalhas
que os cristãos tiveram contra os turcos". Entre seus
interlocutores teve pessoas que conheceram pessoalmente o
rei perdido e, ao que parece, deu numerosos sinais e detalhes que supostamente apenas o rei defunto e seus interlocutores podiam conhecer, *"pelo arrazoado que dava a cada*
um sobre quem era e a origem das linhagens e casas do

reino e da sucessão delas e das façanhas de seus progenitores, recordando muitos feitos que, em seu tempo, fizeram nas guerras passadas".

A abadia de Montearagón, onde se disse que foi enterrado, quase em segredo, Alfonso I, o Batalhador.

Os chamados Anais de Teruel explicam que o falsário era ferreiro de profissão e acrescentam que aquilo que começou sendo um acontecimento de alcance meramente popular, que parecia afetar apenas os sonhadores, começou a adquirir caráter alarmante no momento em que uma parte da nobreza aragonesa se inclinou por dar crédito àquela trama e se manifestou disposta a retomar a história a partir do momento em que o Rei Batalhador desapareceu, deixando como herdeiras de seus reinos as ordens militares nascidas da Cruzada à Terra Santa. O alcance que adquiriu a história obrigou Alfonso II a acudir ao mosteiro de Montearagón para comprovar, em companhia de seu irmão Berenguer e um séquito cuidadosamente escolhido e digno de sua confiança, que seu tio-avô estava mesmo apodrecendo na tumba onde fora enterrado. Entretanto, quando uma bola-de-neve é lançada morro abaixo, é difícil de deter e aumenta sem cessar. A presença do enganador começava a converter-se em perigo concreto e, para contrariá-lo, nem servia a razão evidente de que, se estivesse vivo, Alfonso I já teria passado em muito dos cem anos de idade. O que se apresentava, na verdade, era um problema de legitimidade que afetava a três Estados: Aragão, Catalunha e Navarra.Poderia ser arruinado o equilíbrio, sempre relativo, que se estabelecera quando, negando-se a nobreza em se converter em súdita de uns mestres procedentes de muito longe de suas fronteiras, concordaram em pactuar com eles para restabelecer uma dinastia que, de fato, já estava extinta.

O mero relato destes fatos conta-nos que, ao cabo de dois anos, após reunir adeptos e ser acreditado e albergado por uma parte da nobreza de Aragão, a perseguição do rei forçou o velho ferreiro a fugir para a França de Luís VII. Mas de lá ainda fez ouvir sua voz, porque em 1178 chegava perante o rei francês o mesmo irmão de Alfonso II, o bispo Berenguer de Lérida, com uma carta onde instava junto ao rei Luís para que jogasse na prisão o impostor e fizesse *"justiça com seu corpo"*. Não se sabe muito bem como decorreram os fatos subseqüentes, mas parece que em 1181 foi capturado o falso rei em Barcelona e, quase que imediatamente, enforcado diante das muralhas da cidade. Certas notícias sem confirmação complementam contando que, depois de ser justiçado, o ferreiro que se fez passar por rei foi secretamente levado para a abadia de Montearagón, e cristãmente sepultado na tumba que, segundo parece, continha os restos mortais de Alfonso, o Batalhador.[10]

Gênese e razões de um mito

Histórias como esta aparecem esporadicamente ao longo do devir da consciência humana, desde aquele Paçu-Rama vindo de Agartha para pôr ordem e paz entre os homens e que se retirou depois secretamente para o monte Mahendra, de onde haverá de regressar quando sua presença for necessária de novo, até o imperador Frederico Barba-roxa, que desapareceu ao vadear um rio, quando se dirigia à Terra Santa. Isto foi contado de Alexandre Magno, do rei Arthur, e já na idade moderna da Península Ibérica constituiu a história do Pastelero del Madrigal, o falso rei Dom Sebastião, que regressava para arrebatar os direitos da coroa portuguesa a Felipe II. Se conferirmos bem a história, trata-se da mesma que configura a Segunda Vinda de Cristo, que dará passagem ao Fim dos Tempos. "El Rey Añorado" conforma em si mesmo um mito universal de que a Tradição se aproveitou grandemente para estruturar seu ideário sinárquico e do qual os grupos fundamentalistas de qualquer origem souberam lançar mão para reafirmar-se em sua legitimidade. Temos, por exemplo, os neonazistas, que em mais de uma ocasião souberam soltar o boato de que Adolf Hitler sobrevivera ao *bunker* berlinense e estaria escondido em algum lugar da América do Sul, à espera de uma nova oportunidade para conquistar o mundo.

Fixemo-nos numa questão não de todo isenta de interesse: estes anos que encerram o último quarto do século XII são, por um lado, os que iniciam a grande expectativa perante o desenvolvimento da lenda do Santo Graal; no instante em que, precisamente pelas terras occitanas, expandem sua arte e ideário Robert de Boron e Chrétien de Troyes, configurando um mito transcendente que se expandirá por toda a Europa, como uma epidemia de tradicionalismo que

165

terá sua expressão máxima no *Parsifal* do templário Wolfram von Eschenbach. Em muitas ocasiões, o Templo é visto como custódio do milagre do Graal, talvez graças à sutil propaganda que soube desenvolver à sua volta. E não deixa de ser significativo que o personagem de Alfonso I fora, na vida real, não só o rei guardador do Graal de San Juan de la Peña, mas também o soberano que se atreveu a testemunhar em favor do Templo para que a Ordem se encarregasse de sua herança.

O Templo seguira as regras do jogo da História: renunciara à sua herança, mas estabelecera-se no território catalão-aragonês como primeira força e como autoridade indiscutível, provavelmente com a firme intenção de iniciar ali seu projeto sinárquico: a constituição de um Estado suscetível de converter-se no novo *Axis Mundi*, a Nova Jerusalém, destinada a guiar os destinos da Humanidade.

Ver-se subitamente deslocados por um soberano que, ademais, dava mostras de qualidades que não eram precisamente as projetadas pelo Templo como próprias daquele Rei do Mundo com o qual contavam para pôr à frente daquele plano, fez, muito provavelmente, que lançassem com o mito o sinal daquele retorno que deveria obrigar que as coisas voltassem à linha. O falso Batalhador não era de modo algum uma fraude anedótica, mas uma chamada de atenção subliminar, suscetível de ser entendida por todos, para que se cumprisse o destino que estava escrito no plano templário, já não na pessoa de Alfonso II, que o Templo certamente repelira como candidato a encabeçar seu projeto, mas ao menos que se mantivessem as estruturas que o tornariam viável no futuro e que, ao menos em parte, se baseavam em uma constante ascensão da influência da Ordem sobre as estruturas político-sociais daqueles territórios sobre os quais exerciam vigilância.

O artífice daquela histriônica aventura teve de ser aquele que, naquele momento, ostentava o cargo de máxima responsabilidade entre os templários daquela província, o mestre Arnau de Torroja, que o foi até 1180, quando foi para a Terra Santa para assumir o Grão-mestrado da Ordem, por ter sido feito prisioneiro Eudes de Saint-Amand. Sua promoção à máxima responsabilidade do Templo não pode ser unicamente produto das circunstâncias, mas conseqüência de ter colaborado nas mais importantes tarefas dentro da Ordem. Membro de uma importante família de Lérida, que sempre esteve ligada aos templários,[11] *Arnaldus de Turre Rubea*, como aparece em diversos documentos, andou ao longo de todo o seu prolongado mandato provincial muito perto do rei, e seu nome esteve presente nos atos de maior repercussão do reino, entre 1166 e 1180,[12] entre eles o casamento de Alfonso II com a filha de Alfonso VII de Castela (1174) e a assinatura do Tratado de Cazola (1179), onde se fixavam as fronteiras de ambos os Estados e se demarcavam os limites de sua futura expansão pelos territórios muçulmanos que ainda não tinham sido conquistados.

Naturalmente, não é difícil presumir que a definição do projeto sinárquico do Templo era uma operação transcendente o bastante para a História, de tal modo que não poderia refletir-se nos documentos oficiais do seu tempo. Qualquer infiltração poderia acabar com o plano. Tampouco resulta coerente que a investigação se tenha limitado a expor a realidade imediata e que, com a desculpa de uma mal interpretada objetividade, se tenha exposto que, em geral, ninguém se importou em aprofundar-se sobre as causas dos acontecimentos. Neste sentido, ao menos que eu me lembre, só o professor Antonio Ubiedo, lançando-se a estudar certos fatos que ninguém queria assumir frontalmente, registrou[13] a insólita coincidência que os pró-homens aragoneses, que aceitaram a impossível realidade da reaparição do Batalhador, eram, em muitos casos, os mesmos — ou os mesmos nomes — que na lenda da Campana de Huesca, atribuída a Ramiro II, apareciam como objeto da falsa operação de castigo que supostamente levou a cabo o rei monge para impor sua autoridade e legitimidade no reino.

Muitos fatos, naqueles tempos, aparecem como subproduto da História; como acontecimentos espúrios que o historiador consciente e objetivo tem de rechaçar, para que a verdade brilhe livre de acréscimos que só conduziriam à falsa interpretação do momento histórico. Esta é, pelo menos, a postura que chamaríamos oficial e aceita por decreto, à exclusão de qualquer outra. Ao que parece, ninguém tem ânimo para estabelecer que esses falsos acontecimentos, muitas vezes, superam em muito a suposta inventiva de quem os consignou nas páginas das crônicas e se convertem em documentos que não só se deve transcrever, mas traduzir e interpretar, para que sua realidade emerja dentre a linguagem críptica e simbólica com que foram relatados. Não são mentiras; nem sequer, no melhor dos casos, mera anedota a perder no arquivo, mas, com muito mais freqüência do que às vezes queremos reconhecer, resultam ser mensagens que nos deixam de sobreaviso a respeito de evidências que, por alguma razão, não podiam ser expostas abertamente; exatamente o mesmo que sucede na arte românica da época, que transmite idéias e princípios deliberadamente camuflados através de imagens piedosas que reclamam a gritos sua autêntica interpretação para ser entendidas.

A História é, ademais, constante objeto de sincronismo; um sincronismo que, por alguma razão, nos empenhamos em ignorar, porque costumamos estudá-la fragmentada e sem perguntar-nos que acontecimentos de natureza muito diversa podem ser conseqüência — ou mesmo causa — de uma determinada situação ou de outro acontecimento que, na aparência, nada tem a ver com aqueles que se produzem em outro setor, muito distante. Em nosso caso, de modo algum podemos separar o capricho de Alfonso II, ao proteger a Ordem de Alfambra em prejuízo do Templo (ao qual se acabaria unindo antes de 1190), da aparição fantasmagórica e impossível de um falso Batalhador estranhamente aceito por uma quase incrível maioria de súditos do reino. Mas tampouco podemos reduzir este fato a uma causa única ou a um só efeito, já que naquela ocasião o Estado catalão-aragonês estava precisamente imerso num problema de consolidação e crescimento em que se envolviam questões para as quais só um ideário sinárquico como o dos templários pode servir de laço de união. Não é a menor destas questões a aparição na Occitânia do problema cátaro, que até então se mantivera em discretíssima penumbra, que não parecia despertar receios nem reticências excessivas para aquela Igreja romana que sentia a incontrolável obrigação de controlar tudo o que acontecia na Europa cristã, sobre a qual exercia sua autoridade.

A insopitável ascensão de uma heresia

Vamos deter-nos na sincronicidade de certos acontecimentos que, na aparência, se produziram independentemente da profunda relação que guardam entre si. No ano de 1167, Arnau de Torroja se convertia em mestre da província catalão-aragonesa do Templo. Neste mesmo ano, depois de muito tempo de silêncio e extrema discrição, se convocava em Saint Félix de Caraman uma assembléia — concílio — onde os cátaros occitanos recebiam o bispo bogomilo Nikita, procedente da Albânia, que, com seu verbo oriental — sem dúvida bem conhecido dos templários, através de suas relações com as seitas que pululavam na Palestina e no Líbano

—, conseguia unificar os vagos ideais religiosos esgrimidos até então pelos *perfeitos* em uma doutrina coerente que, pela primeira vez, conseguia estruturar os dois princípios básicos da gnose maniquéia. A Igreja nada disse — ou nada soube — daquela reunião, mas o catarismo se consolidava, a partir daquele instante, como força religiosa paralela, capaz de colocar o cristianismo ortodoxo perante um cisma absoluto e cortante.

Aquele fenômeno doutrinal estava ocorrendo, em primeiro lugar, em territórios cada vez mais dependentes da Coroa catalão-aragonesa. Em segundo lugar, em terras onde se dava a maior concentração de propriedades templárias — e, portanto, de influência templária — de toda a Europa. Mas continuemos com o puro relato dos acontecimentos.

Depois de alguns anos de expansão e de afirmação doutrinária, com uma igreja perfeitamente estruturada e cada vez com maior número de fiéis e simpatizantes em toda Ibéria, celebra-se em Lombiers um primeiro encontro entre teólogos cátaros e bispos católicos — todos eles chamam a si mesmos cristãos —, no qual, pela primeira vez, se põe em evidência, à margem das razões teológicas aportadas por cada uma das partes, a austeridade dos dirigentes albigenses frente à pertinaz preferência pelo boato e o luxo, exposta pelos católicos, que ademais se expressavam num latim que já poucos entendiam, frente à língua de todos — a língua d'oc — na qual se expressavam os cátaros. Este acontecimento teve lugar em 1176. Casualmente — repito, casualmente —, no tempo em que se registra nos arquivos do Vaticano a chegada de uma carta do *Preste João*, escrita conjuntamente para o papa, para o imperador Frederico I Barba-roxa e a outros três reis cristãos europeus que a *Enciclopedia Católica* não menciona, se bem faça alusão[14] a uma resposta de Alexandre III, enviada por intermédio de seu médico particular, o mestre Filippo, o qual, ao que parece, não regressou de sua viagem. Está claro que continuamos ignorando os nomes dos outros reis destinatários da referida carta. Todavia, temos de dar por certas determinadas identidades que misturam, na época, sua memória com os acontecimentos míticos que as atingem. Uma delas, o imperador Frederico I Barba-roxa, que alguns anos mais tarde se converterá em outro "rei anelado" depois de desaparecer nas águas a caminho da Terra Santa. Outra figura, seguramente, Alfonso II, que era então o proprietário do Graal, em cujo reino, precisamente por aquela data, estava acontecendo a estranha aventura do Anfortas-Alfonso I presumidamente redivivo. Um trovador occitano, Bertrand de Born, havia de chamá-lo em um serventesio *"feu penjar al seu antecessor"*, o que mandou enforcar seu ancestral. Era, ademais, o rei que governava de fato todos os territórios onde a heresia cátara estava chegando ao auge; o que tomaria dos viscondes albigen-ses de Béziers e Caracassona, Roger II Trencavel, e de Nîmes, Bernar Ató, não só vassalagem, mas também custódia e guarda de seus bens, se acaso chegassem a ser atacados pelo então paladino da Igreja naquela região, Raimundo V de Tolosa, que denunciou ao capítulo de Cister que os personagens mais destacados de sua terra se deixaram corromper.[15] E, em meio a todo aquele acúmulo de crenças, interesses, devoções, esperanças e ameaças, o Templo, com seu mestre Torroja, em silêncio discreto, tratando de mover todas as peças de um xadrez no qual estava em jogo — mesmo que se tratasse apenas das primeiras partidas — o destino da Igreja e o futuro político daquela Europa que tratavam de alterar, à imagem e semelhança de seu projeto sinárquico.

Na época em que Alfonso II recebia vassalagem dos viscondes impregnados do catarismo, reunia-se em Roma o III Concílio de Latrão (1179). Um concílio que, pela primeira vez, ia pronunciar-se aberta e até violentamente contra o perigo cátaro, anunciando em seu 27° cânone: *"Dado que na Gasconha, em torno a Tolosa, Albi e outros lugares, a loucura dos hereges que alguns chamam cátaros, outros catarinos e publicanos, cresceu de tal forma que já nem exercem em segredo sua malignidade, antes a proclamam abertamente e pervertem as pessoas simples e fracas, pronunciamos contra eles o anátema e também contra todos aqueles que aderiram a seus princípios e os defendem contra a certeza protetora; proibimos, sob pena de anátema, darlhes acolhida e comerciar com eles. Quem se associar a eles ficará excluído da Comunhão e todos ficarão livres de seus juramentos e da obediência que houverem contraído com eles. Todos os fiéis hão de opor-se energicamente a essa peste e tomar as armas contra ela. Seus bens serão confiscados e aos príncipes será permitido reduzi-los à escravidão. Seja quem for o que tomar em armas contra eles, seguindo o conselho dos bispos, terá dois anos de perdão de suas penitências e, como se se tratasse de cruzado, ficará sob a proteção da Igreja".* Ainda não era uma Cruzada, mas estava a dois passos de converter-se numa.[16]

Prestemos atenção, em meio a todas estas circunstâncias, nos fatos que estavam tendo lugar no reino catalão-aragonês e numa faixa minúscula do território ultrapirenaico que dependia basicamente dele. Trata-se de acontecimentos que a história da Europa costuma silenciar, como se se tratasse de uma aventura sem importância, onde apenas intervinham soberanos de Estados em formação e pessoas que, ao que parece, contavam ainda muito pouco no desenvolvimento da idéia européia. Ali estavam implicados, em plena efervescência existencial, todos os elementos que, poucos anos depois, conformariam as estruturas de uma nova Europa: a do Graal, a da grande Cruzada cátara, a do grande confronto do papado com o império, sob Inocêncio III e Frederico II Staufen; a Europa da cultura cavalheiresca, onde por todo lugar haveria de surgir o mito do Graal e a busca da identidade transcendente, herética, essencial, ainda proclamando seu cristianismo e sonhando com a aventura espiritual da busca do Conhecimento tradicional, proclamado pelo símbolo da Taça Sagrada que, logo, o filho de Parsifal, Titurel, haveria de depositar aos pés do *preste* João.

Um compêndio de intenções encontradas

Amigo visceral de cátaros confessos como Roger II Trencavel,[17] perigosamente vigiado pelos papas, por não colaborar na aniquilação dos hereges estimulada pelos concílios — uma aniquilação à qual também se opunha o Templo —, Alfonso II decidiu, no último ano de sua vida, fazer a peregrinação a Compostela. Com ela, conforme resume admiravelmente Ventura,[18] fechava um plano que, por um lado, o reconciliava com Roma, fazendo-o aparecer como reverente peregrino; por outro, dar-lhe-ia a oportunidade de entrevistar-se com os demais reis cristãos peninsulares, com o fim de comprometê-los e comprometer-se ele mesmo a empreender uma cruzada; mas não contra os cátaros, e sim contra os almôadas, com o que conseguiria desviar a atenção da Igreja, que insistia quanto a decisões que de modo algum ele estava disposto a cumprir.

Este último ano da vida de Alfonso II (morreria a 25 de abril de 1196, aos 39 anos) é como um compêndio de todas as intenções que configurariam definitivamente tanto o reino quanto seus monarcas como núcleo do futuro Estado sinárquico concebido pelo Templo, onde poderiam conviver em paz e concórdia as crenças encontradas, regido por uma dinastia capaz de coordenar e reger esse complexo núcleo territorial com vocação de Estado de futuro, suscetível de irmanar consciências e unificar crenças. A reunião que um mês antes da morte do rei tem lugar em Lérida[19] tinha de ser importante. Para medir sua importância só precisamos levar em conta quem assistiu a ela. Nada menos que Gilbert Erail.[20] Grão-mestre do Templo no Ultramar; Ponç Rigaud, Mestre de França; Arnau de Claramont, Mestre de Provença, Aragão e Catalunha; Pere de Calonge, comendador de Tortosa; Bernardo Serón, comendador de Gardeny; Ramón Gorob e Ponç Menescal, comendador e prior do castelo de Monzón; Ramón Ferradella, comendador de Corbins e frei Folch, comendador de Ascó: a flor e a nata dos templários do reino. Oficialmente, o que ali se tratava era a definitiva união da Ordem de Mongaudí (ou Alfambra) ao Templo, e a recuperação, por parte deste, dos lugares que lhe foram arrebatados e outros que complementavam sua vigilância sobre a região do Mestrado ainda em poder dos muçulmanos, uma região que, curiosamente, foi meta para os templários ao longo de toda sua história hispânica;[21] uma região que, mais curiosamente ainda, haveria de ser o refúgio preferido de cátaros fugitivos quando, anos depois, o terror inquisitorial tornaria impossível a permanência de muitos daqueles hereges na Occitânia. Àquelas doações quase póstumas por parte do rei se acrescentava um considerável aumento das rendas concedidas à Ordem.

"Isto foi pelo mês de abril" — diz Zurita. *"Dali partiu o rei para Barcelona, e passou para Perpignan, onde foi agravado por uma demorada doença, da qual faleceu a vinte e cinco de abril do mesmo ano."*

A Alfonso II, não se sabe bem por que alcunhado o Casto, sucedeu imediatamente, em cumprimento de seu testamento, seu filho mais velho, Pedro, também não se sabe por que alcunhado o Católico. E os dezessete anos de seu reinado (1196-1213) foram poucos para que se estruturassem os detalhes de um projeto que estava concebido a longo prazo. Mas serviam, e de fato foram bem aproveitados, para preparar com todo o cuidado a mais importante tentativa de

Estado sinárquico concebida pela Ordem do Templo, dentre todas as suas tentativas.

Pedro II — I para os catalães — apresentou-se-me sempre muito mais como uma máquina de cumprir designios do que como um monarca plenamente consciente de sua própria função e de seu destino. Cada um de seus passos — refiro-me logicamente aos decisivos, os que mudam o curso da vida ou da História — se me antolham instintivos, contraditórios, às vezes inclusive involuntários. É um rei que se casa contra seus desejos e cujo matrimônio se combina com o matrimônio de suas irmãs com vistas a uma paulatina união entre os distintos Estados da Occitânia herética, até formar, idealmente, aquele inconcluso "império da língua d'oc" que seria definido por Higounet.[22] É um rei que sente uma irresistível atração pelas idéias heterodoxas das terras ultra-pirenaicas que custodia e que, no entanto, se empenha insistentemente em ser coroado pelo papa Inocêncio III em Roma (1204). É um rei que alardeia sua condição de cruzado e intervém ativamente em Navas de Tolosa (1212), e morre no ano seguinte nas mãos também de cruzados lançados pelo papa contra os hereges cátaros do Languedoc na campanha mais cruel e mais bestial entre as muitas promovidas pela Igreja ao longo da História.

Para alguns historiadores, estas contradições evidentes do rei Pedro se deviam a um caráter imaturo, que nem sequer teve a oportunidade de se estabilizar e que se inclinava para o que, a cada momento, mais lhe apetecia, sem coerência e sem decisões. Não obstante, teria cabimento observar esta situação desde outra óptica que, sem dúvida, a justificaria e a tornaria mais compreensível. Se o monarca não fazia senão cumprir a política asinalada pelo ideário templário, e se o Templo seguia adiante com seu projeto de constituir um Estado sinárquico a partir do núcleo occitano unido à Coroa de Aragão, tinha de evitar a todo custo que a

França participasse no problema suscitado pelos cátaros, e o modo de conter o impulso dos monarcas capetos de intervir nos assuntos internos da Occitânia era mostrar à frente destas terras um soberano católico mais sólido do que primoroso, que seria capaz, quando fosse necessário, de conter por si só o perigo que poderia pressupor a expansão ou a intensificação da heresia.[23]

Pedro II, o Católico, segundo o *Liber Feudorum Ceritaniae* (s. XIII).

Os primeiros anos do reinado de Pedro II se distinguiram por uma sempre relativa calma na Occitânia, percorrida por monges empenhados em converter os cátaros, mas sem problemas políticos ou guerreiros que tornassem necessária uma intervenção. Uma vez superadas as diferenças surgidas com sua própria mãe, a rainha Sancha — e a superá-las ajudaram também os templários e seu mestre provincial, Pedro de Montagut, que se fez de intermediador no pleito de Aria —, houve um incremento, que quase se diria de compromisso, nas campanhas peninsulares contra os mouros. O reino de Valença e o sul de Teruel, terras pobres e montanhosas, foram o objeto daquelas conquistas irrelevantes em torno a Ademuz, conquistas que, mesmo que levadas a cabo principalmente pelos cavaleiros do Templo, foram atribuídas sempre, como era lógico, à iniciativa real, com a mera ajuda da Ordem que, por certo, seria sempre a principal beneficiária das campanhas. Campomanes, seguindo literalmente Zurita, dá conta das conquistas de Ademuz, Castellfabib e Sertella de um lado, de Cantavieja por outro; e confirma que ocasionaram não só novas doações aos já consideráveis bens da Ordem, mas também a admiração de muitos cavaleiros aragoneses, que pediram seu ingresso depois de ver com que ardor combatiam os frades. Isto sucedeu com Dom Atorellas Ortiz, senhor de Quinto, que tomou os votos templários ainda no campo de batalha. Imediatamente depois, e como compensação complementar àquelas conquistas sem dúvida fáceis e de compromisso, os templários recebiam, em 1210, a cidade inteira de Tortosa, tirando-a, desta vez, a quem a recebeu do rei Alfonso, Dom Guillén e Dom Ramón de Cervera.

Mas a situação cátara se agravava lenta e inexoravelmente. Em 1203, enquanto os templários se apoderavam no Mestrado da fortaleza de Albentosa, Inocêncio III enviava ao Languedoc seu legado Pierre de Castelnau com instruções de converter hereges a qualquer custo. Acompanhava-o o abade de Cîteaux em pessoa, Pierre Amaury. *"Estes dois candelabros resplandecentes perante o Senhor, infligiram um servil temor àquelas almas servis, ameaçando-as com a perda de seus bens e fazendo troar a indignação de reis e príncipes; convidaram-nos a lançar de lado a heresia e os hereges e obrigavam-nos a deixar o pecado não por amor à virtude, mas, como diz o poeta, por temor ao castigo."*[24]

Desde que, em 1198, promulgara seu terrível decreto contra os hereges "de qualquer seita que fossem", do qual ninguém fez o menor caso, Pedro II pouco aparecera pelo Midi. Só uma vez, para presidir um encontro em Carcassona entre os legados papais e os ministros cátaros, que terminou com o diálogo de surdos com o qual já estavam todos acostumados. No final de 1203, com o Languedoc revolvido pelas idas e vindas de Pierre de Castelnau, teria lugar em Roma a solene cerimônia de coroação e enfeudação dos reinos à Santa Sé, o que curiosamente não agradou nem muito nem pouco aos catalães, mas serviu para conter momentaneamente a ameaça francesa, posto que o rei Pedro se comprometia formalmente a lutar em pessoa contra a heresia. Logo, todo o compromisso real do ungido — Católico — se acabaria com a tomada incruenta do castelo dos cavaleiros cátaros de Lescura, que, por certo, também estava enfeudado à Santa Sé.

Em 1206, apenas dois anos depois, havia no Languedoc combatendo a heresia a golpes de anátema, o legado papal, cada vez mais convencido de seu fracasso; dois clérigos espanhóis; o bispo de Osma e seu ajudante Domingo de Guzmán, e mais doze abades cistercienses de diversos mosteiros franceses, com seus correspondentes monges.

As conversões se contavam, com folga, nos dedos de uma das mãos. E, naquele oceano de inquietudes e ameaças mais ou menos veladas, só os templários calavam. Apenas se deixavam ver, mas não ouvir, mesmo sendo provavelmente os maiores latifundiários da Occitânia e, quando se faziam ouvir, era com uma discreta demonstração de que puxavam os fios que ninguém mais parecia poder puxar, como quando da boda real, que se celebrou precisamente na casa dos templários de Montpellier.

A vítima propiciatória

Os acontecimentos que tiveram lugar a partir de então, até a morte de Pedro II na batalha de Muret, são, pela aparência imediata, uma clara mostra do caráter instável e caprichoso que muitos historiadores atribuíram a um rei que, com muita probabilidade, teve esses defeitos, mas atuou sobretudo movido por circunstâncias muito distintas das que as aparências nos mostram.

Quando foi assassinado na Occitânia o legado papal Castelnou (1208) e o papa Inocêncio III convocou sem mais delongas a Cruzada, Pedro e seus templários estavam "fazendo cruzada" muito longe, por terras de Cuenca, Valença e Teruel. Certamente, metidos naquelas escaramuças — que não passavam disto —, não podiam sair em defesa dos occitanos, que eram aniquilados em massa e indiscriminadamente pelos exércitos cruzados do Norte, ansiosos pelo botim que davam as guerras santas. Por outro lado, sair em defesa dos cátaros traria contra o rei e o Templo o anátema imediato da Santa Sé, de modo que as pequenas guerras por um castelo mouro lhes permitiam cumprir com seus deveres de cruzados no sentido estrito que esta palavra teve desde suas origens e que era o único reconhecido então oficialmente pelo Templo, cujo mestre naquele instante, Guillaume de Chartres, havia proclamado perante os acontecimentos da Occitânia, e inclusive contra o chamamento do Pontífice, que não existia mais que uma Cruzada: a que se empreendia contra os sarracenos. Eles, os templários, não lutariam contra cristãos, por mais heréticos que fossem. Tampouco haviam combatido contra os cristãos separados do Oriente. Era óbvio que, enquanto ordem monástica, não podiam declarar-se abertamente partidários da heresia — mesmo que se suspeita fundamentadamente que a haviam assumido, em parte —, sob pena de fazer-se merecedores do anátema e arriscar sua sobrevivência, a menos de cem anos de sua fundação e de ter-se proclamado defensores acérrimos da Cruz.

Vésperas da batalha de las Navas de Tolosa, à qual acudiram templários catalão-aragoneses, navarros e castelhanos.

A questão era, naqueles momentos, cuidar das aparências e esperar que as circunstâncias tornassem viável seguir adiante com o grande projeto que haviam concebido. Se para tanto tivessem de sacrificar um rei que haviam feito entrar em seus planos, então sacrificado seria ele e recorreriam a outro que pudesse substituí-lo quando fosse possível e necessário.

A Ordem do Templo, entre 1208 e 1213, tentou em vão que Pedro II saísse airosamente do gravíssimo dilema em que se afogara. Se foi a Ordem que apontou ou provocou que o rei aceitasse a vassalagem de Simon de Montfort, única maneira para que lhe fosse reconhecido o título de visconde de Béziers, que lhe fora atribuído depois da horrorosa matança que provocou na cidade, é algo que nunca chegaremos a saber, ao menos com o detalhe que seria preciso, como também teremos de ignorar de quem nasceu realmente a idéia de comprometer seu filho e herdeiro — o futuro Jaime I — em matrimônio com a filha do Cruzado e deixar o menino, quase nas fraldas, como refém que garantiria a neutralidade catalão-aragonesa naquele sangrento conflito que estava dizimando o Languedoc. Tudo quanto sabemos é que Inocêncio III urgia a uns e outros para acabar com uma heresia que, com seu terrível extermínio, estava começando a despertar a simpatia de boa parte da Europa. E que, para paliar aquela urgência, o chamamento à Cruzada de Alfonso VIII contra os almôadas foi um autêntico alívio, para o qual tanto o Templo como Pedro II — ou ambos, conjuntamente — se voltaram com um entusiasmo digno de uma melhor causa, até que aquela *jihad* cristã culminou com a vitória das Navas de Tolosa, tida por muitos como tão significativa como a tomada de Jerusalém por Godofredo de Bouillon.

Cada reino peninsular, menos o de León, atribuiu a si a vitória de Las Navas por pura patriotada ancestral. E os catalão-aragoneses não ficaram atrás. Naquela gesta, viram que o prestígio de seu soberano alcançava os cumes da glória e que já não necessitava de mais provas para demonstrar ao mundo a catolicidade que o papa lhe havia outorgado quando da sua coroação. Se agora intervinha em defesa de seus vassalos ultrapirenaicos, sua ação não poderia ser considerada como uma mostra de simpatia pelos hereges, mas como uma intervenção perfeitamente justificada em favor de parentes e aliados a quem Simon de Montfort havia arrebatado ou pretendia arrebatar seu patrimônio amparando-se em um texto com ares constitucionais, que só dera apoio à sua sede de poder.

O texto em questão foi o dos chamados Estatutos de Pamies, uma composição com ares legais preparada pelo chefe dos cruzados para justificar sua arbitragem e propriedade tácita sobre o país conquistado. Para publicá-los, convocou uma assembléia que, por sua vez, elegeu doze homens que, em teoria, representariam todos os setores da sociedade: quatro clérigos (dois bispos, um templário e um hospitalário), quatro barões cruzados franceses e quatro representantes da sociedade autóctone, dois cavaleiros e dois burgueses. Naturalmente, os eleitos o foram para que, sem a menor discussão, aprovassem aquele texto já pronto, que nem sequer nomeava os cátaros (pois era gente a eliminar, pura e simplesmente) e que tampouco mencionava o rei de Aragão, mas só o Senhor de Montfort, que se autoproclamava visconde de Béziers, pela Graça de Deus, *"desejoso de manter esta terra em paz e calma e de guardá-la para glória de Deus e da Santa Igreja romana e do rei de França"*.[25]

O Templo, através de seu representante, firmou aquele texto que permitia o controle absoluto da vida dos occitanos. Não podia fazer outra coisa, pois opor-se aos Estatutos era o mesmo que declarar-se oficialmente em favor da heresia, arriscar a sobrevivência das quase oitenta comendas que possuíam por todo o Languedoc e enfrentar cruzados que eram, segundo sua Regra, os cruzados que a Santa Sé havia lançado contra os rebeldes cátaros daquela terra. A partir do seu interior, o trabalho dos templários poderia continuar, mesmo que em segredo e com a máxima discrição.

Ficar fora, em contrapartida, significaria a extinção da Ordem e, sobretudo, o abandono do projeto sinárquico, pelo qual valia a pena sacrificar o monarca, a quem os trovadores se encarregariam de enaltecer, levando-o a soluções extremas para vencer *"ab foc et sanc"* (a fogo e sangue) a quem pretendesse arrebatar-lhe seus direitos: bispos, cruzados ou papa.

A situação, durante a primeira metade do ano de 1213, foi de tensão crescente entre Roma e o rei aragonês, que só podia resolver-se cedendo à vontade da cruzada mantida por Inocêncio III ou respondendo às esperanças do povo, cátaro ou católico, que só queria ver-se liberado de pressões e matanças empreendidas em nome da fé, mas nas quais eram envolvidos indiscriminadamente gregos e troianos. Não havia mediadores, todos haviam escolhido sua opção, ou, como sucedia com os templários, calavam-se discretamente. E a grande opção do rei Pedro foi, finalmente, enfrentar a vontade do papa e arriscar sua proclamada catolicidade mantendo ao seu lado o povo, os cátaros e seus simpatizantes, e *in pectore,* se não de modo ativo, aos templários e toda a gente controlada por seus vastos territórios. Antes de lançar-se à guerra, ainda fez doações ao Templo em Tolosa e firmou atas em seu favor, em uma espécie de intenção para demonstrar que a Ordem era o único estamento eclesiástico em que ainda confiava. A 13 de setembro se lançava ao ataque perante os fossos de Muret e encontrava a morte nas mãos dos cruzados. Sua morte, apesar da derrota que acarretava, permitiu que os templários respirassem.

6. Em busca de um Rei do Mundo

A cavalo entre a realidade histórica e o mito, entre o dito popular e o sobrenatural cotidiano, Jaime I, chamado o Conquistador, deu-se a conhecer, na hora de redigir sua própria vida,[1] como um ser tocado pela Providência, sobre quem convergem circunstâncias que em nada se podem parecer com as que se dão com o comum dos mortais. Há todo um conjunto de premissas previamente estabelecidas para reconhecer a presença de um ser excepcional que, precisamente por sê-lo, deve ser designado como cabeça visível de um projeto superior que só graças à presença de um *eleito* como ele poderia chegar a realizar-se. Os milagres, ou ao menos aquilo que roça os limites do sobrenatural, são requisito imprescindível para o predestinado. E, se estas características podem ser também acumuladas sobre seus progenitores, dificilmente albergaria dúvidas o homem medieval de que se encontrava perante um ser superior capaz de conduzi-lo ao pináculo da glória, assim como às portas desse bem-estar que sempre se vislumbra como esperança impossível.

Quanto a Jaime I, além de dar-se pontualmente todas estas circunstâncias, vislumbra-se sempre por perto a sombra do Templo, uma sombra tanto mais imediata e sutil quanto emerge sem ser sequer mencionada, a ponto de que sua presença se capta mais pelo que se escapa do que pelo que se manifesta. Se o rei, ao longo de sua dilatada vida, atua, pensa, escreve e decide, conforme o ideário do Templo, que importa que o Templo seja raramente mencionado ao longo da Crônica que mandou escrever para narrar seu reinado? O próprio fato de intitulá-la *Libre dels Feyts* ("Livro dos Feitos") parece já indicar-nos que ali se narra deliberadamente *o que* sucedeu, à margem de alguns *porquês* e *comos* que o leitor ou ouvinte deveria deduzi-los para completar o sentido do que se narrava.

Prodígios para um nascimento

O primeiro requisito que devia reunir o monarca destinado a ser o protagonista do ideal sinárquico do Templo era reunido por Jaime I desde antes de nascer. Por seu pai, mesmo que indiretamente, recebera o sangue de uma monarquia considerada como da estirpe do Graal: a dos descendentes de Alfonso I, o Batalhador. Por parte de mãe, Maria de Montpellier, recebia o sangue dos imperadores do Oriente. Maria, com efeito, era neta do imperador de Bizâncio, Manuel Commeno, que mandara sua filha Eudóxia para contrair matrimônio com Alfonso II de Aragão. Por certo, chegada a princesa a Montpellier, soube da nova de que seu futuro esposo já se casara com a filha de Alfonso VII de Castela. A princesa bizantina, ante a perspectiva de regressar à sua terra, aceitou então a proposta do conde Guilherme IV de Montpellier, e se casou com ele; daquele matrimônio nasceria Maria, a condessa que se casou com Pedro II em 1204, numa cerimônia que teve lugar na casa dos templários de Montpellier.

Quando Jaime I mandou escrever sua Crônica, cuidou de ocultar as circunstâncias que concorreram para seu nascimento. Mas estas foram suficientemente publicadas a ponto de que outros cronistas catalães, como Desclot e Ramón Muntaner,[2] pudessem consigná-las com todo o luxo de detalhes. Conta este último a circunstância, amplamente documentada, de que o matrimônio de Pedro II e Maria foi, desde o início, um completo fracasso. Três anos depois de ter lugar, com uma filha nascida, a condessa já havia iniciado gestões ante seu protetor, o papa Inocêncio III, para que fosse anulado, sem que o rei algo fizesse para impedi-lo, porque havia concebido o projeto de casar-se de novo com Maria de Monferrato, herdeira do trono de Jerusalém — com o que seguia firme uma intenção não especificada de cobrir com a sombra do Oriente os reis da coroa de Aragão. Este deixar correr os acontecimentos não parecia ser do agrado dos súditos de Pedro II. Havia pressa em poder contar com um herdeiro. Então, segundo contam as crônicas históricas e cantaram os poetas occitanos, tramou-se uma conjura em que intervieram as mais altas hierarquias de Montpellier, que contavam com a aquiescência — seguramente secreta — dos cidadãos. Depois de encomendar-se à imagem de Nossa Senhora de Vallvert e depois de jejuar por uma semana inteira, cantando um sem-número de missas e entoando os sete mistérios gozosos, enganaram o soberano, que passava em Montpellier uma longa temporada, se bem que ignorasse olimpicamente sua esposa, e fazendo-lhe crer que facilitavam a entrada de uma mocinha leviana pela qual Pedro se encantara naqueles dias, introduziram às escuras nos seus aposentos sua própria esposa. E enquanto o rei de Aragão se comprazia com sua esposa sem o saber, reuniam-se na antecâmara vinte e quatro homens bons de Montpellier, com doze damas e doze donzelas, com notários, abades e um representante do bispo. *E igualmente naquela noite estiveram abertas todas as igrejas de Montpellier, e todo o povo se encontrava nelas, rogando a Deus...*.[3] Ao amanhecer, os conspiradores entraram no quarto, com toda a parafernália de luzes e círios que utilizaram durante a noite, e descobriram para o rei a identidade da mulher com a qual havia passado a noite, para que não tivesse dúvidas futuras. O rei se enfureceu, montou a cavalo e saiu da cidade, mas o milagre estava feito, e, aos nove meses, nascia em Montpellier Jaime I, totalmente ignorado por seu pai. Era 18 de fevereiro de

1208, véspera da Purificação de Nossa Senhora, perto de celebrar-se a festa da Candelária, uma das mais importantes do contexto religioso templário.

A luz forma, amiúde, parte do mito: consagra-o, em certa medida. O mesmo rei faz constar no *Libre dels Feyts* que, apenas nascido, levaram-no à catedral, onde, precisamente quando fazia sua entrada, o coro estava cantando as Matinas e coincidiram naquele instante com a estrofe do *Te Deum laudamus*; logo o levaram ao templo de São Firmino, e, por milagrosa coincidência, entraram quando se cantava o *Benedictus Dominus Deus Israel.* Mas não se deteve aqui o prodígio. *"Ao voltar para casa, tão bons agouros encheram nossa mãe de alegria. Ela mandou, ato contínuo, fabricar doze círios de igual peso e tamanho e prometeu a Deus Nosso Senhor que nos poria o nome do círio que durasse mais tempo"*, depois de ter designado a cada um o nome de um dos apóstolos. *"Por uma diferença de três dedos aproximadamente durou mais o de São Jaime que os outros. Por isso e pela graça de Deus nos chamamos Jaime."*

Uma coisa parece certa: que o rei Pedro ignorou até o nome de seu filho e, quase, sua existência. Quando se decidiu a conhecê-lo, dois anos depois de seu nascimento, foi para tirá-lo de Montpellier e entregá-lo ao flagelo dos cátaros da Occitânia, Simon de Montfort, para que este se encarregasse do futuro monarca mediante um pacto (que se confirmaria dois anos depois) segundo o qual se reconhecia o senhorio do cruzado sobre Béziers e Carcassona e se estabelecia o compromisso matrimonial entre aquele herdeiro que mal conhecia e a filha de Montfort. Ademais, o pacto especificava que, até que o futuro rei tivesse dezoito anos, Montfort governaria o senhorio de Montpellier; naquela data se celebraria a boda projetada. Pedro II, por este artifício, se desfazia de um filho indesejado e, ao mesmo tempo, levava a cabo uma ação política que acreditava ser inteligente, porque seu inútil afã era evitar a violência de uma guerra que, apesar de tudo, acabou com sua vida.

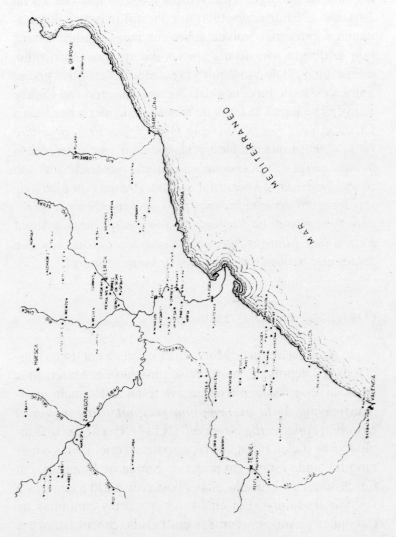

Fortificações templárias na Coroa catalão-aragonesa.

Como era obrigação para todo aquele que se atirava a escrever um relato histórico, Jaime I parece não ter levado em conta aqueles desprezos de seu pai para com sua pessoa e louvou-o de forma cortês e oficial, com um tópico: *"... foi o monarca mais generoso, cortês e afável que nasceu na Espanha..."*. Por certo, tudo que lhe foi impossível acrescentar sobre o pai, volveu sobre sua mãe, a rainha Maria, que se dirigiu para Roma apenas lhe arrebataram o filho, com a intenção de conseguir sua separação definitiva graças à intercessão de Inocêncio III. A rainha morreria na Cidade Pontifícia e logo sua fama de santa se estenderia por toda a Cristandade. *"Foi tanto o que Deus demonstrou amá-la e tanta a graça que lhe outorgou, que em Roma e em todo o mundo mereceu ser chamada a Rainha Santa. Muitos são os enfermos que se curaram ao beber raspas da pedra de seu sepulcro dissolvidas em vinho ou água. Seu corpo repousa em Roma, na Basílica de São Pedro, junto a Santa Petronilha, filha do Apóstolo. Considerai, pois, vós que lerdes este manuscrito, se não se trata de milagre!"*

O resgate de um rei: o cenário mágico

A rainha Maria de Montpellier morreria em Roma poucos meses depois da morte de seu marido em Muret. Mas antes de seu passamento outorgava testamento e nele se especificava: *"Volu ut Templum recipiat filius meum et custodiat donec et illum reddat"* (NT — "Quero que o Templo receba o meu filho, que o custodie e o crie"). Mas o menino rei ainda estava em poder de Simon de Montfort, em Carcassona, e o cruzado estava pouco disposto a cumprir a vontade da rainha. Foi então que as cortes conjuntas de Catalunha e Aragão, reunidas em Lérida, concordaram em reclamar, com a mediação do papa, o que consideravam já como seu rei, apesar de que, desde a morte de Pedro II em Muret, disputavam a regência o conde Sancho — filho de Ramón Berenguer IV e, conseqüentemente, tio-avô do rei — e Dom Fernando, abade de Montearagón e irmão de Pedro II. Do conde Sancho, suspeitavam-se fundadamente de suas simpatias pela heresia cátara.

Simon de Montfort, frente às pressões de Inocêncio III, a quem acudiu como legado das cortes o bispo Ispán, de Santa Maria de Albarracín, teve de ceder. Uma bula papal era um meio dissuasório mais eficaz que qualquer exigência e a que lhe entregou em Carcassona Pedro de Benevento, enviado direto do pontífice, fez com que o cruzado devolvesse o pequeno monarca de seis anos e três meses. *"Os franceses nos levaram, pois, até Narbona, e ali saíram para receber-nos uma multidão de nobres e cidadãos de Catalunha... Uma vez na Catalunha, nossos vassalos concordaram, com prévia deliberação, desde logo confiar nossa educação ao cuidado de En Guillem de Montredón, natural de Osona e mestre dos templários de Catalunha e Aragão."*

De Guillem de Montredón sabemos muito pouco como foi sua vida antes de incorporar-se à milícia templária. Era o segundo filho de uma poderosa família de Vic (Osona) e é mais que provável que entrasse na Ordem sendo ainda jovem;[4] calcula-se que nasceu por volta de 1170. Quando acompanhou Pedro II às Navas já era com certeza mestre provincial e, nesta qualidade, sete meses depois de Muret, foi localizado em Tolosa, como testemunha do ato de abjuração da heresia cátara por parte dos habitantes da cidade. Quando formou parte da comissão encarregada de recolher Jaime I menino em Narbona, já se conhecia o testamento da rainha Maria, que confiava a educação do filho aos templários. A esta designação seguiu-se outra, apontada pelo papa na mesma bula e aprovada pelas cortes de Lérida, segundo a qual o Templo, conhecido por suas habilidades financeiras, se encarregaria igualmente de sanear a economia do reino, administrando as escassíssimas rendas com as quais contava, *"que não bastavam... para nos mantermos um dia. Tão esgotado e empobrecido se achava o nosso patrimônio!"*, segundo diz o mesmo rei em sua Crônica.

O lugar escolhido pelo Templo para morada do jovem monarca foi o castelo de Monzón. A razão imediata desta escolha era óbvia: o castelo se achava em boas condições de habitação, em lugar saudável, muito perto da fronteira entre Catalunha e Aragão e muito longe de qualquer ameaça de ataque muçulmano. Ademais, os templários que constituíam sua guarnição eram naturais dos dois Estados da Coroa, e isso paliava também as reticências que poderiam surgir entre catalães e aragoneses pelas possíveis inclinações nacionalistas que poderiam surgir nesse período educativo do monarca. Mas, se atentarmos para outro tipo de circunstâncias que não se costuma pôr em relevo na hora de narrar os acontecimentos históricos, comprovaremos que Monzón *significava* algo mais que poderia converter-se em determinante para o futuro do monarca menino.

Até a morte de Alfonso I (1134) havia sido senhor de Monzón o infante García Ramírez, a quem os navarros reclamaram como soberano restaurador quando se acusou o não-cumprimento do testamento pelo qual o Batalhador deixava seu reino para terceiros, para as ordens militares nascidas na Terra Santa. García Ramírez, neto do Cid — seu pai, o cruzado infante Ramiro, esteve casado com uma de suas filhas —, se diz que herdou a espada Tizona, que pertenceu ao Campeador; e tradições enraizadas em Monzón indicam que deve tê-la deixado ali quando os navarros lhe ofereceram o trono e que ali continuava, como significativa relíquia do mundo cavalheiresco, quando o castelo foi entregue aos templários em 1143 por Ramón Berenguer IV, quase neto

192

de Rodrigo Díaz de Vivar. Essa espada, a Tizona, exerceria importante papel na história paralela que a tradição estruturou em torno à estada de Jaime I em Monzón, como também haveria de ser com outra tradição do lugar: o descobrimento milagroso da Virgem da Alegria, cuja devoção, segundo é notório, condicionou a conhecida preferência pelo culto a Nossa Senhora que caracterizou a vida religiosa do monarca catalão-aragonês.

A lenda em questão nos conta como, indo um dia pelos arredores da ermida da Virgem da Alegria acompanhado por seus mentores templários, o rei pequenino encontrou um ermitão que lhe augurou os cumes da glória se tomasse a espada Tizona, que levava no cinto o mestre Monredon, e a temperava num remanso do rio que passava aos pés do santuário.[5] Não cabe dúvida de que, à margem de um eventual jogo com a realidade histórica, a lenda centraliza um importante aspecto simbólico: o de monarca vitorioso e triunfante, predestinado aos mais altos fins pelo ermitão sábio que lhe anuncia a glória. Significativamente, este elemento prodigioso e aparentemente sobrenatural vamos detectá-lo na história de Jaime I, mesmo que este rei, como o tempo em que viveu, pertença a um contexto existencial em que o sobrenatural desapareceu já quase que totalmente, como que em repulsa aos tempos anteriores, em que o mágico era atributo constante e necessário da História. Neste caso concreto, se bem que se possa colocar em segundo plano a veracidade da lenda, é absolutamente certo que muitos anos depois, quando o rei se encontrava cercando Borriana, no caminho de Valência, escrevia aos templários de Monzón solicitando-lhes aquela espada *"que tinha o nome de Tisó e que era muito boa e venturosa para aqueles que a portavam"*. A espada ainda existe, depois de ter passado pela Real Armería, e se encontra hoje no Museu do Exército.

Sempre estive convencido — e o estudo da História mo confirma cada vez mais — que uma das razões, quiçá a principal, pela qual o pensamento esotérico e as atitudes mágicas foram evitados pelos estudos históricos acadêmicos, voltados para a evidência tão-somente do que transmitem os documentos, consistiu na essencial incomunicabilidade destes princípios.

No comportamento esotérico, baseado em experiências interiores, se produz uma manifestação que não se explicita, porque se utilizam chaves em lugar da expressão direta e porque é dirigido aos co-partícipes de um ideário de caráter iniciático que só serve para quem o segue, sem que tenha a menor validade para aqueles que são alheios à sua linguagem particular. Sobre esta característica, que não pressupõe em absoluto nenhum segredo, mas um esforço pessoal que não pode ser inculcado à força, existe a tradição ancestral de que este tipo de experiências e estes ensinamentos tampouco devem ser transmitidos por escrito, como um texto docente destinado simplesmente a ser aprendido e repetido, exceto unicamente da boca do mestre ao ouvido do catecúmeno. Assim aconteceu entre os druidas, deu-se nos cultos dos mistérios, se repete com os sufis islâmicos, com os cabalistas hebreus e nos livros mudos da alquimia. E, quando se expressa por escrito, o que acontece raras vezes, quem utilizou ou utiliza este meio o faz através de linguagem hermética, absolutamente incompreensível para os não-iniciados, ou mediante parábolas ou relatos aparentemente sem transcendência alguma, entre os quais se encaixam as chaves do que se quer fazer entender sem que possam captá-lo os alheios à iniciação que se transmite.

O resgate de um rei: os fatos

Nos últimos anos da vida de Jaime I, um especialíssimo elogio que lhe foi dedicado pelo papa Clemente IV parece confirmar este sentido da iniciação que acabo de apontar: *"Certamente, entre os demais príncipes do mundo a quem não instruiu a ciência literária, a ti o Senhor dotou excelentemente do engenho natural, e aprendeste mediante muita experiência, e escutaste de bom grado as sentenças dos sábios, que encomendaste à tua tenaz memória".*[6] Escutar e encomendar à memória. No entanto, teria de acrescentar a terceira condição imposta ao iniciado: o silêncio.

A meu modo de ver, esta é a razão pela qual no *Libre dels Feyts*, escrito pelo rei Jaime I provavelmente entre os anos de 1244 e 1274 (ou escrito sob sua direta supervisão em duas etapas e por volta destas mesmas datas), conta-se sumariamente, até mesmo de maneira muito superficial, a vida com os frades do Templo durante os poucos anos que passou em Monzón. Nada confirma na Crônica a idéia de quase seqüestro que foi apontada por vários historiadores, mas tampouco algo que permita desconfiar do tipo de ensinamento que ali recebeu, à parte o imediato e obrigatório da vida devota, a leitura e a esgrima, próprias do cavaleiro que era por nascimento, além dos modos e maneiras próprios de seu nível e noções de política que não se pode perceber até que ponto foram ensinadas e até que ponto foram faculdades próprias de sua personalidade. Apenas algumas frases soltas nas poucas páginas dedicadas àquela época denotam a impaciência de um rei que, mesmo sendo tão jovem, ansiava ser protagonista de seu próprio destino. *"Muitas eram as ganas que tínhamos nós dois de sair dali!"*, diz, aludindo também à estada de seu primo Ramón Berenguer V de Provença, filho do conde Alfonso II, irmão de seu pai.

Mas esta afirmação tão espontânea em aparência não deve ser aceita como referida apenas ao suposto fastio de viver num lugar indesejável, mas possivelmente também como ânsia de exteriorizar publicamente o aprendido: o assumido como ideário vital.

As recordações, por outro lado, se limitam, na Crônica, às cerimônias diárias do culto, ao aprendizado das artes da guerra próprias de um príncipe, à visão assumida de seus próprios domínios, quase sempre vislumbrados das ameias da fortaleza. Contudo, não é menos certo que a saída de Monzón teve lugar coincidindo com uma súbita e quase incompreensível manifestação de maturidade, imprópria para um menino que mal tinha nove anos e meio de idade. Neste sentido, proponho a qualquer leitor da Crônica que adivinhe esta idade a partir da leitura. Foi como se essa saída definitiva para a vida pública, quando *o mestre do Templo resolveu, com os demais, deixar-nos em liberdade*", se efetuasse num instante justo, preciso, uma vez garantidos determinados objetivos: estabelecer a unificação efetiva da Coroa catalão-aragonesa sob a hegemonia de um soberano predestinado, tocado pela graça celestial por essa Providência na qual todos criam de pés juntos, porque convertia seus eleitos em grandes condutores da Humanidade.

Mas prestemos atenção, porque esses objetivos sobrehumanos, quando emergem, não o fazem nunca na pessoa de um obediente, mas na de um rebelde. A rebeldia frente ao instituído é condição indispensável do eleito, que se reconhece como tal precisamente pelo inconformismo — aberto ou recôndito — que terá de demonstrar ao longo de sua vida e que haverá de se manifestar através de atos que, amiúde, parecerão meras anedotas que passariam desapercebidas, não fosse o profundo significado que encerram. Jaime I, que, por sua pouca idade, não creio absolutamente que estava plenamente consciente da transcendência de seus atos, saía de

Monzón em junho de 1217, depois de uma reunião de cortes que concordara com aquela saída, poucos dias antes, e que teve lugar no próprio recinto da fortaleza tem-plária. Sua primeira visita — seu primeiro ato oficial como monarca — foi ir à tumba de seu pai, enterrado no vizinho mosteiro de monjas sanjuanistas de Sigena.

Aquela visita não podia ter nenhuma motivação afetiva. Pedro II havia ignorado olimpicamente seu filho, a quem apenas vislumbrara numa ocasião, ao entregá-lo como refém a Simon de Montfort. Por certo, Pedro simbolizava o rei morto em condições comprometidas, lutando em favor de um ideário anatematizado pela Igreja, um ideário que se convertera em objeto de martírio milenarista para uma parte importante de súditos da coroa catalão-aragonesa. Como se isto não bastasse, aquela visita seria concluída, em uma cerimônia no mínimo suspeita, com a entrega solene ao menino, de parte da abadessa de Sigena, da espada com que seu pai combatera até à morte os cruzados abençoados pelo papa. Esta cerimônia — permito-me duvidar de suas casualidades aparentes — coincidia com a convocação de uma força militar que se dirigiria imediatamente sobre Tolosa, defendida por Raimundo VI contra os seguidores de Montfort, que a sitiavam. O contingente, formado fundamentalmente por occitanos e catalães, atravessaria os Pireneus e derrotaria os cruzados em Salvetat. E a 13 de setembro de 1217, como se houvesse coincidido deliberadamente com o quarto aniversário de Muret, libertava a Tolosa cátara, provocando imediatamente uma bula de Honório III (sucessor de Inocêncio III, o que convocara a cruzada), na qual arremete contra quem propiciou a expedição. Se bem que momentaneamente libera o monarca de culpa, talvez por ver nele o menino que ainda era, ameaça seriamente a seu tutor, o conde Sancho, avisando-o de que, se ações como essa voltassem a ocorrer, *"a Igreja romana não poderia dissimular tanta injúria con-*

tra Deus e contra ela, e talvez carregasse a mão de tal forma contra este reino que seu castigo seria exemplo para outros".

Pode ser que esta ameaça tenha dado suporte para fabricar o antídoto urgente que, ao mesmo tempo, haveria de dar um novo toque de manipulação sobrenatural ao rei predestinado que o Templo estava preparando. Cria-se então uma lenda, cuja data se fixa em meados do ano seguinte à saída de Monzón e da qual Jaime I jamais falaria em sua Crônica: a presumida aparição da Virgem ao rei, a Pedro Nolasco e a Ramón de Penyafort, que haveria de dar uma base à imediata fundação da Ordem da Mercê para redenção dos cativos, que logo obteria todos os benefícios e prebendas imagináveis. A ordem foi introduzida na Coroa catalão-aragonesa imediatamente, em uma solene função que teve lugar na catedral de Barcelona a 10 de agosto de 1218. Com essa fundação, quase que uma marca paradigmática do rei que mal iniciava suas funções, se introduziu também seu hábito branco e sua divisa: uma cruz com pés de prata sobre campo vermelho, em cima das barras de Giufré el Pilós. Pouco a pouco, quando se empreendia a carreira reconquistadora, a nova ordem ir-se-ia implantando firmemente em todos os territórios recém-adquiridos.

Há que se pensar, neste caso, que a intervenção direta de um ilustre membro da ordem dominicana na gênese do culto à Virgem das Mercês relega — relativamente — a possibilidade de inspiração templária direta. Mas do que não cabe dúvida é que o Templo, como o Cister que lhe deu respaldo em seus primeiros tempos, foi decidido promotor do culto à Grande Mãe, sob a imagem de Nossa Senhora, Mãe de Deus. E não o foi tanto como objeto piedoso de culto, mas como grande sinal sincrético de uma visão religiosa mais universal, como o fora na Gnose, que ainda se praticava na Terra Santa, onde nascera a Ordem. Não deixa também de ser significativo que, tendo entre seus fundadores um dominicano, cuja ordem tinha como emblema a cruz latina sacrificial que logo viria a ser o símbolo dos tribunais inquisitoriais, os mercedários adotassem o da cruz grega de braços com pés, que era a que os templários ostentavam; e que a cor branca fosse, com o vermelho das barras catalãs, a cor e a insígnia dos mercedários, como o era do Templo e o foi dos *ashas* fatimidas, dos quais o Templo esteve tão próximo, tanto no espiritual como em seus esquemas organizacionais; e que sempre as cores — símbolos primários — constituíssem divisa de princípios assumidos além de meras significações alegóricas.

A conquista das ilhas mágicas

Há os primeiros anos, nos quais o reinado de Jaime I, ainda menino, nos apresenta um esforço para deixar unificado o reino, esquecendo — ao menos na aparência — os graves problemas ultrapirenaicos que tão tragicamente encerraram o reinado de seu pai. Quase como contribuição para este esquecimento momentâneo das preocupações extraterritoriais do reino, detecta-se como, desde os inícios do reinado, a moeda do Roussillon deixa de circular ao sul dos Pireneus e é substituída pelo soldo barcelonês, que todos aceitam, à exceção do Templo, que utiliza em suas transações o morabetino de ouro, de origem muçulmana e de valor aproximadamente sete vezes superior ao da moeda corrente.

Passados estes anos de unificação interior, emerge, como que do nada, a ânsia de reconquista no rei. Esta inclinação, que marcará sua vida e lhe dará fama, não surge como coincidência casual — de fato, é paralela ao impulso reconquistador castelhano levado a cabo por Fernando III em Andaluzia —, mas sim como tendência espontânea, que não necessita de anos de amadurecimento, mas se desenvolve sobre um esquema preexistente que só precisa de uma voz para colocá-lo em marcha. Vamos ver como, à margem de um profundo sentido da estratégia guerreira e política do rei, que nunca se deve desprezar, as campanhas reconquistadoras de Jaime I se apresentam como uma *missão*, a que um acúmulo contínuo de *sinais* vão dando sentido transcendente à medida que aparecem, indicando ao rei o que se deve fazer a cada momento ou confirmando-o na idéia de ter empreendido uma tarefa ordenada pela Providência.

O banquete de Pere Martell, onde a Providência decidiu a conquista das Baleares.

A aventura da conquista das Ilhas Baleares, vista através do relato autobiográfico do *Libre dels Feyts*, reserva ao estudioso capaz de deter-se no contexto tradicional não poucas surpresas. A primeira delas, que o rei não chega, ou não parece chegar, à idéia concreta desta conquista como conseqüência de prolongada reflexão, mas por inspiração súbita. Encontrando-se em Tarragona, e com menos de vinte anos nas costas, foi convidado a uma refeição *"por um* mercador muito experimentado nas coisas do mar", Pere Martell. O mercador falou-lhe das ilhas e, quase imediatamente, os nobres que acompanhavam o monarca no banquete começaram a assediá-lo insistentemente para que empreendesse a sua conquista, fazendo-lhe ver que *"a vontade de Deus não pode torcer-se"*, apesar de que nada deixara entrever que Deus estivera misturado às palavras do mercador. Tudo quanto sucede nesta cena leva a pensar que nela se produziu algum tipo de mensagem subliminar, ou a confirmação de algo que já se encontrava inscrito no subconsciente do monarca e dos que o acompanhavam. E perguntamo-nos se não seria esse algo uma sutil sugestão templária, já que, desde que a Ordem ficou organizada depois de sua aprovação no Concílio de Troyes, na divisão provincial que se estabeleceu para a Europa figuravam as ilhas Baleares; essas mesmas Baleares que os condes de Barcelona, de filiação templária, já haviam tentado conquistar.

Desde a mais remota antigüidade, quando a História se confunde com o mito, esse arquipélago mediterrâneo apresentou problemas de identidade sumamente curiosos. Um deles foi, desde sempre, a identificação de Ibiza com a terra de *Esquéria*, de que nos fala Homero, na Odisséia. Se recordarmos a epopéia de Ulisses, já quase no final de seu périplo, vir-nos-á à memória que o herói viajou durante vinte dias, vindo de *Ogígia*, acossado pelas tempestades, e chegou totalmente extenuado às praias de *Esquéria*, a terra dos feácios — *phaiakês* —, em uma de cujas praias despertou para encontrar-se rodeado de moças, que fugiram ao comprovar que ele voltara a si. Só ficou a seu lado Nausícáa, filha de Akinóos, rei daquele território insular. E há também um traço do poema homérico que convém recordar, à margem da aventura amorosa que constituirá o miolo do relato: o poeta insiste na condição não-guerreira dos feácios, o que os convertia em um povo singular de seres totalmente pacíficos, muito distintos dos ferozes fundeiros baleares que conhecemos através dos historiadores latinos. Haveria alguma razão para explicar isso?

As escavações levadas a cabo na ilha de Ibiza parecem demonstrar que a ilha esteve desabitada até que chegaram, em primeiro lugar, os fenícios de Tiro e, posteriormente, seus herdeiros, os púnicos de Cartago. O fenômeno contrário se produz na ilha de Minorca. Ali não se encontraram restos púnicos; por outra, abundam as amostras de culturas megalíticas que parecem indicar que aquela ilha, bem como certas regiões de Majorca, foi seguramente considerada como espaço mágico, mansão dos deuses e não dos homens, que só acudiriam a ela para prestar homenagem ao divino.

Já na era romana, as investigações de Blázquez e Tovar levaram à conclusão de que a abundância de santuários isíacos não foi senão um prolongamento dos cultos à Grande Mãe, que já foi sinal da presença fenícia, com suas abundantes representações de Tanit e Astarte. Teríamos de recordar, neste sentido, que os mistérios isíacos escolheram como local de culto preferencial lugares que já haviam sido especialmente santificados por tradições religiosas anteriores, configuradas por acontecimentos aparentemente prodigiosos levados a cabo, muito amiúde — como sucedera na Lusitânia —, por heróis mitificados que prestaram sua homenagem na hora de criar um sentimento de independência que caracterizaria os habitantes daqueles territórios influenciados pelos enclaves em questão.

Este sentimento libertário, conseqüência do paradigma de um povo convencido de estar de posse de um lugar sagrado convertido em Centro do Mundo, está presente nas Baleares desde a origem do nosso conhecimento histórico de sua realidade. Poderíamos encontrá-lo no máximo de sua significação, nos fundibulários que detiveram temporariamente a conquista romana; voltaríamos a encontrá-lo no guerrilheiro Fatih Ellah, cujo aguilhão molestou amplamente as tropas conquistadoras de Jaime I. Em qualquer caso, não resulta difícil compreender que, a partir de determinados parâmetros, a conquista das Baleares planejada por Jaime I por indubitável inspiração templária continha elementos mágico-religiosos de primeira grandeza, que convertiam aquela aventura, muito além de suas implicações políticas, em uma espécie de meta transcendente na qual intervinham fatores teológicos não menos importantes que, explícita ou implicitamente, superavam em muito o sentido estrito da Guerra Santa ou Cruzada cristã.

Estranhos na conquista

Apenas definida a conquista das Baleares, reuniram-se as cortes do reino em Barcelona, e, o que poderíamos chamar de discurso de abertura, aquele rei quase imberbe proclamava abertamente sua própria sobrenaturalidade: *"Como sabeis, nosso nascimento foi milagre de Deus"*. E, servindo-se disto, anunciava a grandeza não menos sobrenatural da empresa a que se havia proposto, o que a tornava digna de ser apoiada por todos os meios. Efetivamente, o povo catalão — muito mais que o aragonês — se dedicou entusiasticamente àquela iniciativa e a 6 de setembro de 1229 partiam conjuntamente de Salou, Tarragona e Cambrils "cento e cinqüenta lenhos maiores, sem contar as embarcações pequenas". O rei zarparia nos últimos, na galera de Mont-pellier, sua cidade natal. Não lancemos no saco roto das casualidades esta circunstância. Jaime I deixava claro, com isto, que a Occitânia não lhe era estranha, que ele era occitano de nascimento e que sua inibição direta e imediata em relação aos problemas que afetavam aquelas terras não significava em absoluto que as houvesse esquecido. De fato, esta atitude ultrapassava o que pudesse ter de simbólico, pois é fato comprovado[7] que uma respeitável quantidade de gente do Midi, entre a qual se podia notar numerosos cátaros ou seriamente comprometidos com o catarismo, formou parte da expedição conquistadora das Baleares.

O estudo levado a cabo por Alomar Esteve, cujas conseqüências não estou sequer muito seguro de que foram captadas em seu tempo, nos revela não só que há uma presença occitana claríssima desde a própria idéia original da conquista balear, mas que o rei fomentou sem sombra de dúvidas esta presença, navegando em sua galera e sendo nela acompanhado por personagens significativos, como os irmãos Gausbert e Guilhem de Servian, membros de conhecida família occitana na qual houve numerosos *perfeitos* que foram processados pelos tribunais inquisitoriais. Posteriormente, no *Libre del Repartiment*, voltam a notar-se abundantes apelidos que indicam paralelamente sua filiação cátara e sua intervenção direta na conquista. Ali estão para corroborá-lo os Mosset, os Corsaví, os Jordá, os Ferriol e os Termes.

Atentando apenas para linhagens e personalidades, captamos a presença de um Berenguer Dufort, parente de trovadores e perfeitos, que figurou como *battle* geral de Majorca em 1239; um Berenguer Martí estava incluído entre a gente do conde de Béarn (também simpatizante dos cátaros) e era parente do bispo albigense Bernat Martí, que foi queimado pela Inquisição em 1240. Jaime I entregou-lhe terras da região de Sóller; o mesmo rei cita em certa ocasião Dalmau de Barberá, que formava parte da vanguarda cristã, e Bernat Desclot, em sua *Crônica*,[8] nos dá conta de outros, Jaspert e de Pere Arnau de Barberá, que logo regressaria à Occitânia para tomar parte na causa albigense durante a segunda etapa da Cruzada. Muita confiança deve ter tido em seu discernimento tático o rei, pois o cita no *Libre* com uma espécie de reconhecimento tácito de seu valor como estrategista: *"Pus en Jaspert hi va, irè i jo"* ("Onde Jaspert for, também irei").

Em Laurac houve uma família cátara chamada Caramany. Um de seus membros recebera o *consolamentum* e uma de suas mulheres, Cirauda, foi uma das imoladas de Montségur. Pois bem: alguns de seus membros aparecem também como pró-homens do efêmero reino de Majorca, regido pelo filho do Conquistador.

Creio, com certeza, que o que mais pode interessar-nos é a relação que estas famílias suspeitas ou notoriamente cátaras puderam ter com o Templo. Neste sentido, quando se localizam as possessões e as doações que se levaram a cabo e que foram confirmadas no *Libre del Repartiment,* pode-se comprovar que, se é certo que os occitanos se distribuíram por toda a ilha, aqueles que cheiravam a catarismo ou que o professavam às claras foram buscar suas terras precisamente nas regiões que ficaram sob a direta e imediata influência da Ordem do Templo: a comarca de Pollensa e o território que rodeia a montanha de Randa. E mais ainda: várias destas famílias aparecem diretamente envolvidas nas coisas da Ordem, o que poderia corroborar, se as chaves anteriormente expostas não fossem suficientes, que houve uma relação estreita do Templo com a heresia cátara. Alguns anos de história das ilhas podem ser perfeitamente utilizados para corroborar esta suspeita.

O sobrenome Escafré, documentado na região de Artá desde o século XIII (sigo sempre Alomar), nos proporciona o nome de um Bernat d'Escafré, que foi procurador dos templários de Béziers em 1180.

Pere Fenollet VI, procedente de família occitana assentada em Majorca desde a Conquista, foi o primeiro visconde de Illa por nomeação do rei Sancho (1314). Era descendente direto de outro Pere de Fenollet (1209-1243) a quem os inquisidores perseguiram como cátaro em 1229, tendo encontrado refúgio na propriedade templária de Mas Deu, junto com Ponç de Vernet, que participou da conquista de

Majorca. Os Vernet foram também beneficiários da repartição da ilha entre os que contribuíram para sua conquista.

Três membros da família Riusech prestaram juramento perante Alfonso III de Aragão em 1285. Um antepassado seu, Amiel de Riusech, foi despojado de seus bens e terras por Simon de Montfort e ingressou no Templo. Quanto a Pere Serra, parente do primeiro comendador templário de Majorca, Ramón Serra, figura também no *Repartiment* e podemos acompanhar seus antecedentes cátaros no Midi.

No entanto, a íntima relação entre o Templo, o catarismo e a dinastia (efêmera) de Majorca, vamos encontrá-la, com uma importantíssima participação popular, nos últimos anos do século XIII, quando as ilhas se desligaram por pouco tempo da Coroa catalão-aragonesa. Quando, então, nos tocará fazer menção dos santos cátaros majorquinos, São Cabrit e Santa Bassa.

Prodígios curiosos e estranhas advocações

Mas voltemos a Jaime I, que deixamos há um instante a ponto de partir para as ilhas a bordo da nau de Montpellier, cheia de occitanos e, quem sabe, talvez em meio a um coro de orações cátaras. Voltemos a ele porque em sua história majorquina, tal como na que narraria um pouco mais adiante Bernat Desclot, surge o prodígio como elemento quase cotidiano, formando parte dos acontecimentos cotidianos e mostrando-nos um rei que o assume como algo consubstancial à sua pessoa e à sua circunstância histórica.

Sem pretensão alguma de esgotar os numerosos casos prodigiosos mencionados, vamos tratar de escavar os que se poderiam considerar como especialmente significativos. O primeiro seria, por certo, o forte vento que se levantou a apenas vinte milhas da costa, um vento do continente, do

Ruínas da capela dedicada ao Arcanjo São Miguel, no castelo templário de Miravet.

sudoeste, que fez com que os capitães das galeras aconselhassem o rei a voltar atrás. O rei logo assumiu seu papel de enviado: *"Se em nome d'Ele marchamos, é justo que n'Ele depositemos toda nossa confiança para que nos guie"*. O vento cessou pela manhã, quando o litoral majorquino já estava à vista.

Também Desclot nos conta em sua *Crônica* outro acontecimento que roça o maravilhoso. É a aparição, como que surgido do nada, de um rapaz mouro que sobe à galera do rei sem que ninguém pudesse impedi-lo e que lhe confessa como sua própria mãe lhe prognosticara aquela chegada, acrescentando que eles seriam os libertadores da ilha. O mouro Ali tem, no relato, um ar absolutamente fantasmagórico, de autêntica aparição vaticinadora que acrescenta, à sua condição de vir do outro mundo, a circunstância de apresentar-se como muçulmano.

Frente aos muros da capital da ilha, a Crônica multiplica os prodígios, e o rei que a escreve ou a encomendou assume-os com a convicção absoluta de que se encontra sob a proteção divina.

Em uma ocasião, as hostes cristãs atacaram os muros com suas catapultas e os sitiados, para se proteger, colocam prisioneiros sobre as ameias. Os catalão-aragoneses continuam seu ataque, sem que um só prisioneiro seja ferido.

Um mouro notável da ilha, chamado Ben Abeet, acode com víveres para os cristãos num momento em que estes têm gravíssimos problemas de provisões. Jaime I, em sua Crônica, não só não esquece a condição de muçulmano daquele que vem tirá-los do apuro, mas qualifica-o de "anjo de Deus" e especifica: *"Ao escrever anjo quero dizer o sarraceno. Mas, com o que ele nos trouxe, foi tal o bem que nos fez que por anjo o tomamos então e assim o chamamos agora"*. Não esqueçamos: o século XIII não é época em que uma qualificação deste tipo possa ser tomada simplesmente como um apelido carinhoso.

Mas o prodígio maior, aceito pelo rei com uma naturalidade digna de messias predestinado — como o bom monarca solar que soube ser —, se produziu durante o assalto definitivo contra os muros da cidade. Ouçamos o relato do Conquistador: *"Segundo nos contaram depois os próprios sarracenos, o primeiro a quem viram que os atacava a cavalo foi um cavaleiro vestido de branco e que levava também brancas todas as suas armas; por isto, estamos na firme crença de que aquele devia ser São Jorge, o qual, segundo nos contam as histórias, apareceu repetidas vezes em outras muitas batalhas entre cristãos e sarracenos"*.

Suponho que convirá que nos detenhamos ao menos um instante na figura de São Jorge, que se converteu em patrono declarado da Catalunha desde que assim foi aceito nas cortes de Monzón de 1436 e que, curiosamente, preside, com sua festa, as manifestações culturais mais representativas do país, em parte como reminiscência das *Geórgicas*, cantadas por Virgílio como celebrações eminentemente primaveris, e em parte também como substituição assumida como autóctone da figura de São Miguel - Hermes, que, como mensageiro da Glória e pesador de almas, foi santo das devoções guerreiras ao longo da Alta Idade Média.

Curiosamente, se bem que seja sempre representado armado e no ato de vencer o combate contra o dragão, São Jorge sempre foi, na Catalunha, santo fundamentalmente agrário, desde o refrão *"Sant Jordi mata l'aranya"* (*NT — São Jorge mata a aranha*) à bênção das amoreiras e à *"missa dels cucs"* que se celebra na Plana de Vic. É precisamente nessa aparente dicotomia entre as alegres tradições agrárias e a imagem guerreira do santo que reside a chave de seu enigma. Pois sua presença, em geral, é associada a tradições que, na sua maioria, são anteriores ao Cristianismo, como poderiam demonstrá-lo muitos mitos locais parecidos ou paralelos ao da *"pastoreta"* de Vic, que levantou sozinha o dólmen de Puigseslloses num ato de suprema devoção pelo santo, que tem uma capela dedicada a ele nesses arredores.[9]

São Jorge entrou no Ocidente com os cruzados. Atrevo-me a dizer que o Templo foi seu melhor advogado neste trabalho de expansão; em qualquer caso, sua festa era de preceito nas casas templárias[10] e Santiago de la Vorágine conta que começou a exercer seus favores celestiais sobre os cruzados que alcançaram as terras da Geórgia.[11] Acrescentemos, como prova da intenção evidentemente messiânica de quem exaltou o suposto mártir cristão, que sua paixão, tal como é relatada na *Vita*, durou nada menos que sete anos, teve como testemunhas setenta reis e ele ressuscitou três vezes.[12] Ainda em sua época, esse relato de martírio resultou tão suspeito — muito provavelmente pelo que tinha de conteúdo iniciático — que no século V se celebrou um Concílio, sob o pontificado do papa Gelásio, no qual se declarou a convicção de que essa Paixão fora escrita *"por mão de herege"*.

São Jorge, ademais, é santo especialmente prolífico em relíquias e genealogias. Os reis merovíngios declararam-se seus descendentes, e desde aproximadamente o século VI já se falava, se bem que não em meio ao povo, que seus restos repousavam nas Gálias. Neste período medieval, onde os restos venerados dos santos se convertiam em objeto primário de fervor e de culto, apareceram relíquias de São Jorge por todo lado, e tanto reis como grandes abadias, catedrais e colegiados disputaram entre si o direito de conservá-las e possuí-las. Em 1355, Pedro IV reclamaria para a cidade de Lydia, em Neopatria, a suposta cabeça do santo e, no ano seguinte, a capela real de Barcelona possuía dele "um osso do ombro do braço". Valença receberia um dedo em 1373.

Circunstâncias como esta, tal como a aura constante de prodígios, que converte a conquista das Baleares em uma autêntica gesta, com tinturas de sobrenatural, ressaltam a enorme importância política que aquela façanha, realizada precisamente naquele momento, tinha para os objetivos templários e, ao mesmo tempo, para aquele rei para o qual o Templo começava a voltar-se, com toda sua força e toda sua influência, como o mais imediato e viável aspirante à epopéia solar que prepararia caminho para a sinarquia templária.

Não esqueçamos uma circunstância sobre a qual não se costuma insistir e que muitos passaram por alto: a aventura majorquina era empreendida precisamente no mesmo ano em que o imperador Frederico II, excomungado por Gregório IX por sua reticência em empreender a Cruzada que supostamente haveria de libertar definitivamente os Santos Lugares, se decidia finalmente a dar o passo exigido. Prestemos atenção à circunstância de que nesse mesmo ano se firmaria no Oriente uma *Pactio Secreta* (*NT —Pacto Secreto*) entre as grandes ordens militares, com o fim de proclamar o imperador Rei de Jerusalém — e, conseqüentemente, Rei do Mundo — por conquistar a Cidade Santa, eixo e centro do grande projeto sinárquico universal. Mas esse resultado glorioso, ao qual seria preciso chegar mediante acordo com os muçulmanos fatimidas — com os quais o Templo mantinha importantes e discretas relações — e com a destruição dos muçulmanos sunitas do Egito, foi alcançado de maneira inglória pelo acordo a que o imperador chegou com o sultão do Egito, entendimento segundo o qual os muçulmanos seriam os proprietários efetivos da Cidade Santa, mesmo que os cristãos tivessem livre acesso a ela para visitar os seus lugares sagrados e mesmo que seu soberano se auto-proclamasse Rei de Jerusalém, cargo que não passaria de seu caráter honorífico, apesar da solene cerimônia de coroação que se celebrou no Santo Sepulcro e à qual, ao que parece, se negaram a assistir os cavaleiros do Templo, cuja sede originária lhes havia sido arrebatada impunemente pelas exigências dos muçulmanos perante o imperador.

Majorca templária

Com a inestimável ajuda do Templo, cujos aproximadamente cem cavaleiros chegaram com um pequeno atraso à campanha majorquina, mas que mostraram seu valor como tropa de choque no sítio da capital e como implacáveis perseguidores da guerrilha muçulmana, que tratava de organizar movimentos de resistência no interior da ilha, Jaime I se apoderava de Majorca em 1228, no mesmo ano em que se cumpria o centenário do reconhecimento da Ordem no Concílio de Troyes. Mesmo sem querer proclamá-lo aos quatro ventos como acontecimento-chave, esse centenário não pode deixar de soar como decisivo no esquema ideológico templário, tanto pelo fracasso pressuposto no projeto concebido na Terra Santa com o imperador Frederico II, como pelo tremendo êxito conseguido na conquista de Majorca. Um êxito citado sem ênfase pelo rei Conquistador em sua Crônica, mas sem dúvida transcendental, se julgarmos a proporção do território da ilha que os templários obtiveram na hora de fazer a sua repartição entre os que colaboraram para a sua conquista.

O prêmio obtido pelo Templo na repartição majorquina englobou um território de considerável envergadura no noroeste da ilha, que compreendia desde Pollença e Alcúdia até mais abaixo do santuário de Lluch, cuja imagem de Nossa Senhora, logo convertida em padroeira do arquipélago, foi muito provavelmente instituída pelos cavaleiros da Ordem, que promoveriam seus milagres até converter sua sede em lugar preferencial de peregrinação e núcleo principal das devoções dos novos habitantes cristãos. O poder dos templários naqueles territórios foi onímodo, sem depender da autoridade dos bispos nem, praticamente, da dos reis. Ali estabeleceram um regime de caráter eminentemente feudal, cobrando dízimos de seus numerosos arrendatários e até administrando a justiça em lugares como o cerro de Les Forques, ainda hoje reconhecível pelo grande calvário em que foi posteriormente convertido, que ainda é chamado Puig del Temple. Também se conserva o nome dos templários no Castell dels Templers, que não foi isto, mas sim um *talayot* pré-histórico que ficava em terras de sua jurisdição, nas proximidades de Alcúdia e que provavelmente seria utilizado como atalaia de observação para controlar toda aquela ampla região costeira.[13]

O comendador do Templo, o primeiro dos quais foi em Majorca frei Arnau de Cursalvel, não residia na casa de Pollença, cuja estrutura ainda se conserva junto à igreja também de origem templária de Santa María de los Ángeles, mas na capital do novo reino conquistado. Ali, apenas terminada a ocupação, dividiu-se a cidade em bairros; e no bairro judeu (*judería*), muito grande durante a época muçulmana e situado na região nordeste da cidade, foi tomado um amplo solar que passaria a chamar-se *Partita Templi*, onde os frades edificariam sua comenda e sua igreja, junto à muralha muçulmana. É razoável supor que, assim como aconteceu em outros lugares onde a Ordem foi instalar-se em cidades de certa envergadura, aquela preferência por assentar-se nos bairros dos judeus formou parte do projeto templário; no caso de Palma de Majorca, é no mínimo curioso comprovar como, em torno da casa do Templo, se instalariam os *buxolers*, ou cartógrafos judeus, que já haviam conquistado justa fama pela qualidade de seus cartulários e que continuariam a aumentá-la até muito tempo depois que a Ordem tivesse desaparecido, passando muitos deles a prestar seus serviços na Escola Naval de Sagres, fundada em Portugal pela Ordem de Cristo, sucessora do Templo depois que este foi abolido no Concílio de Vienne.

Estas circunstâncias, das quais fazem eco os documentos, ao que parece apenas preocupados com pedidos e doações, conferem a esta conquista majorquina um valor complementar muito superior ao que se lhe quis atribuir. De fato, a influência templária nas ilhas, que se conservou incólume até muito depois da morte do Conquistador e ainda aumentou durante o breve período em que as Baleares constituíram um reino à parte sob o governo iniciado pelo filho deste, Jaime II, faz pensar que Majorca foi tida pelos templários como cabeça-de-ponte de primeira grandeza rumo àquele Oriente por cuja posse lutaram e porfiaram até enfrentar o processo histórico. Cabe inclusive suspeitar que tanto Pollença como o porto de Palma chegaram a ser bases marítimas importantes para a Ordem. A Memória do navio templário

Falcó ("Falcão"), que tinha base na baía de Palma, e os *graffiti* com navios que José Antonio Encinas encontrou no lugar templário da Font de S'Horta[14] nos dão fé da indubitável importância que para o Templo tinha possuir aqueles refúgios nas ilhas.

A Casa de la Ploma, nas vizinhanças de Pollença, formou parte das propriedades templárias. (Foto: Encinas.)

Que a comenda templária da Ciotat de Mallorques foi centro nevrálgico da vida da ilha, é algo que nos testemunha a enorme quantidade de documentos que ali se firmaram e que ali foram também guardados; o primeiro deles, o próprio *Libre del Repartiment,* onde se consignaram as doações feitas a quantos intervieram na conquista e que termina dizendo que *"assó es trellat faelment fet de los cabreu scrits en paper e comanats per lo senyor Rey d'Aragó en la casa del Temple de Mallorques...."*. Nesta mesma casa do Templo se guardariam os documentos da curta trajetória do reino feudatário de Majorca e se armazenariam as riquezas que constituíram a parte do botim da conquista que pertencia ao rei.

A conquista não terminou com a ocupação de Majorca. Se bem que Jaime I não interviesse diretamente na campanha, a luta continuou com a tomada de Menorca, na qual os cavaleiros do Templo voltaram a intervir ativamente por ordem do comendador frei Ramón de Serra.

Enquanto isso, como que obedecendo a um impulso conquistador já irreprimível, parcialmente também reclamado pelos aragoneses — que tiveram uma intervenção relativamente pequena na campanha balear —, Jaime I se apressou em organizar a campanha que o levaria à conquista do reino de Valença, cujos planos, parcialmente estruturados pela estratégia templária, começaram a tomar corpo em Teruel, depois da tomada da praça forte de Morella, em 1232.

O caminho para o projeto sinárquico

O projeto da conquista de Valença supunha, por um lado e de uma perspectiva fundamentalmente política, completar a possessão dos territórios que, cinqüenta anos antes (1179), haviam repartido em Cazola os reinos de Aragão e Castela. Por outro lado, significava uma urgência para deter o poder crescente do reino castelhano, que em 1230 voltava a unir-se com León, sob a augusta figura de um rei predestinado à santidade: Fernando III. Jaime I, naqueles momentos, teve um indício de aproximação com a já totalmente perdida Navarra, depois de um curioso encontro com Sancho, o Forte, de quem obteve a vaga promessa de reunir ambos os territórios depois da morte do rei navarro, que era muitos anos mais velho que o jovem rei aragonês. Sem dúvida, tudo indica que a inclinação fundamental de Jaime I era pela expansão de seu poder à custa do Islã. E isto não só por questões meramente territoriais, que por si só eram importantes para dar grandeza ao seu reinado, mas porque, como se percebe por vários episódios de sua vida, o monarca catalão-aragonês teve um interesse muito especial — que também se atribuiu a Fernando III, se bem que com menor motivo — em alcançar uma união efetiva, que abrangesse inclusive os níveis espirituais, com as religiões fundamentais daquele mundo mediterrâneo, que sonhava unificar, em íntima concordância com o ideário templário.

Este é um ponto de vista que se levou pouquíssimo em conta e que inclusive foi interpretado de maneira distorcida por distintos estudiosos que caíram na armadilha de julgar segundo as aparências e até supostas evidências que nada ou pouco tinham a ver com a realidade profunda dessa intra-história jamais expressa nos documentos oficiais. Gostaria de reproduzir alguns parágrafos escritos por mim há alguns anos,[15] onde expresso um ponto de vista que não mudou substancialmente e que, a meu modo de ver, aclaram consideravelmente o que realmente significou a atividade histórica de Jaime I:

"Recordemos que Jaime I, tal como acontecia com seu genro, Alfonso X, o Sábio, de Castela, nunca sentiu inimizade visceral contra judeus e muçulmanos. As circunstâncias políticas e, seguramente, sua missão transcendente levaram-no a uma série de conquistas territoriais, mas resulta evidente sua simpatia, seu *levarse bien*, poderíamos dizer, com mouros e hebreus. Nem precisamos recordar as intervenções mediadoras que tiveram em sua política alguns eminentes judeus de seu reino, como Azac, e suas boas relações humanas com muçulmanos ao longo de todo seu reinado. Lembremo-nos daquele Ben Afeet de quem falamos anteriormente, o *anjo da conquista de Majorca,* ou sobre o cavalheirismo muçulmano demonstrado sobejamente na tomada de Peñíscola, quando o rei acudiu apenas com sete cavaleiros de escolta para se encarregar pessoalmente da rendição da praça e os muçulmanos lhe mandaram provisões para a ceia, ao ver que chegara muito tarde, cansado e praticamente sem armas, perante a fortaleza. E Jaime I respondeu sempre com o mesmo cavalheirismo, o mesmo profundo respeito para com os membros de outras religiões.

"Sob este aspecto, cremos que vale a pena relatar um fato profundamente significativo e insólito que teve lugar em Barcelona em 1263 e se repetiu em 1265, com protagonistas tão sisudos como o próprio rei Jaime I, o grande cabalista Moisés ben Nahmán (Nahmânides), de Gerona, o dominicano convertido Pau Chrestiá e o próprio São Ramón de Penyafort.

"Na época, já definida a ordem dominicana como empedernida perseguidora dos não-crentes — viessem de onde viessem — e aplacada a guerra cátara em banhos de sangue e fogo, começaram a empreeendê-la os frades mendicantes contra os judeus, que, até então, foram tolerados e viviam em relativa paz nos reinos cristãos (e não esqueçamos o indubitável papel que, com sua proteção, tiveram os templários nessa paz). Frei Pau Chrestiá, bom conhecedor dos livros judeus graças a seus antecedentes, propôs a celebração de uma disputa pública com o rabino Nahmânides, cérebro eminente do Call de Gerona, onde se discutiriam as maiores questões que diferenciavam judeus de cristãos, basicamente a essência divina e a vinda do Messias. O próprio rei, profundamente interessado no desenvolvimento da controvérsia, deu ao rabino todas as garantias de segurança e liberdade de expressão, e assistiu pessoalmente às sessões, que tiveram lugar nos dias 20, 27, 30 e 31 de julho de 1263 e que tiveram de ser interrompidas por temor às desordens que quase se produziram, o que não impediu o mesmo rei de louvar sem recato a intervenção do sábio cabalista, intervir pessoalmente na polêmica e presentear Nahmânides com trezentos soldos. Sucessivos decretos reais permitiram aos judeus livrar-se da obrigação que se lhes havia imposto de escutar os sermões pronunciados pelos dominicanos em suas próprias sinagogas e proibiram que os judeus de Xátiva tivessem suas casas apedrejadas, como era costume, na Sexta-Feira Santa. Mesmo o bispo de Gerona instava junto ao rabino para que colocasse por escrito, para ele, os pontos de vista que havia exposto na disputa e que, obviamente, apareciam devidamente atenuados nos resumos publicados pelos frades de São Domingos.

"Em 1265, a controvérsia interrompida dois anos antes era retomada no mesmíssimo palácio real de Barcelona, na forma de um simulacro de processo, onde Nahmânides, como acusado, saiu-se melhor do que o esperado, segundo parece, mas os dominicanos se dirigiram a Clemente IV com suas reivindicações, e quase imediatamente o papa publicava sua bula *Turbato corde* e a enviava como carta ao rei Jaime exigindo o castigo imediato do rabino por haver-se expressado — claro que não eram estas precisamente suas palavras — segundo sua consciência e crenças. O rei teve de aceder às ordens papais e Nahmânides foi exilado para a Terra Santa, onde morreu.[16]

"Certamente Jaime I estava longe de sentir as inclinações de um livre-pensador que os homens de sua geração atribuíam, por exemplo, ao imperador Frederico II. Toda sua vida cooperou com os papas de seu tempo, perseguiu os hereges de seu reino e combateu o Islã como um dos autênticos cruzados da fé; inclusive anos depois da disputa que analisamos projetou uma cruzada à Terra Santa, que não levou a cabo por razões alheias à sua vontade". Essas palavras do historiador judeu Baer, escritas precisamente a propósito da controvérsia de Barcelona, são amostras, além do mais bastante comuns, de como a investigação acadêmica,

quando aborda determinados problemas nos quais intervém o comportamento mágico, fica boiando nas aparências e prescinde da análise profunda dos fatos e dos personagens que os protagonizaram. Quanto a isso de chamar Frederico II de 'livre-pensador' significa, de certo modo, circunscrevê-lo em atitudes que seu messianismo nunca teria podido adotar. Mas limitar estritamente Jaime I nos moldes de um rei medieval padrão, açoite dos hereges, ortodoxo reconquistador e fiel servidor do papado, é ficar a meio caminho no julgamento de uma personalidade — ou de uma atitude de vida — que fora programada para fins bastante mais ambiciosos, em todos os sentidos, do que os que materialmente conseguiu levar a cabo, acima de condicionamentos religiosos que imperavam em seu mundo como uma lousa e atuavam diretamente sobre todos os seus membros, de reis para baixo. Pois tal como os pedreiros do gótico, como os humildes arquitetos da época românica tinham de adaptar suas intenções transcendentes a símbolos e formas que, pelo menos na aparência, cumpriam fielmente os cânones impostos pela onipotente autoridade eclesiástica que regia todos os aspectos — eu disse *todos* — da vida de seus fiéis, também os governantes, se bem que abrigassem idéias além da função autorizada pela onipotente sede papal, tinham a necessidade de proclamar oficialmente sua obediência, entrar no jogo da submissão — por mais aparente que fosse — e procurar a realização de seu ideal por caminhos em que cada ato e cada palavra *parecerịam*, ao menos, ortodoxos e leais, sob pena de encontrar-se antes da hora com o anátema que poderia convertê-los em perseguidos de todos que, erguendo o sinal da cruz, quisessem acabar com eles, com a desculpa de estar cumprindo fielmente os preceitos emanados dos representantes legítimos e insubstituíveis de Deus na Terra."

A conquista divinal

Insistiu-se, não sei se demasiado, no caráter marcadamente aragonês da campanha que se encerrou com a conquista do reino de Valença; seguramente, esta insistência é uma compensação do caráter marcadamente catalão em que também se insiste ter havido na conquista das Baleares pelo mesmo Conquistador. Na verdade, se seguirmos o desenvolvimento de ambas as campanhas, dar-nos-emos conta, acima das conveniências nacionalistas dos territórios que compunham a Coroa de Aragão, de que ambas contribuíram por igual para o prestígio guerreiro do monarca e que ambas supuseram também, em boa parte, o cumprimento de compromissos morais que encadeavam Jaime I aos frades templários. Pois, se a província balear formava parte do projeto da Ordem desde o momento de sua criação, também Valença, como larga faixa de território mediterrâneo, estava na alça de mira do Templo desde que conseguiu a promessa de lhe serem entregues determinados territórios e praças fortes por parte do avô e do bisavô do Conquistador, Alfonso II e Ramón Berenguer IV.

Prescindindo de minúcias, a conquista de Valença é uma campanha anunciada que, salvo exceções, se realizou por parte de cada grupo concreto de combatentes — forças reais, mesnadas de nobres e tropas das respectivas ordens militares — segundo as promessas de assentamento previamente estabelecidas, com a "desculpa" da tomada da capital, para cuja consecução se unificariam definitivamente as forças que concorreriam em um lugar sagrado que serviria de centro propiciatório para lançar o ataque definitivo: o antigo Puig de Ceba, chamado logo de Santa Maria, por uma aparição milagrosa de Nossa Senhora que, por certo, o rei nem mencionaria na sua Crônica, como se aquele acontecimento ficasse longe do que se deve contar numa narrativa na qual o que importa é o acontecimento, e não sua circunstância, ou como se o rei se encontrasse muito acima de fatos destinados apenas a comover os crentes e estimular sua sensibilidade.

Mais abertamente, se possível, no relato da conquista de Majorca, Jaime I se preocupa em destacar em sua Crônica o caráter profundamente cavalheiresco e respeitoso que rodeou as distintas etapas da campanha valenciana, como se as relações entre cristãos e muçulmanos — e, sobretudo, as do rei com o Islã — fossem coisas de rivais, mais que de inimigos encarniçados. Ali vemos como o rei pode passear sem mais que uma escolta por território não-conquistado, como recebe dos mouros víveres quando não os tem suficientes, como existe um estranho entendimento na hora de pactuar rendições e tréguas e como, acima de qualquer outra questão, destaca o respeito e o interesse por entender e assumir a postura do que circunstancialmente encontra pela frente.

Um exemplo desta postura existencial, que se contou indistintamente da conquista de Majorca e de Valença, é a provável promessa que fizera o rei Conquistador aos defensores destas praças de incluir a imagem do morcego no pendão da cidade se a entregassem sem derramamento de sangue; e não menos significativo é que, em um e outro caso, a proposta facilitasse o fim das hostilidades, como se aquela promessa tão banal, na aparência, implicasse um significado muito mais profundo do que parece proclamar seu simples enunciado.

Como nos revela Robert Graves,[17] o rei tinha sem dúvida um conhecimento de certos símbolos tomados pelos cavaleiros do Templo às seitas muçulmanas dos sufis ismaelitas. Graves sugeriu ao filósofo sufi Idries Shah a possibilidade de que este morcego tivesse significado mais profundo — e conseqüentemente mais oculto aos olhos do povo — do que o que lhe adjudicava a lenda. Eis aqui a explicação que Shah lhe forneceu: "Morcego, em árabe, é KHuFFaSH, palavra derivada da raiz KH.F.SH, que significa *derrotar, avassalar*. Os morcegos costumam habitar edifícios em ruínas. Este significado poderia dar-nos uma primeira resposta à escolha do rei Conquistador: o morcego seria, de certo modo, o hieróglifo de sua própria condição de Vencedor".

Castelos de Xivert (acima) e Pulpis (abaixo), obtidos pelo Templo durante a campanha pelo reino mouro de Valença.

Mas ainda há outro significado mais profundo pelo qual os sufis identificam o morcego. A raiz KH.F.SH significa também *vista fraca,* pupila-que-só-enxerga-de-noite. O cego — e esta passa a ser uma qualidade simbólica que existe em todas as culturas desde os tempos mais remotos — é um equivalente ao iniciado, ao iluminado, porque o iniciado é o que prescindiu da visão dos demais homens, da contemplação do mundo exterior, da atenção *para tudo o que tem lugar de dia,* quer dizer, da preocupação pela luta meramente humana, para vigiar, em contrapartida, aquelas coisas que têm lugar *quando os demais estão adormecidos.* Atendendo ao sincretismo transcendente das formas tradicionais, aí temos o caso de tantos iniciados do mundo antigo cujos caracteres físicos se transmitiram através do mito ou da história legendária e dos que advertem sua condição de cegos: Homero e Tirésias no mundo grego, Sansão no mundo hebreu, todos eram cegos. Édipo adquire seu conhecimento ao cegar-se. São Paulo alcança a iluminação cristã quando o raio o torna momentaneamente cego. E Santa Luzia, que em muitos santuários — hispânicos, pelo menos — ocupa o lugar reservado antes do cristianismo à deusa Lusina, é a padroeira dos cegos.

A suspeita que aqui se nos confirma é a de que o monarca aragonês, mais além das alegações de alguns historiadores que insistem em sua falta de formação intelectual e até em seu provável analfabetismo, é quase certo que recebeu — e é de se supor que por parte do Templo — uma formação que lhe permitiria entender o ideário islâmico e que, além do fato de entendê-lo, lhe facilitaria a comunicação profunda de um mundo que, para a maior parte da cristandade que o combateu, incluídos os reis castelhanos, não deixava de ser um acúmulo diabólico de crenças diabólicas que era preciso combater até à morte para que triunfasse a fé emanada de Roma.

A atitude de vida de Jaime I, intimamente defrontada com a estrita ortodoxia e coincidindo com a que mostrara o Templo desde suas origens, foi a de assumir os credos dos cristãos e encontrar as coincidências ideológicas, antes de anatematizar as diferenças que os converteriam em inimigos irreconciliáveis. Já vimos anteriormente o interesse do monarca por aprofundar a polêmica religiosa cristão-hebraica; agora acabamos de ver sua intenção ideológica ao tratar frente a frente com os muçulmanos. Mas o projeto sinárquico, por mais vago que fosse e por pouco estruturado que estivesse tanto no espírito do Templo como nos ânimos de Jaime I, abarcava também uma aproximação com os cristãos separados do Oriente e, sobretudo, um plano em que estava incluída a conquista ampla — e definitiva — dos lugares santos fundamentais do mundo mediterrâneo, começando pela perdida Jerusalém.

Fragmento do mapa de Valença, do padre Tosca. A casa do Templo se encontrava no estreitamento que se percebe junto ao rio na parte inferior direita.

A fracassada aventura ultramarina

Lendo atentamente o *Libre dels Feyts* — e prescindindo de que tenha sido escrito diretamente ou só diretamente inspirado pelo rei —, surge em diversos momentos, como sucedeu na realidade, o desejo e até a quase realidade da marcha à Terra Santa em uma cruzada. Outras vezes, em compensação, quando outras fontes de informação — documentos encontrados e cotejados, por exemplo — dão conta de acontecimentos relacionados com as Cruzadas ao Oriente, a Crônica parece calar, ignorá-los claramente, como se isso não tivesse ido ao encontro das intenções do soberano.

Algo, sem dúvida, há de ser certo. Algo que é apontado por Engracia Alsina [18] quando escreve: *"Não podemos esquecer a infância e a juventude do Conquistador, educado pelos templários: conheceria perfeitamente a história das Cruzadas sucessivas que levaram tantos reis, magnatas e cavaleiros a lutar pela conquista de Jerusalém"*. Mais ainda: creio firmemente que não seria só isso, mas que o rei seria diretissimamente condicionado pelos templários — seguramente por aquele Guillén de Montredó que estava junto a ele como mentor — à idéia da importância fundamental daquele enclave centro do mundo.

Por certo que fatos concretos são silenciados pelo rei. Em 1224 chegava à Península Juan de Brena, rei de Jerusalém, como peregrino oficial a Santiago de Compostela, mas muito provavelmente com um pedido de ajuda aos soberanos dos reinos peninsulares. Sabe-se que passou por Toledo, onde se entrevistou com Fernando III, o Santo, e é mais que provável que se entrevistasse também com Jaime I, que tinha então dezesseis anos e estava envolvido em plena luta contra os senhores feudais de seus territórios. A crônica do rei silencia totalmente sobre este fato.

Com data de 25 de janeiro de 1245, terminada a conquista de Valença, se bem que não sua pacificação, o papa Inocêncio IV expede ao rei um breve no qual pede que acuda em defesa dos Santos Lugares.

Poucos anos antes, os turcos tomaram definitivamente Jerusalém e o mestre templário Armand de Périgord morreu lutando perante Gaza. Os templários castelhanos receberam o castelo de Caravaca e na Occitânia caiu a fortaleza cátara de Montségur. É, pois, sob muitos pontos de vista, um momento crucial. Pois bem: Jaime I ignora em sua crônica estes feitos, caminha aparentemente "a gosto" e só se sabe que — como de passagem, como se aquilo não fosse realmente com ele — aparelhou naus, tentou a partida, e depois de "*disset dies e disset nits*" (NT — "dezessete dias e dezessete noites"), resistindo a ventos da Provença, teve de desistir do intento.

Em 1267, quando o rei já tinha cinqüenta e nove anos e poucos meses antes da definitiva conquista de Múrcia, se apresentou na corte um embaixador do *khan* da Tartária, de nome Abaga, pedindo-lhe ajuda para a reconquista da Terra Santa, já quase toda em poder dos turcos seljúcidas. O rei consigna o fato novamente de maneira superficial: "*... havia chegado até nós uma embaixada dos tártaros, com uma carta mui amável e fraternal de seu rei...*". Nada mais. Por certo que se tem notícia de uma visita do embaixador catalão Jaume Alarig para confirmar esta petição, assim como uma volta dos mensageiros do *khan* em 1269, acompanhados de um enviado do imperador de Bizâncio, Miguel Paleólogo, para confirmar-lhe a ajuda que pensam prestar àquela empresa: os tártaros, homens; os bizantinos, máquinas de guerra.

Para o rei, chegara o momento. E, pelo entusiasmo que aplica, com sessenta e um anos nas costas, parece revelar-se com toda claridade que se trata de um projeto longamente abrigado, lentamente digerido, conscientemente assumido. Não recua perante a pouca ajuda que oferece seu genro, Alfonso X, nem com o pouco entusiasmo que demonstram os que seguramente lhe insuflaram a idéia muito antes, os próprios templários. Nem sequer o detém — e isto, creio, é importante — a negativa papal na hora de declarar cruzada sua expedição por um motivo fútil que Clemente IV ressalta muito bem numa carta onde diz que *"o Crucificado não aceita o serviço daquele que o crucifica novamente mantendo um vínculo incestuoso"*. O gravíssimo pecado pelo qual o papa desautoriza a sacralidade da expedição são os amores de Jaime I com Berenguela Alonso, com a qual o rei pretendeu inclusive contrair matrimônio.

Com a indiferença rondando, o velho rei faz a tentativa, com todas as suas forças, reunindo *"entre cavalheiros e homens a cavalo mil e trezentos ou mais"*. Com uma esquadra sob todos os pontos de vista escassa, e com o ânimo mais decidido do que as circunstâncias levariam a crer, o rei insiste, se lança ao mar e as tormentas o obrigam novamente a regressar, mesmo que um par de navios, não se sabe como, chegam a San Juan de Acre e ficassem ali, em parte ajudando os poucos francos que ali restavam, em parte fazendo por sua própria conta uma guerra inútil e sem sentido que o rei já não via, mas que os templários, seguramente, haviam pressentido.

Analisando a atitude do rei Jaime nesses instantes, temos a impressão de que ele tem pressa, que receia chegar tarde a um ideal que passou a vida sonhando e que está a ponto de perder. Nesse mesmo ano de 1269, tem lugar o Concílio de Lyon. O conde-rei comparece, luta pela idéia, tenta impô-la de novo, envolver — e adivinha-se que com a intenção de que seja sob o seu comando — os crentes europeus para lançar-se à aventura da conquista definitiva da Terra Santa. Quando convidados a expressar sua opinião, os templários se excusam, duvidam do êxito; os nobres dão um passo atrás, acovardados, e não crêem poder reunir força suficiente para conseguir recuperar o que todos já sentem como perdido. Jaime I põe nos lábios de En Artal de Balari o que, quase com certeza, foi o sentimento de todos, menos o seu: *"... os inimigos possuíam aquela terra havia muito tempo, e não será agora nada fácil recuperá-la. Não façamos como o cãozinho que ladra para o mastim, sem que este sequer faça caso do outro; porque mesmo que passe ao Ultramar um rei ou qualquer outro personagem, não lhe será tão fácil como crêem alguns ganhar a terra. Por tudo isto, dou como boa a opinião do mestre do Templo"*, que foi quem falou primeiro com evidente pessimismo perante a aventura.

A Terra Santa foi para o Conquistador o Grande sonho irrealizável com o qual sonhou durante toda sua vida seus sonhos sinárquicos. Em sua velhice, quando entreviu a possibilidade de realizá-lo, teve de ceder ante o impossível. Lá na Terra Santa estava, não obstante, algo seu: o corpo de sua filha Sancha, que foi enterrada em Acre depois de ter passado sua vida como uma desconhecida, servindo humildemente aos peregrinos desde 1255. Conta-o o infante Don Juan Manuel em seu *Libro de Las Armas*. Não o rei. O rei ignora deliberadamente tudo quanto pode supor um fracasso, um desengano. Ele sabe bem que uma crônica real, *Libre dels Feyts*, não pode ser uma crônica de fracassos, senão de glória e de milagres, como os templários lhe ensinaram que tinha de ser sua vida.

O secreto saber de um Rei do Mundo

Dizem alguns historiadores — era o que comentávamos muitas páginas atrás — que os templários ensinaram ao futuro Conquistador poucas letras, que Jaime I nunca fora capaz de escrever sua crônica, e alguns até duvidam que ele as tenha ditado.

Existe um texto, porém, que poderia evidenciar o contrário: o *Libre de la Saviessa*.[19] O rei Jaime parece atribuir a si a sua autoria, nas primeiras linhas do prólogo: *"Ejo, rey en Jacme d'Aragó, esforcé m de fer e d'apendre per a mí aquestes coses, que son presioses, que Salomó vol per a si"* (NT — "Eu, o rei Jaime de Aragão, esforcei-me por fazer e aprender por mim mesmo estas coisas, que são preciosas, e que Salomão também quis para si"), e se compunha de uma série de máximas e pensamentos, postos na boca de filósofos gregos e sábios persas — alguns perfeitamente localizáveis e outros absolutamente desconhecidos e inventados —, que representam marcos para ser seguidos pelo homem de bem que aspira à sabedoria.

Os críticos mais céticos continuam proclamando a impossibilidade radical de que este *Livro da Sabedoria* pudesse ser obra do monarca catalão-aragonês. Já no final do século passado (em 1876) o barão de Tourtoulon, num extenso artigo publicado na *Revue des Langues Romanes*, apontava algo que hoje pode vir em nossa ajuda, se aceitarmos a capital importância que, a meu ver, tiveram os cavaleiros do Templo na formação da consciência do rei. Afirma Tourtoulon que um dos filósofos que aparecem citados no texto, Joanici (§ 167, sobre o qual voltaremos a falar), seria realmente Ioanicci de Isach, ou Honain ben Isahq, árabe nestoriano do século IX, que escreveu um livro, *Apophtegmata Philosophorum*, do qual se pode acompanhar o espírito pelo pequeno tratado atribuído ao rei Jaime. Honain fazia parte de uma família na qual se destacaram importantes tradutores da filosofia clássica para o árabe e, curiosamente, de seus fundos começaram a alimentar-se as bibliotecas das Casas da Sabedoria *(Dāral-Hiqma),* às quais tiveram acesso os templários da Palestina e a primeira das quais foi fundada pelo califa Al-Ma'mun em Bagdá, no ano de 829.

Lorcha, a fortaleza templária mais meridional no reino de Valença.

Os ensinamentos do *Libre de Saviessa* fazem parte, pois, de textos que eram conhecidos pelos dignitários mais representativos da Ordem[20] e formam, em seu conjunto, um autêntico *esquema de comportamento* no qual, muito amiúde, se defende uma atitude inequivocamente solar, dando-se a quem o ler — e sempre dá a impressão de que não é dirigido a qualquer um — a pauta necessária para que lute pelo conhecimento que haverá de proporcionar-lhe o poder.

Seria difícil, já que provavelmente exigiria um estudo completo e comparativo de fontes que, de momento, cai fora de minhas intenções, estabelecer no texto os detalhes que poderiam conduzir-nos, sem dar lugar a dúvidas, a esses ensinamentos gnósticos que, mesmo aos pedaços, estão contidos no tratado. Mas bastaria seguramente a transcrição de algumas destas máximas para afirmar com segurança que a gênese do livro muito teve a ver com a mística solar templária, tal como foi transmitida a um rei de oito anos incompletos, colocado sob sua custódia:

§ 137. Os sentidos são de Deus, o ensinamento é coisa que cada qual deve conquistar por si só.

§ 86. Disse o segundo (filósofo): *se o saber de Deus conhecesse o destino dos homens, não se teria cumprido assim seu próprio destino?*

§ 87. Disse o terceiro: convém que comecemos a saber onde estamos, antes que procuremos saber onde estão os demais.

O parágrafo 167, posto na boca do presumível tradutor Joanici (Honain), conta-nos como andou de templo em templo procurando os livros dos sábios e como, em um deles, um douto ermitão permitiu-lhe rebuscar até ter encontrado a resposta a uma pergunta que Alexandre fez a seu mestre Aristóteles (e, a propósito disto, convém fazer observar que, ao longo do livro, tanto Aristóteles como Platão não são apresentados como filósofos, mas enquanto *mestres de reis:* Aristóteles, de Alexandre; Platão de um suposto Nitaforius, filho de Rafusca, *"rei dos gregos"*). A suposta resposta do filósofo ao rei solar, creio que merece ser transcrita, se bem que tenha de traduzi-la um tanto livremente:

§ 168. E dizia assim: "A vós, filho honroso e reconhecido *Rei de Justiça:* li vossa carta na qual manifestáveis os pesares de vosso pensamento por não poder ver-vos, nem ter convosco, nem dar-vos meu conselho. E me rogáveis fizesse um livro que vos guiasse com seus conselhos como poderia guiar-vos eu mesmo. Mas sabeis que só deixei de acompanhar-vos porque me encontro velho e enfermo. O que agora me pedis *é tão grande que não pode caber nos corpos vivos,* muito menos no pergaminho, que é coisa mortal; mas, pela dívida que tenho convosco, hei de cumprir vossa vontade. E convém que *não desejeis que vos descubra esses segredos que contarei no livro,* pois só digo nele o que confio em Deus e no vosso entendimento para que o compreendais convenientemente; pensai em minhas palavras e em tudo quanto sabeis de mim mesmo e compreendereis imediatamente o quanto quero dizer. *Pois não mostro tão claros meus segredos* (por temor) *que caia meu livro ou possa cair em mão de homens de má-fé e sem medida, e que venham a saber destes assuntos os que não devem* nem queira Deus que entendam, pois seria grande traição descobrir segredos que Deus não mostra".

Os trechos em cursivo são meus. Aristóteles continua conjurando o rei ao segredo e lhe anuncia que no livro se contêm oito tratados, sendo que o primeiro trata dos reis e o segundo *"do estado que deve mostrar o rei"*. Lendo-os, não se esclarecem os muitos mistérios que guarda ainda em nossos dias o longo reinado de Jaime, o Conquistador, mas, partindo da intervenção certa do monarca neste tratado eminentemente solar, parece entrever-se algo que reforça a idéia que temos desenvolvido — sempre de modo incompleto, pois a história do Conquistador necessitaria de um livro inteiro — sobre o messianismo que os frades templários injetaram no conde-rei. Penso que Jaime I foi outro soberano condicionado a esse sonhado Império Universal do Templo. E se não alcançou o objetivo foi, em boa parte, porque o candidato a Imperador do Mundo governava sobre um povo em que cada cidadão se considerava tão valioso como ele e, todos juntos, mais valiosos que ele.

Os louros murchos do César

Todas e cada uma das chaves que compõem o reinado de Jaime I convergem na confirmação da suspeita que apontei no início deste capítulo: o Templo, detentor de um grande poder à sombra da Coroa de Aragão, julgou chegado o momento de ensaiar sua idéia sinárquica a partir do momento preciso em que sentiu em suas mãos a possibilidade de moldar à sua imagem e semelhança o destino do rei menino que lhe fora confiado, preparando-o cuidadosamente para que nele pudesse cumprir-se a primeira etapa do projeto teocrático universal sobre o qual baseava seu ideário.

Resumindo e unificando critérios e acontecimentos que podem parecer eventualmente episódicos e carentes de significação mais profunda, podemos procurar o estabelecimento de uma série de princípios que o rei Jaime I teve presentes ao longo de todo seu reinado e que, mesmo que geralmente interpretados como comuns a todos os monarcas dos séculos medievais, revelam, se formos capazes de encadeá-los ao curso da vida de um só personagem e, sobretudo, se o inter-relacionarmos em seus justos valores, que Jaime, o Conquistador, atuou assumindo em sua pessoa o messianismo que lhe foi inculcado através da educação templária e que, em sua maneira de atuar, sempre foi importante a clara consciência de um destino que lhe estava reservado e ultrapassava em muito sua condição de monarca cristão obediente aos desígnios da Santa Sé.

Em Jaime I convém sopesar o equilíbrio que existe entre o que fez na contracorrente das normas vigentes e o que deixou de fazer contra os costumes estabelecidos e tidos como corretos e ortodoxos. Foi um cristão aberto a escutar objetiva e respeitosamente os princípios que a Igreja oficial anatematizava irremediavelmente. Assim, soube escutar Nahmânides e permitiu que o catarismo occitano buscasse refúgio à perseguição inquisitorial em seu próprio território. Forjou uma idéia humanista da Guerra Santa e não só a cumpriu minuciosamente em suas campanhas conquistadoras, mas pretendeu exportá-la até a Terra Santa, mesmo arriscando o veto da Santa Sé a seu projeto. Propiciou o culto à Grande Mãe através de imagens rapidamente popularizadas e assumidas, como a da Mercê, a de Lluch ou a de Puig, e silenciou seu importante papel em aras da idéia mais universal de que aqueles cultos nasceram por aclamação popular, por exigências de uma maioria que os reclamava. Cercou sua vida de componentes sobrenaturais próprios do eleito e divulgou-os como se divulga o que é natural do monarca, para que sua pessoa viesse a ser julgada acima do bem e do mal. Assumiu visceralmente o ideário do Templo e mal o mencionou ao dar conta de si mesmo através de sua própria história, como se aquela chave templária tivesse de se manter no mais discreto dos nichos, estruturando o futuro a partir do silêncio. Acumulou saberes proibidos pela Igreja triunfante e se mostrou perante a história como um príncipe inculto, incapaz de dar curso a seu próprio pensamento. Conquistou reinos inteiros e, com um sentido sinárquico impróprio dos ideais imperantes em seu tempo, não tratou de assimilá-los a um reino em expansão, mas lutou para que se conservassem suas características, moldando uma comunidade de Estados unidos unicamente por seu messianismo sinárquico, um messianismo que rompeu com toda tranqüilidade quando, ao fazer seu testamento, não se preocupou com a precária unidade conseguida e não hesitou em reparti-lo entre seus filhos, como que sabendo que eram incapazes de conservar a unidade que ele havia forjado no cumprimento exclusivo de seu próprio projeto.

Curiosamente, todas estas chaves coincidem com o ideário templário, ambivalente, desconcertante em seus fins, a cavalo de todas as heterodoxias, obcecado pela unificação política e religiosa de um metacristianismo que nem a Igreja nem as demais grandes crenças mediterrâneas pareciam dispostas a assumir. Daí o labor da sapa que de modo algum poderia exteriorizar-se, enquanto não tivesse nas mãos a totalidade dos trunfos que levariam ao triunfo definitivo de seu ideário. Daí a discreta atividade para encontrar quem pudesse ser capaz de realizar pelo Templo o grande projeto sonhado. Daí também que a documentação não passe de cartas de doação, de empréstimos, transações, solicitações e reclamações. Quanto ao mais, quanto ao cumprimento do ideário, só poderia ser visto quando a obra estivesse cumprida, ou a ponto de cumprir-se.

7. O ocaso dos ídolos

Se atentarmos exclusivamente para as notícias históricas conhecidas, prescindindo de suposições que adiantam ou atrasam datas de fundação do Templo, a Ordem nasceu em 1118, foi oficializada em 1128, os templários franceses foram presos a 13 de outubro de 1307, a Ordem foi suspensa em 1312 e seu Grão-mestre, Jacques de Molay, queimado vivo na Ilha dos Judeus em 1314. Unindo estas datas e estabelecendo a média, o Templo viveu entre 176 e 197 anos, o que significa que sua data de equilíbrio, o ponto médio entre o nascimento e o ocaso, se pode fixar ao longo do ano de 1216. Este é o ano em que morreu Inocêncio III. Também é o ano em que Domingo de Guzmán viu confirmada a Regra que significava o nascimento da Ordem Dominicana. E foi este o ano em que os templários concordaram em apresentar ao mundo o seu discípulo, o rei que educaram para cumprir seu plano: Jaime I, o Conquistador. E este era o ano em que Gengis Khan atravessava o rio Huang Ho, a caminho do Sul.

Os grandes grupos de pressão, tal como os impérios e como os povos, nascem, crescem, alcançam a maturidade vital e ideológica, mantêm-se nela por um período geralmente curto e iniciam um ocaso inevitável, até desaparecer e cair no esquecimento, cumprindo as leis inexoráveis que derivam do desenrolar cíclico da História. Não quero dizer com isto que tais leis sejam alheias ao humano, porque a história é feita e vivida pela Humanidade. Quero dizer que formam parte e são conseqüência imediata do comportamento dos que fazem a História e obedecem às relações entre os indivíduos e os grupos, segundo concordem com, ou se choquem contra, os interesses defendidos pelas partes.

Os vinte e cinco anos decisivos

Mesmo que tomando livremente os acontecimentos, com uma ligeira margem para estabelecer sua sincronicidade, convém repassarmos o que sucedeu entre 1214 e 1239 para nos darmos conta do acúmulo de fatores que contribuíram, por um lado, para marcar o zênite do Templo; por outro, propiciar a aparição de elementos e circunstâncias que viriam a constituir as chaves de seu declínio e sua definitiva desaparição. Percorramos juntos estes anos. E também não vamos importar-nos em repetir fatos que já comentamos anteriormente.

1214: Jaime I é levado a Monzón em meio à repressão cruzada contra os cátaros occitanos. Com apenas seis anos, começa sua iniciação templária. É o ano da morte de Alfonso VIII de Castela e da ascensão ao trono de Fernando III, ainda também menino. O Templo conserva firmes as rédeas de sua autoridade na Coroa de Aragão, frente às escaramuças pelo poder entre o infante Sancho, inclinado ao catarismo, e o infante Ferrán, voltado para a estrita ortodoxia. Nesse mesmo ano, Raimundo VI de Tolosa, em cuja defesa morreu Pedro II em Muret, dobra-se à vontade do papa e à penitência que se lhe impõe. Inocêncio III entrega Tolosa a Simón de Montfort.

1215: Quarto Concílio de Latrão, com o anúncio de nova repressão contra a heresia, enquanto que Frederico II Staufen, ainda amigo do Templo, triunfa definitivamente na Alemanha e enfrenta a autoridade pontifícia. Inocêncio III considera-o o Anticristo, esquecendo que naquele mesmo ano Gengis Khan já começava sua insopitável ascensão, apoderando-se de Pequim.

1216: Morte de Inocêncio III, ao qual sucede Honório III. Seu primeiro ato, a confirmação da Ordem Dominicana e a pregação da Quinta Cruzada, na qual pretende envolver

Frederico II para frear seus anseios de poder sobre os territórios que a Santa Sé considera seus. Os dominicanos empreendem na Occitânia uma ampla campanha de conversões forçadas, respaldados pela repressão dos cruzados. Numerosos cátaros se refugiam nas casas do Templo e do Hospital no Languedoc. Gengis Khan já havia iniciado a marcha para o Ocidente.

1217: Raimundo VI de Tolosa reconquista seus Estados aos cruzados, enquanto que a Quinta Cruzada fracassa estrepitosamente em Damietta e no monte Tabor. Na assembléia que tem lugar em Monzón se decide pela saída de Jaime I para sua precoce incorporação às funções reais. Ele tem oito anos, e o Templo continua a seu lado, em massa. Os templários portugueses continuam sua campanha de conquista territorial e se apoderam de Alcácer do Sal. Fernando III de Castela começa a governar.

1218: Pela primeira vez, o Templo leonês de Ponferrada se envolve em reivindicações de terras com os monges de San Pedro de Montes. Morte de Simon de Montfort, frente a Tolosa. Nesse ano, diz a tradição piedosa que tem lugar a aparição conjunta de Nossa Senhora a Pedro Nolasco e ao rei menino Jaime I. Será o início da fundação da Ordem da Mercê, segunda imagem mariana na vida de Jaime I (a primeira teria sido a da Virgem da Alegria, em Monzón).

1219: O mestre do Templo, Guillaume de Chartres, morre de peste frente a Damietta. É sucedido pelo Mestre de Aragão e Catalunha, Pere de Montagut, que conseguirá que a Ordem seja eximida da jurisdição do Patriarca de Jerusalém. O rei da França, Luís VIII, organiza nova cruzada contra os cátaros, com cruzados do norte. Viagem de São Francisco ao Islã, onde conhece as técnicas místicas dos sufis egípcios, herdeiros espirituais dos anacoretas cristãos dos primeiros séculos. Os mongóis seguem seu avanço pelo vale do Tarim, obrigando a grandes migrações para o Oeste.

Caravaca de la Cruz, onde os templários instalaram o mais importante de seus *Ligni Crucis*.

1220: Frederico II é coroado imperador e alia-se momentaneamente a Roma contra a heresia cátara. Os templários leoneses voltam a fazer reivindicações, desta vez em Zamora e contra os da Ordem de Santiago. O pleito alcança o máximo da tensão, o que obriga a intervenção do papa Honório, que se proclama a favor dos santiaguistas. Paralelamente se produz a suposta aparição ou achado da Virgem templária da Encina, em Ponferrada, que desperta as devoções marianas no Bierzo. Empurrados pelo avanço mongol, os turcos otomanos aparecem nas terras do Alto Eufrates.

1221: O mestre provincial do Templo em Aragão, Guillén d'Azylac, vai a Agreda com Jaime I (com dezessete anos) para buscar sua prometida, Leonor de Castela. Fernando III começa a construção da catedral de Burgos. Morre São Domingo de Guzmán. Perde-se novamente Damietta e Robert de Courtenay se converte no primeiro imperador latino de Constantinopla. Os últimos cavaleiros da ordem extremenha de Monsfragüe se juntam, não ao Templo, como fez seu ramo aragonês, mas à ordem de Calatrava.

1222: O rei André, da Hungria, futuro sogro de Jaime I, amante de coisas religiosas, como sua filha, Santa Isabel, é confirmado em seu reino mediante a Bula de Ouro, que lhe permite estender seus domínios à Boêmia e Morávia. Morre em Tolosa Raimundo VI e o catarismo sofre um revés, apesar da tocha passada a seu filho, Raimundo VII. Frederico II funda a Universidade de Pádua.

1223: Luís IX, menino. Frederico II inicia um movimento de cruzada antiislâmica, conquistando toda a Sicília e saltando para o Maghreb. Prossegue o avanço mongol pela Rússia, conquistando a península da Criméia.

1224: Começa a expansão franciscana pela Inglaterra e Península Ibérica. Os templários de Segóvia recebem do papa o relicário com a Vera Cruz, acompanhado de uma carta de doação. Frederico II funda a Universidade de Nápoles. Nasce São Tomás de Aquino. Dá-se início à construção da catedral de Toledo.

1225: Fernando III conquista Andújar com ajuda templária. O príncipe Luís toma o comando da cruzada cátara, que lhe cede Amaury de Montfort filho do primeiro cruzado, Simon.

1226: Luís IX, futuro santo, sobe ao trono da França. Termina a nova cruzada cátara, mas não a repressão. Raimundo VII de Tolosa é excomungado. Morre São Francisco de Assis. Os cavaleiros teutônicos têm seu auge na Prússia, chamados em sua ajuda por Conrado de Maróvia. Honório III não reconhece como cruzada, nem participa daquela que Frederico II empreende contra o Maghreb e insta-o a que cumpra penitência. Seguidores de São Francisco, sem receber a ordem, começam a invadir as estradas da Europa.

1227: Morte de Gengis Khan. Frederico II tem de partir para a Cruzada prometida. Morte de Honório III e nomeação de Gregório IX. A Santa Sé se proclama protetora dos franciscanos — distinguindo-os dos *fraticelli* — e insta-os ao estudo, que tão bons resultados está dando entre os dominicanos nas universidades européias. Apoiados pelo Templo, Guillén de Montcada e o visconde de Béarn prestam vassalagem a Jaime I. Alfonso IX de León conquista Cáceres com o decisivo apoio templário. Jaime I recebe, ao que parece, as primeiras notícias sobre as Baleares e suas possibilidades de conquista. Organiza a campanha com a ajuda do Templo.

1228: Expedição de Jaime I para a conquista de Majorca. Juntam-se a ela numerosos cátaros, enquanto que no Languedoc se firma a paz de Tolosa, que põe fim à cruzada, mas não à caça aos cátaros. Frederico II chega à Síria e as ordens militares da Terra Santa se reúnem para acordar a *pactio secreta*, pela qual declararão Rei do Mundo ao imperador, se conseguir conquistar Jerusalém.

1229: Jaime I conquista a cidade de Majorca. O tratado de Tolosa, do ano anterior, é completado com o chamado tratado de Paris, pelo qual Raimundo VII se faz vassalo da França e dá garantias contra a heresia. Na Terra Santa, Frederico II e os muçulmanos egípcios firmam o tratado de Jaffa, pelo qual o imperador se chamará rei de uma Jerusalém que nunca lhe pertencerá, porque toda a cidade, tal como as casas das ordens militares e os conventos, serão propriedade das autoridades islâmicas, mesmo que os cristãos possam visitar os Lugares Santos sem ser molestados. O Templo perde seu principal feudo quando está enredado em querelas com a ordem de São João. Os templários se indignam ao comprovar que o imperador cruzado não só não empreendeu cruzada alguma, mas estabeleceu acordos que, se fossem válidos, teriam de ser firmados com Bagdá e não com o

Egito. Frederico, sem a aquiescência dos templários, se proclama e se coroa rei de Jerusalém. O Templo cria uma lenda sobre esta coroação, segundo a qual, ao ter lugar, apareceram anjos do céu e arrebataram ao patriarca da Cidade Santa a relíquia do *Lignum Crucis* que levava no peito como sinal de sua dignidade. Fundação da Universidade de Salamanca.

1230: Fundação da Liga Hanseática, promovida pelos cavaleiros teutônicos, com a intenção de frear a crescente importância das frotas genovesa, pisana e templária, esta última com importantes portos no Atlântico e na Península Ibérica (La Rochelle, El Burgo, em La Coruña, e importantes bases em Portugal). Jaime I começa a repartição dos territórios majorquinos e o Templo recebe enormes extensões em torno a Pollença e seu porto, bem como o de Alcúdia, mais uma importante casa no bairro judeu da capital. União de Castela e León sob a coroa de Fernando III. Sítio de Montségur, refúgio de grande quantidade de cátaros. (Sua tomada terá lugar em 1244.)

1231: Travam conhecimento Jaime I e Sancho, o Forte, de Navarra, e, com mútua admiração, estabelecem um tratado sucessório pelo qual será herdeiro do outro o que sobreviver. O Mestre do Templo, Ramón Serra, se apodera de Menorca para a coroa de Aragão. O mestre teutônico Hermann de Salza funda um Estado para sua Ordem, nas fronteiras eslavas com a Prússia.

1232: Gregório IX estabelece a Inquisição oficialmente na Occitânia, sob os auspícios dos dominicanos e à margem dos bispos. Jaime I legitima seu primogênito Alfonso e nomeia tutores aos mestres do Templo e do Hospital. Dá início à organização do Templo majorquino, como um Estado dentro do Estado. Começa a construção da Alhambra nazarita. Morre o Grão-mestre catalão Pere de Montagut e seu sucessor, Armand de Périgord, começa negociações com os sultões de Damasco com vistas a romper os tratados firmados por Frederico II. Na Extremadura, os templários se apoderam de Trujillo e em Portugal continuam a conquista do Baixo Guadiana e do Algarve. Em Aragão, contribuem para a conquista de Morella. Nasce Raimundo Lúlio (Ramón Llull) em Majorca.

1233: Conquista de Peñíscola, Burriana e Xivert, no reino de Valença, cujos castelos passam ao Templo de maneira provisória. Na casa do Templo se projeta a conquista total do reino. Morre Sancho, o Forte, de Navarra e é sucedido pelo cruzado Teobaldo I. Fernando III se apodera de Úbeda com a ajuda do Templo e demais ordens militares. Tomada de Medellín.

1234: Casamento de Jaime I com Violante da Hungria, Yoles. Em Portugal, conquista de Aljustel.

1235: Conquista de Córdoba por Fernando III. Doação de uma casa ao Templo. Em Portugal, chega-se ao extremo meridional com a conquista de Faro pelos templários; será sua segunda sede por ordem de importância. Conquista de Ibiza.

1236: Os almôadas se retiram da Península. Os domínios dos cavaleiros teutônicos avançam até o rio Vístula.

1237: Fernando III concede altos privilégios ao Templo. Na campanha de conquista de Valença, os templários fundam a guarnição de Puig de Seba, futuro Puig de Santa Maria, ao produzir-se, neste ano, a suposta aparição de Nossa Senhora. Frederico II faz eleger Conrado rei da Alemanha.

1238: Conquista da cidade de Valença. O Templo recebe o arraial de Ruzafa e a torre de Barbazachar, onde instala sua casa. Gregório IX faz chegar aos templários uma carta em que os reprova por seus descuidos doutrinais.

1239: Pregação da Sexta Cruzada. Teobaldo de Navarra adere a ela e leva templários de seu reino. Posteriormente terá disputas com o Templo por não seguir seus conselhos estratégicos. Nova excomunhão de Frederico II por atentar contra os Estados pontifícios.

1240: Teobaldo I regressa da Cruzada. Múrcia começa a ser conquistada por Aragão para Castela, com a colaboração ativa do Templo aragonês e castelhano.

Os de cal e os de areia

Leiamos com cuidado os dados que acabo de registrar. Alguns se referem diretamente à Ordem do Templo. Outros, ao menos em aparência, não; porém, configuram um panorama histórico europeu que será suscetível de influir em prazo mais ou menos longo nos templários e no desenvolvimento e desenlace de seu projeto. Pois uma coisa é o que o Templo fez para que seu plano se cumprisse e outra, muito distinta, as circunstâncias que concorreram para impedi-lo; umas, conscientes, produzidas ao menos em parte pela própria atitude dos templários; outras, alheias a eles, mas propiciadoras de acontecimentos que desbaratariam suas esperanças e ainda, a médio prazo, a sobrevivência da Ordem.

Digamos, no que tange diretamente ao Templo, que estes anos foram, provavelmente, os que contemplaram seu auge como coletividade politicamente influente e economicamente forte. Tinham em suas mãos, ao menos oficiosamente, uma parte importantíssima do destino da Europa. Haviam alcançado um poder econômico superior, em conjunto, ao de qualquer dos Estados onde se haviam assentado, alguns dos quais chegaram a confiar, por algum tempo, o cuidado de suas finanças aos frades. Haviam educado ao menos um monarca — Jaime I, o Conquistador — à sua imagem e semelhança, e à imagem e semelhança do projeto político que haviam concebido. Controlavam em parte e tratavam de controlar totalmente a estratégia que, em teoria, teria de conduzir à conquista do Axis Mundi hierosolimitano, núcleo de sua grande experiência sinárquica. Mantinham relações oficiosas, mas muito sólidas, com representantes qualificados das grandes religiões mediterrâneas, que chegaram a considerá-los como os mais firmes interlocutores na hora de iniciar uma política de entendimento mútuo que devia constituir a base daquela união sobre a qual edificar o governo teocrático universal sonhado. Como se isto não bastasse, propiciavam, mesmo que em silêncio, o desenvolvimento, ou ao menos a sobrevivência de formas condenadas do Cristianismo, que nos seus tempos, mesmo que teoricamente, poderiam pressupor o nascimento de uma Igreja com atitudes distintas, tanto políticas quanto ideológicas, capazes de iniciar o caminho sincrético anelado. Assim foi que escamotearam, na medida de suas forças, muitos *perfeitos* cátaros da perseguição de que eram objeto por parte da recém-fundada ordem dominicana, ajudando-os a passar a fronteira pirenaica e permitindo-lhes refugiar-se em territórios como o Mestrado, praticamente dominado pelo Templo, ou abrindo-lhes os caminhos para novas terras, como Majorca e as Baleares, onde poderiam viver em relativa paz, se fossem discretos, ao abrigo das garras de uma Inquisição que fora criada precisamente para terminar com eles e suas crenças e que já naqueles tempos começava a aguilhoar — mesmo que discretamente — as fileiras internas da Ordem.

Possuidores obcecados e buscadores empedernidos de lugares marcados ancestralmente pela Tradição sagrada, os templários se sabiam árbitros idôneos para endossar, segundo sua conveniência, certas tendências religiosas que foram, ao longo da História, as que desencadearam impulsos a inspirar as mudanças fundamentais nos acontecimentos humanos. Para esses lugares, criaram cultos especialíssimos, como os de determinadas representações cristãs da Grande Mãe, ou fomentaram outros que a Igreja oficial escamoteara sistematicamente, depois que se convertera em dona e senhora das crenças do Oriente. Mesmo que sempre demonstrassem a fachada de serem os melhores defensores da fé cristã, reconhecida por Roma, conduziram essa fé, tanto quanto lhes foi possível, para os caminhos do sincretismo que poderiam propiciar a união e o entendimento com outros credos, quando fosse a ocasião propícia.

Naturalmente, é lógico pensar que tal atitude, em todos os níveis, e mesmo que fosse tão discretamente conduzida — o que nem sempre aconteceu —, poderia despertar receios, que nem mesmo seriam causados por evidência, mas precisamente pelo contrário: a falta de elementos que permitissem adivinhar e prever sua autêntica dimensão. Pois, se uma coisa é certa, e os documentos vêm prová-lo, o Templo guardou sempre sobre sua própria organização uma atitude tão discreta que despertou amiúde a curiosidade sobre o que eventualmente poderia esconder.

A curiosidade, se não se vê satisfeita, provoca imediata desconfiança e até, se calham, temor ao que possa haver além do que é evidente. Este temor, se chega a personificar-se — como muitos séculos depois aconteceria com a maçonaria e outras sociedades de característica discreta ou secreta —, pode conduzir ao desejo de destruir o que se desconhece ou, pelo menos, à convicção de que isso que se ignora é essencialmente maligno e perigoso para a sobrevivência ou para a estabilidade em que se vive. Não estamos aqui para julgar se a atitude do Templo e seu projeto era algo bom ou algo mau para a boa marcha do mundo em que surgiu. Mas algo resulta certo: se esse projeto chegasse a se realizar, muito do que significava o espírito medieval teria de transformar-se violentamente, destruindo instituições e atitudes que estavam muito distanciadas desse ideário que a Ordem do Templo se propusera levar a cabo. E parte disto, se bem que envolto nas nuvens da ignorância, é o que começou a ruminar os poderes constituídos, que pouco a pouco foram vendo no Templo, se não uma ameaça clara e contundente, ao menos uma coletividade que procurava impor critérios que nem sempre estavam de acordo com os planos daquele mundo medieval, estruturado sobre crenças e princípios dificilmente flexíveis ao ideário templário nem no que se refere à política nem à ideologia.

Mas ainda atuava naquele instante preciso do auge templário outro fator que, na época em que marcava o zênite de seu poder, anunciava o início de seu ocaso. O poder dá, a quem o detém, o orgulho de sua autoridade e a convicção de que nada nem ninguém pode opor-se ao seu caminho — caminho que conduz inexoravelmente ao fim proposto. Mais ainda: torna-o convicto de que está além do bem e do mal, e que esse poder adquirido pode permitir-lhe atitudes e comportamentos que jamais seriam consentidos a outros. Suponha que poderíamos chamar a isto de pecado da soberba, de que tão constantemente usou e abusou a Igreja, tanto na hora de reprová-lo como na de exercê-lo. Pois bem: nele recaiu o Templo, e a ele pode-se atribuir a decadência prematura em que se precipitou, rompendo com freqüência os mesmos princípios sobre os quais fora criado, tanto em sua vertente exotérica como no seu lado esotérico.

O nefando pecado da soberba

Dentro desse intervalo que poderíamos considerar como o que marca o cume do poder e influência dos templários, convém que prestemos atenção nos anos em que a balança começa a oscilar, antes de inclinar-se definitivamente para o lado da decadência da Ordem.

O ano de 1238 é o da conquista de Valença, onde o Templo teve papel decisivo e se complementava com o êxito da conquista de Faro, em Portugal (1236), que quase totalizava a expansão do mais tardio reino peninsular e proporcionava aos templários um dos seus enclaves mais significativos: a ponta sul-ocidental da Península, com a fortaleza de Sagres,[1] no extremo do cabo de São Vicente. Também apenas dois anos antes da conquista de Valença, o Templo havia colaborado ativamente com Fernando III de Castela na conquista de Córdoba e obtivera do rei santo (1237) um privilégio geral que, de fato, colocava a Ordem em vantagem sobre as demais quanto a direitos e privilégios por parte da Coroa.

Por certo, a carta de Gregório IX que mencionamos acima, expedida precisamente no mesmo ano em que se conquistava Valença, parecia desmentir — ou ao menos minimizar — estes esforços, deixando claramente estabelecido por parte do poder máximo da Igreja que, ao menos segundo o critério da Santa Sé, as vistas do Templo deviam estar postas em seus enclaves originais da Terra Santa, e não nos países do Ocidente, onde eventualmente sua influência começava a adquirir um tom eminentemente político, no qual o pontificado, mesmo que nunca oficialmente, se encontrava marginalizado.

É mais que provável que este feito contribuiu para ativar as intenções templárias e foram a origem dos acontecimentos que se seguiram. O primeiro deles, a precipitada organização da expedição de Teobaldo I à Terra Santa, que terminou rapidamente em redondo fracasso pela diferença de critérios estratégicos entre o monarca navarro e a cúpula militar do Templo, que, sem dúvida, queria demonstrar a todo custo que no espírito organizativo da Cruzada eram suas próprias opiniões e fins que deviam prevalecer sobre qualquer atribuição que qualquer recém-chegado quisesse assumir. Em boa parte, esta fora a causa primeira da ruptura do Templo com o imperador Frederico, e a mesma, como veremos a seguir, que distanciou os templários de Luís IX de França, quando este se decidiu a empreender, uma vez mais, a conquista dos Lugares Santos.

Santorcaz foi a praça madrilenha do Templo.

O mais imediato acontecimento templário, novamente peninsular, foi sua ativa colaboração na conquista do reino mouro de Múrcia, empreendida conjuntamente a partir de Aragão e de Castela, se bem que com a intenção de que o território conquistado viria a formar parte da coroa castelhana, posto que Jaime I reconhecia, pelo tratado que foi firmado em Almizra que suas campanhas conquistadoras terminavam no reino de Valença. Foi em Múrcia, e mais concretamente na praça de Caravaca, onde o Templo estabeleceria seu último grande reduto militar e ideológico, por estar frente à fronteira muçulmana e por convocar nele, imediatamente depois de sua ocupação, um centro muito forte de seu sincretismo religioso, através do culto que se estabeleceu à sua célebre Cruz, albergue de um precioso *Lignum Crucis* — como era habitual nas propriedades-chave dos templários —, que passou rapidamente a converter-se em paradigma vivo de devoções populares que se enlaçavam, pela ancestralidade de suas manifestações, com as mais firmes crenças de seus antepassados pré-cristãos, adoradores e invocadores da fertilidade da terra.[2] Se a esta circunstância acrescentarmos o fato — simbólico e sempre no plano da Tradição — de ter sido esta cruz supostamente trasladada a Caravaca nada menos que da cidade mesma de Jerusalém, depois de supostamente ter desaparecido do peito do patriarca da cidade santa enquanto este procedia à coroação de Frederico II, contrariando as intenções e interesses do Templo, comprovaremos como a Ordem estava arrematando a sutil trama ideológica que, segundo suas intenções, viria a ser o seu magno projeto, por meio da unificação sincrônica de acontecimentos pressupostamente sobrenaturais que contribuiriam para consolidar seu prestígio e reconhecer a Ordem como grande precursora de um futuro que ela mesma seria encarregada de projetar.

Naturalmente, a soberba templária e sua decisão de acelerar o desenlace prévio à implantação de seu projeto sinárquico não terminava aí. Tinham à sua disposição uma figura de proa, forjada por eles mesmos, na qual depositaram sua fé e sua esperança em alcançar os primeiros degraus de sua meta. Jaime I, ainda no pico de seu vigor como rei e como guerreiro e com "sua" reconquista particular já totalmente cumprida, podia ser o motor de uma nova Cruzada que, cumprindo o ideário forjado pela Ordem, alcançasse finalmente as metas que nunca chegaram a alcançar os que os precederam. Assim, a primeira intenção — fracassada — da Cruzada de Jaime I tinha lugar enquanto sobrevinha o martírio definitivo do catarismo, com a trágica queda de Montségur (1244) e o fim do sonho occitano. O monarca catalão-aragonês, o protótipo de Rei do Mundo promovido pelo Templo, arrostava advertências e ameaças de Inocêncio IV e preparava uma expedição que nunca seria levada a cabo não por respeito aos desejos pontifícios, mas por levar em conta os elementos que impediram que a grande frota se lançasse ao mar. Frota que, como a que reconquistara Majorca, levaria em sua tripulação fugitivos cátaros como os que tão ativamente colaboraram na tomada da ilha.

Villalba de Alcor (em Huelva), possivelmente a propriedade templária mais ao sul da Península Ibérica.

Era este o momento em que o Templo se encontrava perante o dilema de desobedecer definitivamente ao papa e ficar prematuramente marcado por este ato de desobediência — por ajudar o rei aragonês numa empresa que lhe fora vetada —, ou ceder às pressões de Roma e integrar-se nas empresas que o pontífice abençoava. Seguramente, foi esta a causa de sua ativa colaboração com Luís IX, ao empreender esta que veio a chamar-se Sétima Cruzada, para a qual a Ordem pôs à disposição do rei francês toda sua frota, com um prévio depósito do tesouro real nas arcas do Templo. Uma vez mais, a concórdia entre templários e cruzados se romperia, por dissensões estratégicas que desta vez provocaram o desastre de Mansurah (1250), onde morreu o mestre Guillaume de Sonnac, e a posterior prisão de São Luís, por quem os templários pagaram, recalcitrantemente, um elevado resgate... com encargo para as arcas reais francesas, das quais se tornaram custódios. Não deixa de ser curioso constatar, neste episódio da história ultramarina, que esta operação foi levada a cabo num momento em que o Templo não tinha mestre, posto que Sonnac acabava de morrer em batalha e ainda não se convocara o capítulo encarregado de procurar um sucessor para ele. O pagamento foi realizado neste interregno, e contra as normas do Templo — que proibiam taxativamente concordar com qualquer tipo de resgate —, pelo marechal Reynaud de Vichiers, que imediatamente seria nomeado Grão-mestre pelo capítulo reunido em San Juan de Acre, e que por sua vez nomearia marechal da Ordem[3] a Hughes de Jouy, que fora o mais firme opositor a que o resgate real fosse pago, mesmo em se tratando de Luís IX e mesmo que fosse feito com o dinheiro que a coroa francesa depositara como custódia nas arcas do Templo.

Mal Luís IX foi libertado e teve notícias das vicissitudes pelas quais passou a negociação de sua liberdade, pôs-se em guarda frente aos templários. Foi então que, sem contar com eles para nada, iniciou contatos com os muçulmanos sunitas do Egito — como o fizera também, em seus tempos, Frederico II —, se bem que desta vez para conseguir a devolução dos prisioneiros de Damietta e Mansurah. Enquanto isso, o novo mestre, Reynaud de Vichiers, de acordo com a tradição de boas relações mantidas pelo Templo com os xiitias, empreendia gestões com os muçulmanos de Damasco por meio do seu marechal Hughes de Jouy, procurando negociar uma paz que pudesse ser favorável a seus futuros projetos, em relação aos quais os xiitias se sentiam mais próximos e dispostos a dialogar que os ortodoxos sunitas egípcios.

Mas São Luís considerou aquelas manobras como uma traição ao espírito da Cruzada sustentado por ele — o que não deixava de ser certo, considerando seu ponto de vista de cristão ortodoxo à toda prova — e obrigou o Templo a romper as negociações em curso, com a desculpa de não ter sido posto ao corrente de que elas estavam sendo feitas. Os templários tiveram de dobrar-se à vontade do rei francês e o principal responsável por aqueles contatos, o marechal Hugues de Jouy, foi imediatamente afastado da Terra Santa, mas nomeado mestre da província de Catalunha e Aragão, onde foi carinhosamente recebido por Jaime I, que dois anos antes, no ápice de sua fidelidade à Ordem, fizera promessa formal de integrar à milícia do Templo o próximo filho varão que tivesse.

Fissuras e gretas

Concluídas as campanhas de conquista na Coroa de Aragão, os templários possuíam naquele território tantas casas, bailios, comendas e doações que qualquer membro da Ordem podia atravessar o país de lado a lado dormindo em casas próprias.[4] Completada a expansão castelhana praticamente com Alfonso X, o Sábio, ficando apenas o reino mouro de Granada como vassalo dos cristãos, o Templo estava também discretamente assentado no território castelhano-leonês e, mesmo tendo de compartilhar seus privilégios como ordem militar com as autóctones criadas à sua semelhança imediata — Santiago, Calatrava e, em menor medida, Alcântara —, mantinha uma ampla zona de influência que o tornava dono de importantes possessões basicamente ao norte do Tejo e do Sistema Central, na Extremadura e Andaluzia, ficando a região da Mancha praticamente nas mãos das ordens autóctones e dos sanjuanistas, que acumulariam ali seus mais importantes latifúndios. Quanto ao reino português, o Templo era ali, de fato, o árbitro de sua política e exercia sua influência tão ativamente como na coroa catalão-aragonesa, se bem que seus fins eram, fundamentalmente, os de manter o controle dos portos atlânticos, visando a um futuro que os documentos sempre preferiram ignorar, mas que as evidências proclamam de maneira pouco duvidosa: a expansão sinárquica transoceânica, quando o projeto teocrático do grande Estado mediterrâneo estivesse cumprido.

Não resta dúvida de que o Templo alcançara o auge do poder que poderíamos denominar normal, à margem de que aspirasse a outras metas mais ambiciosas. Com efeito, dos quatro reinos peninsulares, assentava firmemente sua influência sobre dois deles. E nos outros dois controlava possessões suficientes para sentir-se assentado e prestes a aumentar sua participação quando lhe conviesse; para tanto, mantinha boas relações com seus governantes, mesmo que estes recusassem cair na área de uma influência excessiva que os fizesse depender dos critérios da Ordem além do que a prudência e o respeito por seus milicianos aconselhavam.

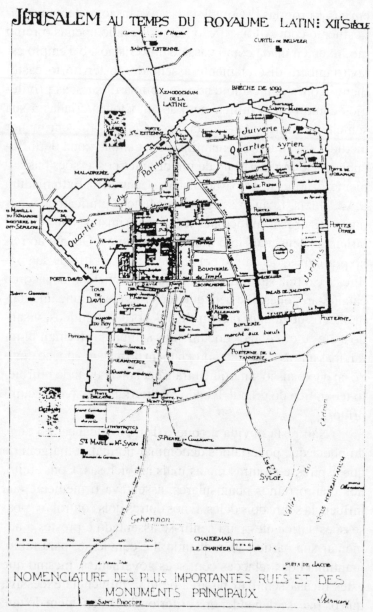

Mapa de Jerusalém no tempo das Cruzadas. O recinto assinalado à direita era propriedade do Templo (segundo Lambert).

Neste sentido, caberia voltar a um episódio que foi amplamente divulgado, desde que se conheceu o documento que o relatava, um dos quais formou parte do processo contra os templários de Castela.[5] Conta dito episódio que Alfonso X sentiu curiosidade pelo que aconteceria atrás das portas das casas dos templários e que, para averiguá-lo, fez com que um dos seus mais fiéis seguidores ingressasse na Ordem. Ao cabo de um ano, mandou que comparecesse à sua presença, mas o homem infiltrado, temeroso, disse ao rei que preferiria a morte a contar o que havia presenciado nas casas do Templo. À margem de quaisquer elucubrações, o que não deixa dúvida é que algo no Templo levantava suspeitas pelo que pudesse ter de sincretismo e intenções não manifestadas. Algo que despertava receios e que, ao menos em Castela, levava a que os templários fossem tolerados, mas com recônditas reservas que, em boa medida, faziam com que as ordens autóctones gozassem a preferência do favor real na hora de reconhecer-se publicamente os seus méritos.

De qualquer modo, fatos como este não abundam na já escassa documentação castelhana referente aos templários, mas constitui uma amostra, não menos significativa, mesmo que isolada, da preocupação que causavam suas discretas atitudes e, sobretudo, um comportamento que era muito próprio das comunidades que se propõem fins com elevados objetivos políticos. Os membros destas comunidades, ou toda ela, imiscuem-se na vida pública, dão-se a conhecer como presença ativa e mesmo imprescindível, imiscuem-se nos assuntos de importância capital, mas tratam, ao mesmo tempo, de preservar sua intimidade e jamais revelam o que se costura por trás das paredes de suas sedes ou as intenções reais que seu comportamento esconde.

No entanto, pesava outro fator de grande importância nesse instante, onde as máximas cotas de poder templário começavam a mostrar fissuras que só eram manchas precursoras de seu ocaso. O Templo, como organização nascida na Terra Santa, como fruto do espírito originário da Cruzada, justificava seu poder e suas ambições econômicas insaciáveis na necessidade de reunir o máximo de meios para sustentar no Oriente uma luta que as circunstâncias estavam demonstrando ser insustentável. Quanto a isto, o papado havia tergiversado muito depressa quanto à intenção primeira da Cruzada, e começara a fazer uso da palavra taumatúrgica para fins que nada tinham a ver com seu significado original. Entre 1202 e 1204, a Quarta Cruzada atacou violentamente os cristãos bizantinos. Em 1208 se lançava uma cruzada contra o Languedoc que nem sequer fazia distinção entre os hereges cátaros e os fiéis católicos daqueles territórios. De sua parte, Inocêncio III, o promotor daquele arremedo de cruzada, ameaçava com outras a Frederico II e a qualquer soberano que se atrevesse a pensar à margem dos desejos vaticanos. Em 1252 se voltava a pregar uma cruzada contra o reino da Sicília.[6]

A palavra "cruzada" havia perdido definitivamente seu sentido original, e convertera-se, simplesmente, em uma arma nas mãos do pontífice reinante, em uma ameaça frontal contra quem não se dobrasse às ordens emanadas de Roma e se mostrasse insubmisso a seus desígnios. A Europa em geral começava a captar o sentido deste despropósito e o Templo, como representante qualificado do velho espírito que fez nascer, mais de cem anos antes, a primeira expedição ao Oriente, começava também a sofrer, se bem que indiretamente, suas conseqüências e a ser vítima das dúvidas que se suscitavam em torno ao autêntico significado do termo, que a Ordem havia transformado em cavalo de batalha que justificava seu poder, sua influência e, sobretudo, aquela acumulação de bens que, ao menos oficialmente, estavam destinados à manutenção de uma situação na qual já poucos acreditavam e que muitos consideravam perdida, senão tergiversada.

Os templários, durante sua insopitável ascensão, conseguiram manter-se à margem desse desvio semântico, por sua própria convivência. Sua regra proibia-os de guerrear contra cristãos, e, em que pese os papas, que não podiam distorcer um código tão coerente, conseguiram arrostar as violências da cruzada cátara sem intervir nela.[7] Do mesmo modo, e mesmo que indiretamente, colaboraram passivamente na guerra que manteve o incipiente Estado português contra o reino de León, livrando Alfonso Henriques da necessidade de dividir suas forças e protagonizando a luta contra o Islã sem intervir no conflito civil, mas favorecendo-o com sua atitude, até que o reino português obteve sua independência.[8]

Porém, atingido o cume, esse mesmo ceticismo pareceu apoderar-se do Templo do Ocidente. O sonho sinárquico, sem desaparecer do ideário templário, se transformava em ambição de poder e de prestígio. Fracassado o projeto que desdobraram em torno de Frederico II Staufen, fracassado em seus passos decisivos o plano forjado à custa de Jaime I, com São Luís de França observando-os já com evidente desconfiança e com os papas protestando livremente por sua falta de dedicação aos planos ou caprichos da Santa Sé, os templários, em boa parte, sucumbiram à ambição de poder a curto prazo e começaram a exercer a influência acumulada em seu próprio benefício e não em prol do projeto universalista primitivo.[9]

Ramón e o mundo real de Blanquerna

Ramón Llull (Raimundo Lúlio) é, provavelmente, uma das personalidades intelectuais mais notáveis da Idade Média européia. Considerado popularmente como santo em sua terra majorquina, a Igreja encontrou sempre motivos suficientes para não admitir sua canonização oficial. Tido como sábio pelas mentes mais abertas da Europa, a ciência oficial encontrou também motivos para contradizer sua sapiência e incluí-lo naquele obscuro montão de pseudocientistas que sempre foram vistos de soslaio pelo olho acadêmico. Llull, em qualquer caso, foi uma curiosa e irrepetível mostra do que o saber pode conseguir no campo da crença, um cientista místico e, dentro do possível, um pensador total, capaz de transcender seu tempo e as tendências de seus contemporâneos, capaz também de vislumbrar onde se encontra em cada instante a verdade, por cima das circunstâncias que impõem verdades parciais que sempre tendem a remendar erros e nunca a estruturas novas e mais precisas visões da realidade.

Llull havia concebido em sua *Blanquerna* o arquétipo de um ser humano novo, que buscava uma verdade sem tapumes de conveniência, aspirante ao integral anúncio de uma consciência nova que partia do ideal cavalheiresco — graálico — para fabricar uma mentalidade de vistão mais lúcidas, apta para ser assumida pelo gênero humano em sua totalidade. Estudar hoje o *Blanquerna* luliano dá uma idéia próxima do que poderia ter sido, em suas origens, o ideário do Templo. E até é mais que provável que também o próprio Llull o visse assim, depois das entrevistas que teve em Chipre quando, tendo desembarcado na ilha para a qual se trasladaram os templários depois de serem retirados definitivamente da Terra Santa, teve de permanecer sob os cuidados dos frades por culpa de uma enfermidade que o impediu de empreender a expedição ao interior da Ásia, que se propusera realizar. Em Chipre, segundo ele mesmo conta, teve a oportunidade de debater amplamente com quem haveria de ser o último Grão-mestre dos templários, Jacques de Molay, e até é provável que daquelas conversas surgisse a idéia completa de um projeto que já não abandonaria, se bem que de maneira esporádica, ao longo do que lhe restava de vida. Um projeto que fez com que muitos estudiosos o considerassem, creio que precipitadamente, como inimigo declarado do Templo, de seus fins e até de sua estrutura.

É certo que sua estada em Chipre data de 1302 e que seu projeto foi publicado em 1309, quando já os templários franceses estavam presos e submetidos a processo pelos poderes inquisitoriais. No entanto, resulta curioso comprovar como a idéia de Llull foi exposta como se nada disso tivesse acontecido, e mais: como se nunca tivesse de acontecer como aconteceu. Ignora o processo, pede a convocação de um Concílio que já estava convocado e aponta a conveniência de que a Ordem seja suspensa quando já, de fato, a supressão fora decretada e a espera do veredicto conciliar era um segredo conhecido por todos. Não são, porém, as circunstâncias que aqui nos interessa desvelar, mas, dentro do possível, a idéia que Llull expunha a respeito da natureza do que tinha de ser essa Ordem militar única que propunha e que ele chamava de Espírito Santo, quando não a mencionava simplesmente como a Ordem.

Seu *Livro sobre a Recuperação da Terra Santa*,[10] na verdade, é uma sistematização de uma sugestão feita ao papa franciscano Nicolau IV em 1292, na qual propunha algo já apresentado antes: a unificação de todas as ordens militares então existentes (citava só cinco, mesmo que houvesse muitas mais) em uma só, que haveria de chamar-se, segundo sugere, Ordem do Espírito Santo.[11] A seguir, durante vários anos, até à convocação do Concílio de Vienne, insistiria nesta idéia e inclusive apontaria a conveniência direta de que a Ordem do Templo fosse suprimida.

O que primeiramente se destaca no pensamento de Llull, expresso já nas páginas de seu *Blanquerna*, é sua repulsa formal a uma atomização de ideais, que só poderia conduzir a querelas e rivalidades, e lutas por influência, quando a idéia pura de *milícia* em seu sentido transcendente, como o que ele lhe dava, pressupunha uma solidariedade marcada pela comunidade de fins e por uma posição ideológica única, capaz de unificar todas as tendências que convergiam na busca daquele ideal. Sobretudo, na intenção de que chegasse a realizar-se, Llull sabia que, em boa parte, a perda definitiva dos Lugares Santos, e com ela a possibilidade de atingir o *Axis Mundi* de Jerusalém, não se deveu unicamente ao impulso impossível de deter as hordas islâmicas, que conhecia muito bem, mas à falta de um critério unificado que pudesse ser capaz de coordenar todos os esforços e dirigi-los com um ideário único até o fim proposto.

Mas ainda sabia — ou intuía — algo mais: que o Estado sinárquico tradicional que o Templo tratava de propiciar não podia nascer do estamento armado e vigilante que re-

Para muitos, a catedral de Palma de Mallorca foi inspiração templária. No primeiro plano, o monumento ao grande Ramón Llull, que optou pela dissolução da Ordem.

presentaria a milícia do Templo, no caso de seu projeto ser levado a cabo, mas que tinha de originar-se a partir de uma autoridade espiritual superior que reunisse os requisitos unificadores necessários para ser reconhecida universalmente e que, por sua vez, tinha de ser a encarregada de convocar ou criar a milícia de altos vôos destinada a salvaguardar a essência fundamental do ideário pelo qual se regeria tal comunidade. Tal como o Templo definia sua sinarquia, as coisas se desenvolveriam exatamente ao contrário: a milícia fora criada para, em primeiro lugar, conquistar e conservar o *Axis Mundi* sobre o qual se assentaria a hierarquia suprema aglutinadora do ideário teocrático; em segunda instância, para encontrar — ou fabricar, em seu caso — essa autoridade que teria de ser universalmente reconhecida. Com isto, necessariamente, o elemento militar se encontraria sempre num plano superior ao da autoridade supostamente suprema que teria criado e teria em suas mãos o poder decisório, com o que se perderia a essência fundamental da idéia sinárquica, em que o estamento encarregado da vigilância teria de ser um mero instrumento da autoridade superior que regeria todo o sistema.

A união das ordens militares em uma só supunha, certamente, dispersar a idéia sinárquica e debilitá-la, pois, mesmo que de fato estando presente em todas elas, só o Templo a usufruíra e definira seriamente. Mas, ao mesmo tempo, representava outro perigo: um excesso de poder imediato que poderia converter a ordem resultante em árbitro tácito dos destinos dos reinos onde estivesse implantada na prática, na Europa inteira, sem contar os escassos enclaves que ainda restavam na Terra Santa. Curiosamente, um soberano decididamente voltado ao Templo e a seu ideário, como Jaime I de Aragão, se pronunciou também contra esse projeto unificador quando foi apresentado no Concílio de Lyon (1274), alegando que aquela união — que então se reduzia ao Templo e ao Hospital — pressuporia um acúmulo de poder nada conveniente para os Estados onde ambas as ordens já estavam implantadas.

A *consciência do fracasso*

Acontece sempre que uma instituição — partido político, igreja, irmandade ou seita — alcança níveis de poder e prestígio que a colocam no alto: o ideário que originou o grupo se contamina com o vírus deste poder, as esperanças originais se gangrenam, corroendo os princípios básicos que conformaram a estrutura sobre a qual cresceu a comunidade e não resta sequer lugar para os que pretendem conservar a chama sagrada do primeiro impulso fundador. Se o Templo, como pretende uma maioria, fincou suas origens na defesa irrestrita dos Lugares Santos, a perda definitiva destes tornou sua sobrevivência obsoleta. Se, como nós nos atrevemos a crer, nasceu de uma idéia mais ampla e mais complexa, que supunha uma transformação radical das estruturas políticas e religiosas do mundo medieval, esse ideal se viu contaminado pelo tremendo poder econômico que naquele tempo, tal como hoje, era o único capaz de depredar qualquer ideal em aras dos benefícios imediatos que conferia a força do dinheiro.

O Templo continha em sua Regra, bem como logo depois em sua Constituição, um princípio de pobreza pessoal que, curiosamente — como, por outro lado, aconteceu ao longo da História com todas as instituições religiosas —, não pressupunha nem definia que essa pobreza se estendesse à Ordem. Mas todo o mundo sabe e reconhece, se for sincero, que não pode existir uma sociedade rica com membros pobres de fachada e que é muito difícil, para não dizer impossível, que a riqueza da comunidade não beneficie e impregne todos e cada um dos que a compõem.

Esta impregnação levaria necessariamente à defesa encarniçada dos bens adquiridos e esta defesa conduz, conseqüentemente, à perda ou ao esquecimento do ideário que originou o grupo. Em tais circunstâncias, pode acontecer que surjam vozes ainda não contaminadas, mas será difícil que essas vozes, mesmo que gritem, sejam ouvidas além dos muros que resguardam a intimidade da comunidade. Se o fazem, se os anos ou os séculos conseguem resgatar alguns destes gritos, cabe que o tempo nos permita vislumbrar os radicais abismos que separaram as origens de um ideário das conseqüências nefastas que resultaram de sua inevitável ascensão às alturas do poder.

Neste caminho da degradação — lógica degradação — do Templo, restaram-nos tanto o relato de fatos esclarecedores da perda de seus propósitos como as provas documentais do que projetou ser e do que terminou sendo.

Fatos esclarecedores dessa depredação nós os temos, sem ir mais longe, nos documentos — numerosos nos arquivos catalão-aragoneses sobretudo — que nos dão conta de como o Templo, em flagrante atentado contra seus princípios, lutou e empenhou-se, se fosse o caso, contra quem quisesse contradizer seus direitos sobre terras e servos que lhes foram doados por fervorosos devotos da ordem e pelos favores reais.[12] Assim surgiram reivindicações e escaramuças que tiveram lugar nas terras do vale do Ebro com a poderosa família dos Entenza, onde foram arrasadas aldeias inteiras, produziram-se mortes, tomaram-se reféns, destroçaram-se colheitas e lutou-se furiosamente por direitos de passagem do rio que produziam gordos benefícios a quem os detinha.

No extremo contrário, quero dizer no extremo dos nostálgicos do ideal originário, encontramo-nos, se bem que não na Península Ibérica, mas na Terra Santa, com o testemunho quase desesperado do poeta templário Rigaud Bonomel, chamado por outros de Olivier, o Templário, que, por volta de 1265, desfiava em seu poema *Ira et Dolor* a raiva e a nostalgia de um ideal falido e irrecuperável:[13]

Ya ni la cruz ni la fe me socorren ni protegen
contra los infieles a quienes Dios maldiga.
Mas parece que Dios mismo desee
ayudarles a ellos, para nuestra perdición.

("Já nem a cruz nem a fé me socorrem nem protegem
contra os infiéis a quem Deus maldiga.
Mas parece que Deus mesmo deseja
ajudá-los, para nossa perdição.")

Este protesto perante a Divindade, dirigido ao próprio Deus, se estende, a título de queixa, contra a máxima autoridade da Igreja, que, culpando os males do mundo — que para ele são os males do Templo —, convertem-na em objeto de censura perigosamente paralelo ao que, séculos mais tarde, esgrimiriam os protestantes na hora de separar-se do poder papal e instituir-se em novo ramo do Cristianismo militante:

... os clérigos vendem a Deus e as indulgências por dinheiro sonante... [14]

Ira et Dolor, o poema templário de nostalgia decadente da Ordem, não só se queixa: também ataca. E neste ataque em busca de responsáveis, sem o querer, desvenda parcialmente o ideário que o Templo tratou de manter oculto, proclamando-se sempre fiel filho da Igreja enquanto que, na realidade, tratava de transformar suas estruturas obedecendo a um projeto que os cães de guarda da Inquisição tinham na mira de sua divinal justiça. Pois, para eles, nem a Igreja nem suas autoridades se equivocam jamais na hora de estabelecer os caminhos a seguir pelo seu rebanho. E aqueles dominicanos sabiam muito bem e recordavam a cada instante que o Templo havia protegido os judeus das aljamas, haviam respeitado as crenças dos mouriscos que lavravam suas terras e continuavam acolhendo em suas casas os albigenses, que estavam prestes a ser alcançados pelo longo braço justiceiro do Santo Ofício.

8. A queda do colosso de barro

Poucos acontecimentos da Idade Média estão tão documentados como o da extinção da Ordem do Templo. Sobre poucos se especulou tanto, apesar — ou talvez por isto mesmo — de tanta documentação. E acontece que, contra os que aceitam sem mais a evidência das fontes, não resta dúvida de que, desde o exato momento em que existem, demonstram sua evidente subjetividade, a intenção de quem as estendeu, encaminhada, sem exceções, a justificar uma determinada atitude ou a defender uma razão concreta. Se existe um papel de doação é porque aquele que o fez — doador ou recipiendário — queria a todo custo que aquele ato ficasse plasmado pelo benefício que reportava e à margem das razões internas autênticas que o levaram a realizá-lo. Se restou o testemunho de um processo, é porque quem o provocou queria a todo custo deixar registrado o *seu* sentido particular de justiça, à margem de toda outra razão. Se descobrirmos uma concessão, veremos nisto nada mais que a defesa dos interesses dos que nela participaram. Um simples recibo é justificativa de que um serviço ou um produto foram devidamente pagos, para segurança e benefício de quem fez o pagamento. E um testamento, qualquer que seja o seu caráter, encerrará sempre o segredo dos motivos que levaram o testador a redigi-lo nestes termos e não em outros.

Europa e Espanha perante o Templo

Na hora de tentar assentar conclusões mais ou menos válidas sobre a extinção do Templo, costuma-se meter num único saco as distintas causas que a propiciaram, sem levar em conta talvez que, mesmo havendo um desenlace único (e mesmo isto poderia ser discutível), os reinos e territórios que constituíam a Europa medieval não tinham em comum mais que seu radical catolicismo assumido; mas, contudo, também este se manifestava muito diferente em cada uma das comunidades que constituíam a realidade da história continental. Inclusive dentro da Península Ibérica, que parecia oferecer uma certa unidade frente aos demais países europeus, a situação política era muito diferente em cada um de seus cinco reinos, quatro cristãos e um muçulmano, pois, enquanto que este último tinha cedido todas as suas prerrogativas mediante o reconhecimento de sua vassalagem a Castela, esta, desde os monarcas até o último de seus servos, sentia ainda pendente a realização de sua plenitude territorial. A Coroa de Aragão, fechado o seu ciclo expansivo peninsular, havia concentrado suas miras nas terras mediterrâneas, e Portugal, na mesma situação, começava a sonhar, ainda que vagamente, no que poderia haver mais além das águas atlânticas. De sua parte, Navarra, politicamente apenas um apêndice da França, se debatia entre aquela sujeição da qual não podia safar-se e seu essencial iberismo vasco, que a ligava culturalmente mais aos outros reinos cispirenaicos, enquanto que seus monarcas apenas a consideravam como uma propriedade de campo ligada à coroa francesa.

Nesta situação, o Templo peninsular havia adotado funções de acordo com os caminhos dos reinos nos quais estava assentado. Na Coroa de Aragão, aferrado à enorme influência que gozou durante o reinado e as campanhas conquistadoras de Jaime I, a Ordem se empenhou em ficar agarrada a seu poder e prerrogativas, apesar de os sucessores imediatos do Conquistador — Pedro III, Alfonso III e Jaime II — a considerarem pouco menos que um hóspede sem funções que vivia de glórias passadas e que, por sua condição de instituição religiosa, mal poderia servir-lhes na hora de empreender aventuras bélicas contra outros cristãos; apesar do que, há testemunho de que os templários atuaram mais de uma vez como milícia a serviço dos interesses políticos da Coroa, tal como, eventualmente, o fizeram os hospitaleiros.

Em Portugal, os templários souberam reciclar-se como administradores eficazes e, compartilhando as idéias de seus soberanos, começaram a projetar uma próxima expansão atlântica através do fortalecimento de sua frota e aproveitamento de seus portos, sem contar com o estudo das perspectivas ultramarinas — sobretudo africanas —, que só começariam a dar seus frutos depois da extinção oficial da Ordem e sua substituição — meramente semântica — pela Ordem de Cristo, que pressupunha, de fato, a permanência do espírito templário sem solução de continuidade.

Em Castela, o Templo continuava sendo uma milícia frente a eventuais e pouco prováveis ameaças islâmicas, entregue à sua função de vigilante, mas sem desculpas na hora de justificar com operações militares na Terra Santa uma acumulação de bens e doações que há tempos haviam deixado de incrementar. Tinha o Templo, ademais, sérios rivais nas ordens militares autóctones, que trataram sempre de obter a melhor fatia na hora da repartição e, especialmente, na hora de acumular influências políticas junto aos reis.

Quanto a Navarra, aquilo que se iniciou na França foi arrematado ali, posto que seus monarcas não faziam nesta terra outra coisa senão treinar para governar mais efetivamente do outro lado dos Pireneus. O Templo navarro, por certo, conservou até o último momento uma especialíssima liberdade de ação, e uma não menos especial independência frente ao poder real, que lhe permitiu seguramente desenvolver suas posições ideológicas particulares não com intenção de reencetar a partir dali o seu projeto, mas de guardar no fundo os valores esotéricos originais, valendo-se, ao menos em parte, de sua proximidade da passagem dos peregrinos de São Tiago.

Nenhum dos reinos peninsulares tinha motivos para querer livrar-se da presença templária, cuja função, nos momentos álgidos das guerras contra o Islã, fora amiúde decisiva. Mas tampouco alguém, exceto possivelmente Portugal, tinha razões especiais para defender sua presença. Ao contrário das ordens estritamente monásticas, às quais se podia conceder o benefício de um papel evangelizador — coisa bastante duvidosa na realidade imediata e palpável —, o Templo, sem que houvesse guerra aberta contra o Islã peninsular e sem lugares sagrados que guardar na Terra Santa, tinha poucas desculpas para subsistir, salvo por seu hipotético papel de milícia consagrada ao serviço de Roma, coisa que não convencia a ninguém, por mais que todos se proclamassem fervorosos seguidores da autoridade pontifícia.

A consciência do Templo

Todas estas situações de tipo político, com mais ou menos variantes, se definiam em cada um dos reinos cristãos do Ocidente onde o Templo se havia estabelecido. A única entidade que podia ver as coisas de uma perspectiva diferente era o Estado pontifício, os papas, que consideravam até que ponto sua autoridade se veria reforçada pelo fato de contar — em teoria, ao menos — com uma milícia monástica, sujeita a regras e votos, que pudesse sair em defesa de seus interesses perante qualquer desvio que pudesse produzir-se no seio da Cristandade. Entretanto, a Igreja era consciente, depois da experiência de mais de século e meio de templarismo, durante o qual os frades exerceram sua força no Oriente e no Ocidente, de que a Ordem mantivera sua obediência às ordens da Igreja, condicionando-a aos interesses e convicções de seu próprio critério, em casos de coincidência de opinião que nem sempre chegaram a produzir-se, como se pode comprovar na cruzada contra os albigenses, que os templários nunca chegaram a considerar como cruzada e na qual se abstiveram de intervir, apesar das pressões que procurou exercer sobre eles Inocêncio III e o clero em massa.

Restaria por ver — e este continua sendo um mistério que a investigação exaustiva dos documentos não conseguiu nem conseguirá esclarecer — que consciência tinha o Templo de seu próprio papel no momento em que se procedeu à sua perseguição e queda. Para termos uma idéia aproximada — que receio nunca coincida plenamente com a realidade —, seria preciso distinguir claramente entre o que a Ordem foi externa e publicamente, quer dizer, perante a História, e o que pretendeu conseguir em níveis superiores à realidade imediata, o que quis alcançar e nunca chegou sequer a roçar.

De uma perspectiva puramente histórica, à margem de esperanças e projetos de mais alto nível, o Templo, ainda difundido pelas terras as mais distintas, formava um conjunto coerente e unitário, uma entidade supranacional apinhada em torno ao núcleo palestino, ao qual eram destinados todos os benefícios que eram acumulados mediante as operações financeiras e doações, o botim de guerra e esmolas. Os documentos que fazem referência a estas percepções da Ordem, escritos sem dúvida por escrivães templários, fazem quase sempre referência à Terra Santa, para cuja defesa e manutenção se fazem oficialmente todas as entregas. Esta circunstância não deixa de ser significativa, pois representa uma constante chamada subliminar para esse *Axis Mundi,* de onde, à margem da tradição exclusivamente cristã ortodoxa, teria de emanar o feixe de luz que iluminaria uma Humanidade mais total, em que estariam incluídos — segundo o grande projeto inconcluso do Templo — muçulmanos e judeus, além daqueles cristãos que haviam escolhido ritos, dogmas e formas de devoção distintas das aceitas e proclamadas por Roma, que se autodefinia como única Igreja condutora da autêntica consciência cristã.

A Terra Santa, ou a região cada vez mais reduzida dela que ia sobrando, constituía não só o grande banco onde ia parar a maior parte dos recursos da Ordem — a ponto de que houve queixas sérias em momentos de luta de Reconquista, porque os templários não tinham meios apropriados de combate por tê-los exportado para o Oriente —, mas também o lugar de iniciação onde, tal como sucede em outras ordens religiosas, iam parar os elementos selecionados para ascender aos mais altos postos da organização: os que tinham de receber, por assim dizer, o seu doutoramento em templarismo. Em momentos cruciais das guerras palestinas, e muito especialmente durante as lutas desesperadas que acabaram com o domínio cristão em terra firme, detecta-se a presença de templários catalães no sítio de Trípoli: frei Pere de Montcada[1] — membro de uma família estreitamente vinculada ao Templo catalão-aragonês —,[2] que fora mestre provincial entre 1244 e 1252, e um filho do conde de Ampurias, frei Hugo. Ambos morreram naquele assédio.

Perdidos os Lugares Santos e suas cercanias estratégicas, refugiada em Chipre, onde tratou inutilmente de constituir-se em Estado templário — como os teutônicos realmente conseguiram, na Prússia Oriental, e os hospitaleiros, na ilha de Rodes —, a Ordem do Templo teve de se conscientizar de que sua missão havia chegado ao fim. Os pedidos de mais ajuda para reiniciar a tarefa da nova conquista da Terra Santa tropeçavam — tinham de tropeçar necessariamente — com a indiferença, e até com a desconfiança de reis e poderosos, os únicos que poderiam sustentar com seus meios aquela tentativa impossível. De sua parte, os templários, se bem que poderosos em recursos, sabiam da radical impossibilidade de realizar por conta própria aquela intenção, não só por sua inviabilidade, mas pelo perigo de arruinar-se inutilmente e perecer por falta de liquidez, que não lhes seria reposta por ninguém. A solução de unir-se a outras ordens militares, à parte seu tradicional confronto com os hospitaleiros, era impensável, porque essa união, mesmo que fosse realizada com as melhores garantias, implicaria automaticamente a perda da personalidade templária e o abandono definitivo de seu projeto sinárquico, que poderia ser totalmente impossível, mas que formava parte da razão de ser do Templo.

Aí se enraizava a tragédia íntima dos templários: o terem aferrado desesperadamente a um ideário que, por superar teoricamente os condicionamentos impostos por sua época, não podia ser viável, mesmo que, apesar de tudo, constituísse sua única motivação para subsistir. Abandonar o projeto, além de ser impossível, significava converter-se numa ordem religiosa antinatural, por seu caráter militar que, apesar das proclamações de seu último mestre, Jacques de Molay, em sua carta a Clemente V (1303), não tinha outra função senão fazer a guerra; ao contrário dos hospitaleiros de São João, que ainda podiam cumprir, e cumpriam, outros feitos que, aos trancos e barrancos, lhes permitiram sobreviver inclusive até nossos dias, se bem que o tempo os fez mudar de nome.[3]

A incrível madrugada do 13 de outubro

Outro tema de discussão sem saída, que a abundante documentação existente não conseguiu esclarecer, constitui o aprisionamento sincrônico dos templários franceses, na noite de 12 para 13 de outubro de 1307. Não tanto pela operação aparentemente perfeita, ordenada pelo rei Felipe IV, mas pela circunstância de que sua estratégia necessitou muito tempo de preparação, o que faz duvidar seriamente que o poderoso Templo tivesse sido apanhado de surpresa, e não estivesse ao corrente do que ia acontecer. Se foi realmente assim, como puderam os templários esperar passivamente pelo instante de sua prisão, sem fazer nada para evitá-la, ou para fugir e refugiar-se em lugares mais seguros? Só cabem duas respostas, mas é indubitável que, quanto mais uma delas parece razoável, a dúvida impede tomar uma postura que não seja a de que cada uma poderia ser a certa.

A primeira resposta, que poderia figurar numa intra-história templária: o aprisionamento foi conhecido pelos frades com muita antecedência e eles não fizeram nada para evitá-lo, conscientes de que se lançava sobre eles um final que só era conseqüência de seu próprio fracasso em mudar as estruturas de um mundo que se tornara hostil a eles. Preferiram terminar como mártires de sua causa perdida do que como obscuros desconhecidos condenados ao esquecimento. Não resta dúvida de que esta idéia de auto-imolação é bela, digna de um final de tragédia grega, tal como o viram e exaltaram os românticos do século XIX. Só tem um inconveniente: sendo a Ordem uma instituição perfeitamente estruturada e com boa comunicação interna, esta atitude submissa foi tomada unicamente pelos templários franceses, ao passo que os outros de todos os demais reinos da Cristandade — Chipre inclusive, que era seu último reduto — tiveram reações muito diferentes.

Segunda resposta: Felipe IV, o Belo, apesar de que havia tempo não escondia sua animosidade para com o Templo e a tornava pública quando lhe convinha, preparou em absoluto segredo sua ação, fazendo chegar cartas seladas a seus delegados em todo o reino, nas quais provavelmente se especificava que os selos não deveriam ser quebrados, e as cartas não deveriam ser lidas até o momento justo de organizar a operação e levá-la a cabo sem solução de continuidade. Os templários foram assim apanhados de surpresa e, exceto por alguns, muito poucos, que conseguiram escapar, quase a totalidade dos frades da França caiu, sem que o papa chegasse a saber, senão depois de passado tempo suficiente para que sequer pudesse reclamar sua jurisdição sobre os prisioneiros, que já haviam confessado as faltas de que eram acusados, as mais horrendas e abomináveis do repertório medieval.

Queima de cavaleiros do Templo pela Inquisição.

A operação preparatória àquele desenlace se havia colocado em marcha muito tempo antes, anos inteiros. Há quem afirme que a abolição da Ordem foi uma das condições impostas por Felipe IV para apoiar a candidatura papal de Clemente V, com quem se entrevistou ao menos duas vezes antes daquele golpe de força. O mesmo rei Jaime II de Aragão recebeu cartas do francês, que, sem dar-lhe indicação alguma de como tinha de atuar, punha-o de sobreaviso sobre os pecados nefandos e sacrílegos com os quais supostamente estava maculada a Ordem. Àqueles comentários, Jaime II, que não sentia muita simpatia pelos templários desde que estes se voltaram para permanência do fraco reino de Majorca, retrucou dizendo que não acreditava que o Templo, ao menos o que estava estabelecido em seu reino, pudesse ser réu de tais aberrações, como lhes era atribuído. O mesmo aconteceu, ao que parece, quando recebeu a visita de Esquieu Floriano, encarregado oficioso de semear as suspeitas e maledicências sobre os templários: não só não lhe deu atenção, mas deixou entrever como considerava malignas suas calúnias. Parecidas, neste sentido, foram as reações dos demais monarcas peninsulares.

Tenho cá comigo, perante estes dados, que a verdade se encontra a meio caminho entre as duas eventualidades: os templários entreviam e suspeitavam da oposição crescente que pesava sobre eles na Europa e, sobretudo, na França. Muito provavelmente estavam conscientes de que se aproximava um período que seria difícil para eles, senão o final, quase impossível de superar. Viam contra eles, ou apagados numa indiferença passiva, muitos que formavam parte do poder que antes os apoiara às cegas e compartilhara com seus altos vôos teocráticos e seu trabalho na Terra Santa. Acima de tudo, havia um papa em Roma que não moveria por eles nem o dedo mínimo. Sem um objetivo a alcançar, condenados a sobreviver sem outras metas além do projeto ultramarino português, que nem sequer havia amadurecido o suficiente para ser definido como uma atividade alternativa, boa parte dos homens do Templo se amodorraram na própria inércia, e não contavam senão com um presente sem perspectivas, onde só se cuidava de manter posições adquiridas, mesmo sem saber ao certo o que se poderia fazer com elas.

Nesta situação, os templários, mesmo nos lugares onde ainda sobreviviam com o prestígio de seu passado heróico, haviam perdido boa parte da consciência de seu papel. Já vimos como não hesitaram em intervir em disputas territoriais e guerras entre príncipes cristãos, quando escassearam os estímulos superiores que moveram seus passos até alcançar o zênite de sua influência. Os últimos marcos em Tiro, Sídon e San Juan de Acre foram de martírio, e não de vitória. Nem sequer esta palma lhes foi reconhecida, pois só transcendeu uma derrota da qual praticamente toda a Cristandade os declarou culpados, mesmo que ninguém se tenha mobilizado para intervir e evitá-la.

Nesta situação, subsistindo num mundo que, além de não reconhecer seus méritos, havia começado a olhá-los com desconfiança pela fama de feiticeiros e ocultistas que a propaganda da oposição começou a difundir, acusando-os de práticas, de que quase todo o mundo desconfiava — com, mais ou menos razão —, que tinham lugar em muitos mosteiros e conventos, esse Templo que se considerara puro entre os puros, por considerar-se diferente, se dispôs — com mais ou menos entusiasmo — ao sacrifício que se lhe havia reservado. Sacrifício que, como o tempo haveria de confirmar, os converteria em mártires de uma idéia difusa que o povo, mesmo sem compreendê-la, converteria em gesta sacrificial, e que outras minorias, crendo havê-la captado, tentariam posteriormente recriá-la e assumir a partir da sombra de sociedade secreta.

Esperando decisões celestiais

Convém recordar que, ao longo de toda sua trajetória, o Templo gozou, como a maior parte das ordens monásticas antes e as de menores depois, de privilégios que talvez tenham sabido aproveitar melhor que os outros. Entre estes, uma independência absoluta em relação ao clero secular e aos bispos, a quem não só não tinham de dar conta de nenhum dos bens que possuíam nas diversas dioceses, mas a quem, com freqüência, arrebataram direitos de dízimos que anteriormente lhes haviam pertencido. Quanto aos reis, e ao contrário das obrigações que contraía a nobreza no que tangia aos impostos, o Templo jamais dava conta da riqueza de seus possessões, geralmente prósperas, porque todos os seus benefícios, mesmo que teoricamente, se destinavam a subvencionar as necessidades e os gastos da Terra Santa. Com isto, as doações recebidas pela Ordem não só estavam isentas de tributos, como seus benefícios sequer revertiam indiretamente para o país, mas em grande parte saíam sem problemas do seu território para engordar as arcas que se encontravam do outro lado do mar, fora do alcance de todos, exceto dos templários, se do controle, inclusive, por parte do papado, do qual nominalmente dependiam.

As riquezas do Templo eram tanto mais cobiçadas quanto se desconhecia, na verdade, sua extensão. Sem dúvida, sempre foram suspeitadas como mais vultosas do que realmente seriam. Neste sentido, com sua independência e seu direito de não dar conta a ninguém de seus atos, a Ordem constituía um autêntico quisto incrustado nos Estados onde se assentava ou, como muitas vezes se disse, era um Estado dentro do Estado. E, o que parecia ainda mais grave, um Estado intocável, graças às bulas pontifícias que, a partir de sua constituição, deram caráter oficial a uma situação definida como religiosa, se bem que, na verdade, fosse eminentemente política, posto que, fosse qual fosse o grau de influência que o Templo tivesse perante qualquer monarca, as possessões da Ordem lhe davam direito a formar parte dos conselhos de Estado que decidiam os destinos do país, a paz e a guerra e até o montante dos impostos.

Mal concluída sua operação de captura, Felipe, o Belo, se apressou em mandar missivas urgentes a todos os reis europeus, instando-os a seguirem os métodos de suas expedições e encarcerarem os templários nas suas terras. As cartas chegaram entre uma e duas semanas depois da redada francesa, e seus destinatários mergulharam no estupor, pois não esperavam reação tão violenta, e muito menos sua contundência, apesar de que haviam percebido os rumores e ouvido suspeitas sobre a vida supostamente pecaminosa atribuída aos membros da Ordem.

Os reis peninsulares se apressaram em responder ao rei francês e trocaram cartas entre eles, nas quais expressavam sua opinião, unanimemente favorável ao Templo, enquanto não acreditavam em absoluto nas calúnias que se haviam lançado sobre a Ordem. Jaime II de Aragón comentava que os templários *"haviam vivido de forma digna de encômios como homens de Religião"* e que sempre foram fiéis em seu serviço à coroa, reprimindo os infiéis. Em resumo, não acreditavam nas prerrogativas que o rei da França poderia auto-atribuir-se para julgar os templários por delitos que, por ora, só seus próprios interrogadores defendiam, e especialmente porque, tratando-se de gente de religião, só Roma ou o pontífice podiam pronunciar-se sobre eles com a força de sua autoridade. Esperariam, pois, que esse pronunciamento tivesse lugar e agiriam a partir daí.

Clemente V, de sua parte, tampouco chegou a saber daquela captura até que ela aconteceu. Mas seu protesto, lógico, por outro lado, teve de calar-se de imediato, porque Felipe IV, com uma diligência digna do melhor político, adiantou-se a qualquer possível protesto pontifício acompanhando a notificação ao papa com o resultado escrito e rubricado dos primeiros interrogatórios, durante os quais se empregaram métodos expeditos o suficiente para que a maioria dos acusados confessasse tudo o que os membros daqueles primeiros e improvisados tribunais quisessem, e algo mais, até. Se levarmos em conta que os métodos processuais correntes na Idade Média não julgavam com outra prova patente de culpabilidade senão a confissão dos suspeitos, e que essa confissão podia ser obtida por qualquer método, inclusive, de preferência, com o da tortura, compreenderemos que o papa, que era o primeiro a aprová-los e tê-los como irrefutáveis, se conformasse em pedir a intervenção futura de inquisidores oficiais que confirmassem aquelas primeiras e presumíveis confissões e que só pedisse o que, no fundo, se debatia fundamentalmente em toda aquela mixórdia: a repartição dos bens da Ordem e, momentaneamente, a colocação destes sob boa guarda, enquanto a Igreja decidia o que se faria deles no futuro. Pois cabia — se bem que poucos acreditassem nisso, e nem mesmo os templários — que a Ordem saísse incólume e reforçada daquele processo e voltasse com mais força e influência do que nunca. Esta disposição papal, naturalmente, foi transmitida a todos os reinos cristãos onde o Templo estava assentado. Era a bula *Pastoralis Preemientiae* e chegou aos reinos de Espanha nos primeiros dias de janeiro de 1308, acompanhada em cada caso de um breve pessoal, dirigido aos reis, onde se lhes concedia permissão para agir contra os templários de suas respectivas jurisdições, submetendo-os a interrogatórios para elucidar responsabilidades e culpas, ao mesmo tempo que se recomendava que se apoderassem de seus pertences, à espera do que o resultado daqueles processos aconselhasse o que fazer com eles.

Em todos os reinos da Península, passados os três meses da prisão que tivera lugar na França, os templários sabiam muito bem que, mais cedo ou mais tarde, alguém agiria contra eles. Mesmo tendo vários trunfos a seu favor, e, entre eles, o que lhes trazia o tempo, que lhes havia permitido pre-parar-se para o que desse e viesse, e a convicção de que, se nada acontecera naqueles três meses, nos quais nenhum mo-narca se lançara a seguir o exemplo do francês —

exceto o de Navarra, Luis Huttin, que, aliás, era filho de Felipe, o Belo —, dificilmente aconteceria no futuro, ao menos com a violência e a sanha que os acontecimentos haviam assumido no país ultrapirenaico.

Entretanto, os reis cristãos espanhóis, com a bula de ClementeV na mão, contavam com algo que já os beneficiava: a permissão para saquear as propriedades templárias e, com a desculpa de sua custódia, apoderar-se delas e dos bens que pudessem guardar e esperar que os acontecimentos ou alguma manobra mais ou menos hábil lhes devolvesse aquelas propriedades sem que Roma ameaçasse com anátema por restituí-las à coroa. Mas, também sob este aspecto, os templários jogaram a seu modo o trunfo que mais poderia convir-lhes, ou, ao menos, o que menos poderia prejudicá-los.

Licença para saquear

Já apontei — e será bom que continuemos recordando — que as crônicas contemporâneas dos reinos peninsulares tenderam a escamotear sistematicamente o papel exercido pelo Templo nos acontecimentos políticos e bélicos que tiveram lugar durante a vigência da Ordem. Entre esta circunstância e o evidente interesse dos herdeiros dos bens templários em ocultar sua procedência, o certo é que existe uma considerável defasagem entre a documentação templária castelhana ainda localizável — tremendamente escassa — e a relativa abundância que conservam os arquivos catalão-aragoneses de papéis concernentes ao Templo. Ainda assim, e ainda que algumas vezes seja preciso lançar mão de outras fontes de informação, como as tradições populares — tão injustamente denegadas pela investigação acadêmica —, cabe reconstruir, ao menos parcialmente, algo do que sucedeu com os templários naqueles momentos de perseguição geral e derrubada da Ordem.

A *Crônica* oficial que dá conta do reinado de Fernando IV de Castela, chamado *El Emplazado,* foi escrita por Fernán Sánchez de Valladolid muitos anos depois de o monarca morrer. Como a maior parte das crônicas feitas por encomenda, o autor toma muito cuidado na hora de exaltar as virtudes que talvez o rei tenha possuído, e só nas entrelinhas é possível ver sua personalidade imatura e enfermiça, caprichosa e submetida até o patológico pelo caráter forte de sua mãe, *"Doña"* María de Molina, que decidiu os destinos de Castela, como eminência parda de três reinados.[4]

Nesta *Crônica* surgem apenas, em meio a uma enxurrada de notícias minudentes alheias a nosso tema, dois parágrafos preciosos referidos ao Templo, que são bastante signficativos, como que para convidar a uma reflexão. O primeiro deles,[5] dando por assentadas as ordens papais e um problema que de modo algum foi aludido anteriormente, como se não formasse parte da história de Castela, conta que *"o rei havia mandado que lhe entregassem os castelos da Ordem segundo o papa mandava"*, mas o mestre provincial, Rodrigo Yáñez, se apresentara em Valladolid, onde se encontrava D. María de Molina (a que a Crônica sempre chama "a Rainha", confessando tacitamente seu poder e influência nos assuntos de Estado) e rogou-lhe *"que quisesse ela tomar esse pleito"*, quer dizer, a responsabilidade de aceitar pessoalmente a custódia daquelas fortalezas *"até que o Papa ordenasse sobre o estado da terra da Ordem como houvesse por bem"*. A Rainha se negou a aceitar aquela proposta *"a menos que soubesse a vontade do Rei, se o queria e a respeito disto enviou mensageiro ao Rei"*, que aceitou encantado, ao que parece, a proposta do mestre. Com efeito, este, em dúvida perante a atitude do monarca, demorou tanto quanto possível para entregar aquela missiva e, quando o prazo terminava, em lugar de cumprir o que ele mesmo havia proposto — sem dúvida desconfiado por aquela rápida aquiescência de Fernando IV —, apresentou-se perante seu irmão, o infante Felipe, que se encontrava em Galícia, e fez-lhe a entrega pessoal de Ponferrada, Alcañices, San Pedro de Latarce e Faro, os lugares mais importantes do Templo no Noroeste peninsular, em troca unicamente de que o infante ficasse como defensor da Ordem e falasse em seu nome ao Rei e aos bispos para que fixassem a data e as condições em que teria de apresentar-se para dar conta das acusações que pesavam sobre eles. Se tivesse êxito em sua embaixada, a Ordem entregaria de bom grado ao infante o resto de suas fortalezas; caso contrário, o infante se comprometeria a defendê-los e fazer com que seus desejos de justiça prevalecessem sobre eventuais caprichos reais, que a *Crônica* não cita, mas deixa entrever.

O segundo parágrafo, incluído no capítulo seguinte,[6] conta como o rei, procurando o modo de financiar a campanha que naquele mesmo ano havia idealizado contra Gibraltar, atendeu às demandas de seu tio, o infante Dom João, que lhe sugeriu que reclamasse ao irmão o usufruto que estava fazendo das fortalezas templárias. Nesta reclamação voltou a intervir a rainha mãe, que interpelou o infante Felipe em León *"e disse-lhe como fizera mal em atender tal pleito, pois que o fizera para com homens excomungados e que eram acusados de hereges perante o Papa, e que o aconselhava e advertia para que se afastasse de uma tal atitude, e, além do mais, mostrou-lhe cartas do Papa em que se dirigia ao Rei e a ela para que tomassem todas as propriedades do Templo e as mantivessem guardadas, e a todos os seus bens, até que o Papa determinasse o que fazer deles"*. O príncipe acedeu, os templários tiveram de renunciar a suas esperanças e não só cederam ao monarca as fortalezas que anteriormente puseram sob a custódia do infante Felipe, mas acrescentaram as de Montalbán, Jerez de los Caballeros, Badajoz, Burguillos del Cerro, Alconchel e Fregenal de la Sierra. O resto da *Crônica* ignora olimpicamente o problema templário, como se estivesse tudo encerrado com a entrega dessas propriedades.

Restos do interior do castelo de templários de Miravet (Tarragona).

É preciso lançar mão da escassa documentação conservada para dar-se conta do que aconteceu a seguir com os bens da Ordem: o rei se encarregou rapidamente deles e, enquanto ordenava que se catalogassem aqueles que o Templo ainda não entregara voluntariamente — catalogação que, por certo, demonstrou que os templários tinham muito poucos bens penhoráveis —,[7] não pareceu disposto a guardar nada em custódia, tal como ordenaram as bulas pontifícias. Em julho de 1309, quando os processos ainda nem haviam começado e, bem entendido, muito antes que o papa tomasse decisão a respeito daquele patrimônio, cedia à Ordem de Alcântara as vilas e castelos da Extremadura, em Capilla,

Garlitos e Almorchón, pela quantia de cento e trinta mil maravedis, especificando no correspondente documento de cessão que, se a Ordem do Templo voltasse a ser reconhecida, seria ela que teria de pagar aos alcantarinos essa soma para recuperar suas posses. Aquela operação não era mais que uma entre as que o monarca castelhano tramou à custa do tesouro templário, mas perdeu-se a maior parte das provas que poderiam confirmá-las.

Não obstante, há outro episódio que aparece na mesma crônica e que levanta suspeitas em relação ao comportamento do rei castelhano para com o Templo. Trata-se do que encerra a *Crônica* e que deu o apelido de *El Emplazado* a Fernando IV. Nele se conta que, em Martos, mandou prender e executar sumariamente dois irmãos, cujos nomes não são citados, acusados de terem morto, em Palencia, o favorito do rei, Dom Alfonso de Benavides. Diz a *Crônica* que ambos os irmãos se proclamaram inutilmente inocentes da acusação e que, quando levados ao suplício — a tradição contou depois que foram lançados da penha que coroa o castelo de Martos —, instaram com o rei que ao cabo de trinta dias comparecesse perante o tribunal de Deus para responder por suas culpas, o que se cumpriu em Jaén, com toda pontualidade.

Ficou demonstrado a respeito deste episódio, pela historiografia e pelo estudo da documentação existente, que ele não é mais que uma lenda; e inclusive os nomes dos dois irmãos supostamente condenados correspondem a personagens completamente alheios a estes fatos e, como se não bastasse, que viveram muitos anos depois dos acontecimentos nos quais a *Crônica* os envolveu. Porém, há detalhes na história que são até mais esclarecedores que a simples declaração de falsidade. Em primeiro lugar, o sacrifício de dois irmãos que nunca existiram, mas que têm um paralelismo mais que curioso com o simbolismo templário, onde um de seus selos, provavelmente um dos mais utilizados pela Ordem, representava dois cavaleiros cavalgando um só cavalo, imagem que chegou a ser quase símbolo de um dos mistérios que rodeavam os cavaleiros do Templo de Salomão: sua condição de iniciados emparelhados ou irmanados no estudo iniciático dos mistérios arcanos. Em segundo lugar, o ato de intimar um rei para que responda no prazo previsto ante o tribunal de Deus; isto mesmo se disse que aconteceu quando o Grão-mestre Jacques de Molay subiu à pira que ia queimá-lo vivo na Ilha dos Judeus, nos fundos de Notredame de Paris: ali o mestre condenado intimou o papa Clemente V e o rei Felipe IV que naquele mesmo ano se apresentassem para dar conta de seus atos perante o tribunal de Deus, pelos crimes cometidos contra a Ordem. Em terceiro lugar, esses dois irmãos, que a *Crônica* se limita a mencionar sem adicionar sequer os nomes, foram batizados pela tradição posterior como os irmãos Carvajales, cavaleiros da Ordem de Cala-trava, onde, em última instância, foram parar os bens procedentes dos templários de Castela e onde se assegura que foi armazenada toda documentação desaparecida que se referia à Ordem do Templo.

O que, em meu parecer, cabe deduzir desta lenda incrustada na crônica é que seu autor, Fernán Sánchez de Valladolid, que a escreveu por ordem real seguramente nos tempos de Henrique II, viu-se na dupla obrigação de dizer a verdade sobre fatos que eram conhecidos e, ao mesmo tempo, de não ofender a um membro da monarquia castelhana que, ademais, era lógico antepassado do monarca que lhe havia encomendado escrever a história. A solução foi contar *outra* história que, eventualmente, poderia ser entendida em sua autêntica dimensão por quem tivesse o segredo de determinada linguagem cifrada que, ademais, foi coisa correntemente empregada ao longo de toda Idade Média.

Catorze acusações

Mesmo que nos reinos europeus — que não só nos peninsulares, com a honrosa exceção de Portugal — se tenha evidenciado a cobiça de seus governantes, com sua tentativa de recuperar os bens que foram do Templo, não atentando, tanto quanto possível, os preceitos papais que ordenavam o traslado daqueles bens para as mãos dos hospitaleiros, a operação não se fechava com a simples suspensão da Ordem, que só teria efeito oficial depois dos acordos do Concílio de Vienne (1312). Era preciso processar os templários, averiguar até que ponto podiam ser considerados culpados. Roma cuidou de fazer bem as coisas, e, conforme um costume secular da Igreja, levou-as a cabo segundo lhe convinha e sem dar oportunidade a que alguém questionasse sobre outros caminhos. Assim, remeteu a bispos e inquisidores uma série precisa de perguntas, que variaram em número segundo os tribunais que as formularam, mas que oscilaram entre as 127 que elaborou a cúria pontifícia e as 88 que foram utilizadas finalmente pelos tribunais catalão-aragoneses.[8] Campomanes[9] resumiu-as em catorze pontos que praticamente abarcam todas:

1. Se, ao serem admitidos, eram obrigados à abjuração.
2. Se negavam a divindade de Cristo.
3. Se consideravam Jesus Cristo um mero profeta.
4. Se acreditavam que o mestre podia administrar sacramentos.
5. Se os escritos da Ordem incluíam erros dogmáticos.
6. Se ao entrar na ordem, eram levados à homossexualidade.
7. Se juraram porfiar pela expansão e progresso da Ordem.

8. Se ao ingressar eram induzidos a não esperar a salvação em Cristo.

9. Se cuspiram na Cruz ao ingressar na Ordem ou em festas determinadas.

10. Se haviam adorado a um gato, ídolo ou simulacro (baphomet).

11. Se haviam vestido cíngulos passados por tais ídolos.

12. Se se haviam comportado lascivamente com os noviços jovens.

13. Se, ao celebrar a missa, omitiam as palavras da consagração.

14. Se tinham como maldade cometer tais crimes.

Como se pode apreciar, naqueles interrogatórios não figurava em nada a autêntica intenção do Templo, precisamente a que realmente podia pôr em perigo as estruturas do mundo medieval. Por outro lado, é de se notar que, se bem que o interrogatório parecia dirigido a julgar a Ordem em sua totalidade, na prática, os interrogatórios eram feitos individualmente e a condenação ou absolvição também tinham caráter individual, mesmo que o resultado final afetasse o destino de toda a Ordem. Sem dúvida, esta circunstância foi um dos muitos estranhos absurdos que se deram no processo, mas, se levarmos em conta os interesses políticos que estiveram todo o tempo em jogo, veremos que o motivo imediato, que prevalecia sobre qualquer outro, era arrebatar ao Templo o seu poder, mas sem convertê-lo em objeto de perseguição, porque seus membros podiam ainda ser úteis, se fossem recebidos em outras comunidades que pudessem representar menos perigo para a Igreja e menos motivos de preocupação para as monarquias européias, que não deixavam de se questionar sobre os fins a que o Templo visava a médio prazo.

Obedientes, disciplinados e inocentes

Com a mesma espontaneidade e obediência com a qual os templários castelhanos se prestaram à entrega de suas fortalezas, deram mostras da maior docilidade sempre que foram chamados para prestar declarações e interrogados pelos bispos e inquisidores no reino castelhano-leonês. O papa Clemente V havia encarregado especialmente os arcebispos de Toledo e Santiago de Compostela e o bispo de Sigüenza de, juntamente com o inquisidor apostólico frei Aimerico de Plasencia, da ordem dos Pregadores, determinarem os lugares e o momento mais apropriado para levar a cabo os interrogatórios. Estes tiveram lugar em Medina del Campo, Alcalá (1309), Toledo (1310) e Santiago, para onde foram disciplinadamente os cavaleiros do Templo, para responder às acusações que se refletiam na investigação pontifícia. O resultado, segundo estava previsto, iria engrossar a documentação que deveria ser apresentada no Concílio geral que o papa vinha anunciando desde 1309[10] e que só viria a se realizar em 1312, em Vienne. Mas o resultado seria unificado depois que todos os interrogatórios fossem apresentados num concílio provincial prévio a celebrar-se em Salamanca, que foi convocado para 15 de julho de 1310 e que, confirmando o resultado dos tribunais locais, declarou todos os templários do reino, sem exceções, livres de todas as culpas que se lhes imputavam. Somente refletiam sobre algumas das faltas que foram consideradas como menores, correspondendo a costumes ancestrais de caráter supersticioso, que os templários — ou alguns deles, pelo menos — continuaram praticando, tais como pintar cruzes nos estribos das cavalgaduras para que, ao serem pisadas, ao montar, protegessem o ginete dos perigos que poderiam ameaçar na batalha.

A propósito destas investigações e concílios, convém recordarmos que, no organograma do Templo, e apesar de se tratarem de reinos distintos, Castela e Portugal constituíram uma só província templária. Os templários portugueses, de fato, se apresentaram para serem interrogados pelas comissões de investigação castelhanas. Pelo contrário, o rei Dom Dinis, que se limitou a fingir que se apossava dos bens da Ordem, segundo ordenavam as bulas papais, esperou pacientemente que um novo papa substituísse Clemente V e solicitou ao seu sucessor, João XXII, através de um enviado que era — e nada por acaso — um templário, João Lourenço, a permissão pontifícia para fundar uma Ordem monástica que se chamaria de Cristo e que não só acolheria todos os templários portugueses, mas que nasceria com o dote de todos os bens que foram oficialmente arrebatados à Ordem por desígnio papal.

O caso português é atípico em toda a aventura templária, porque aquele reino foi o único em toda a Cristandade que não se deu ao trabalho de interrogar seus templários, procurando possíveis culpas e hipotéticas heresias, mas prolongou *sine die* a existência do Templo, mudando-lhe o nome e fazendo o simulacro de assumir outra regra, a de Calatrava, que, por certo, desde sua fundação navarra por Raimundo de Fitero, fora dirigida por regras cistercienses paralelas às que a Ordem do Templo acolhera na sua regra oficial.

Deve-se advertir que o Templo português conservou parte com certeza fundamental da documentação, que foi zelosamente guardada pelos sucessores da Ordem de Cristo no que se converteria, com o tempo, no arquivo nacional do país vizinho, o da Torre do Tombo. Mas esta documentação, como é habitual, contém lacunas que parecem muitas vezes inexplicáveis e que levam os estudiosos à suspeita bem fundada de que a Ordem foi em Portugal ainda mais poderosa e influente do que os documentos existentes refletem. Entre estas lacunas, existe uma particularmente suspeita: a que não nos dá notícia alguma sobre a considerável quantidade de frades com sobrenomes franceses (alguns pouco mudados) que apareceram incorporados à Ordem de Cristo desde o instante de sua fundação. O silêncio faz pensar com certo fundamento que Portugal, provavelmente através do porto de La Rochelle, acolheu muitos dos templários que conseguiram escapulir da prisão sincronizada que lhes havia preparado Felipe IV, o Belo, e que, uma vez no novo destino, sem serem molestados por tribunal algum, colaboraram ativamente na transformação formal do Templo na nova Ordem de Cristo, que, de fato, poder-se-ia considerar, frente à multidão de tentativas espúrias e escassamente documentadas, a verdadeira herdeira de pelo menos parte fundamental do ideário templário.

A aventura dos templários catalão-aragoneses

A coroa catalão-aragonesa pode gloriar-se de possuir uma riqueza de documentação medieval que, pelo menos no que se refere à Ordem templária, supera em muito a que existe nos arquivos castelhanos. Esta circunstância, tal como tivemos a oportunidade de ir comprovando, permitiu que os investigadores pudessem seguir com muito maior precisão os passos dos frades salomônicos, que puderam dar conta de suas comendas, suas propriedades, do que lhes foi dado e do que compraram, de muitas de suas ambições e alguns de seus grandes projetos. Entre outros sucessos, e considerando as bem documentadas histórias preparadas de dentro e de fora da Espanha, esta superabundância de documentação deu como resultado um dos últimos e definitivos estudos sobre a queda e o processo dos templários catalão-aragoneses, levado a cabo muito recentemente pelo professor Sans i Travé,[11] que deixa pouquíssimas dúvidas a respeito do que aconteceu em terras da Coroa, quase dia a dia, durante aqueles anos cruciais.

Resumindo a pesquisa do professor Sans i Travé — o que nos leva, quase sem querer, a repetir esquemas que antes vieram à luz, se bem que com menos rigor —, encontramo-nos diante da personalidade de um monarca, Jaime II, a quem chamaram o Justo, que, graças às confidências que lhe fez Esquieu Floriàni (ou Floyrán), já conhecia as calúnias contra o Templo anos antes que chegassem ao conhecimento de Felipe IV, mas se absteve de lhes dar crédito ou servir-se delas, até que o francês tomou sua drástica resolução de acabar com a Ordem. Foi como se, ainda sem dar crédito àquele acúmulo de acusações, Jaime II tivesse esperado tranqüilamente que outro se adiantasse a ele, para não tomar sobre si uma responsabilidade cujo resultado — o da desaparição do Templo em seus Estados — lhe convinha, basicamente, porque lhe dava a oportunidade de se desfazer de uma comunidade que não só já era exageradamente poderosa, mas que, desde os tempos de seu avô, o Conquistador, tomara a Coroa como coisa sua, procurando decidir sua política e seu destino, quando se lhes pedia a opinião e, muitas vezes, até quando não era pedida.

É mais que provável — e isto, como é lógico, não pôde nunca ser documentado — que os templários catalão-aragoneses estiveram a par daquele impasse que pesava sobre suas cabeças e que, assim que tiveram as primeiras notícias do que aconteceu do outro lado dos Pireneus, viram que os ameaçava sorte análoga. Por isso, assim que se soube que Jaime II recebera a primeira carta de seu vizinho e, sobretudo, quando lhe chegaram as subseqüentes, junto com a cópia das primeiras confissões inculpatórias de Jacques de Molay, bem como as cartas do dominicano Bruguera,[12] amigo pessoal do rei, que ensinava em Paris e que lhe deu notícias importantes e extra-oficiais sobre o caso, os templários começaram a alarmar-se seriamente, apesar da insistência do monarca e da esperança, por certo que um tanto ingênua, de uma parte dos templários, no sentido de que ninguém agiria enquanto não se recebessem notícias do papa Clemente V expondo seu ponto de vista e sua vontade sobre o assunto. E mesmo que momentaneamente, e sob pedido de seus templários, o rei se tenha limitado a pedir a devolução de três frades catalães que caíram em Navarra com a redada preparada pelo rei Luís, os templários da província aragonesa não estavam senhores da situação, como veio a demonstrar o capítulo de comendadores que teve lugar em Miravet, onde o mestre provincial, Ximén de Lenda, decidiu, com os ali reunidos, preparar-se para resistir nos castelos principais da Ordem e nomear uma comissão que pressionasse o rei a seu favor, antes que chegasse a decidir algo contra eles, como era de se temer.

A comissão se encontrou perante um rei cujas evasivas não pressagiavam precisamente uma tomada de decisões favoráveis à sua causa. E o mestre, agindo em conseqüência disto, enviou missivas urgentes às fortalezas principais da Ordem, mandando que se pusessem em guarda perante os acontecimentos que se avizinhavam. E, assim, primeiro Peñíscola e depois Castellote, Villel, Miravet, Cantavieja, Monzón, Libros, Chalamera, Alfambra e algumas outras — curiosamente, com preferência aquelas que anteriormente pertenceram à extinta ordem de Monsfrag e as que se encontravam vigiando o Mestrado — se converteram em baluartes nos quais boa parte dos templários da província se dispuseram a agüentar assédios e, se fosse o caso — a que não se chegou, felizmente —, a resistir até à morte ao encarceramento e à tortura que acreditaram que os esperava, como na França.

A atitude dos templários serviu de desculpa ao rei, que já sem esperar a decisão do papa mandou sitiar as fortalezas e procedeu à expropriação dos bens que não se encontravam dentro delas e à prisão preventiva dos frades que não haviam chegado a encastelar-se. Com isto, Jaime II cumpria limpamente um de seus desejos: apoderar-se da riqueza templária, mesmo que parcialmente. Sem dúvida, o demais, pecados nefandos incluídos, lhe importava bem menos, posto que começava por não crer neles e estava convencido de que a Igreja se arranjaria perfeitamente na hora de julgar seus réus. Assim, pois, quando chegaram as bulas e os breves papais, deixou que bispos e frades menores as compusessem como melhor Deus lhes desse a entender, e à medida que os castelos foram cedendo em sua resistência — alguns agüentaram o assédio um ano inteiro — se limitou a reclamar o que continham de valor ou de importância. Assim, do de Miravet, reclamou muito especialmente, segundo carta escrita a seu representante Mascarós Garidell, os livros que eram guardados ali, com especial ênfase sobre dois exemplares da Bíblia que, com uma lança, lhes foram doados por seu antepassado Ramón Berenguer IV quando o castelo foi conquistado em 1155.[13]

O Concílio de Tarragona

Parece indubitável que Jaime II, depois de saquear os bens do Templo, teria desejado que o concílio provincial encomendado pelo papa tivesse condenado os frades, tal como, de fato, já estavam condenados na França. Clemente V não se decidira, em 1310, a celebrar o grande concílio que anunciara quase dois anos antes, e portanto ninguém sabia ao certo que desenlace esperava a Ordem. As investigações levadas a cabo ao longo de 1308 e 1309 pelas distintas comissões diocesanas da Coroa de Aragão deram como resultado a provável inocência dos templários convocados, e todo o material compilado foi reunido em Tarragona, à espera de uma decisão global, ao passo que os frades prisioneiros começavam a beneficiar-se de uma notável mitigação de seu confinamento.

Em meados de março de 1311, o arcebispo de Tarragona, Guillén de Rocaberti, reuniu (pela terceira vez) os padres conciliares e pediu que todos os templários prisioneiros, exceto os enfermos e impedidos, fossem levados à sua presença. Era como um desejo oculto de dar tempo ao tempo, à espera que as mais altas instâncias da Igreja decidissem e lhe poupassem a responsabilidade de dar uma solução que logo poderia ser rechaçada. Em alguma coisa, por certo, demonstrou aquele conclave sua independência relativa, pois rechaçou sistematicamente as pressões dissimuladas do rei a favor da condenação. Em lugar de aceder, e ainda sem tomar a decisão contrária, o concílio concordou que, enquanto se esperava, os frades templários recebessem uma subvenção que tornasse mais suportável seu confinamento e que variaria segundo a categoria de cada um, a partir do mestre, que perceberia dois soldos e seis dinheiros por dia, aos sargentos, que seriam atendidos com catorze dinheiros. Todas estas quantidades, como era lógico, sairiam dos bens confiscados aos templários, com o que, indiretamente, se prejudicava o monarca e seu desejo de fazer bonito à custa do dinheiro dos templários.

Por fim, em outubro de 1311, convocou-se o esperado concílio em Vienne e para ele foi convidado Jaime II, como os demais monarcas europeus, mas o rei de Aragão mandou em seu lugar três representantes, que, com o arcebispo de Tarragona e os bispos de Majorca e Valença, formaram a minguada delegação catalão-aragonesa. O rei, ademais, deu ordens estritas a seus assistentes, segundo as quais ficariam restritos às conclusões e desejos do pontífice no que concernia à culpabilidade ou inocência dos templários, mas deveriam pressionar e defender a todo custo o critério do rei, de que a dissolução da Ordem, que já se dava por segura, não supusesse que seus bens teriam de ser adjudicados a alguma outra ordem militar existente, e muito menos para os hospitaleiros.

A 3 de abril de 1312, depois de uma atividade diplomática realmente febril, Clemente V tornou pública sua bula *Vox in Excelso*, pela qual a Ordem do Templo ficava suspensa, não por sentença condenatória — que não foi possível emitir, dado que a maior parte das delegações declarara inocentes seus respectivos templários —, mas a título de sanção. As bulas publicadas a seguir, *Ad Providam* e *Nuper in Generali*, dispunham sobre a passagem dos bens do Templo para a Ordem dos Hospitaleiros. Na última daquelas bulas, *Considerantes Dudum*, o cúmulo de uma diplomacia distorcida, se dava por suprimida a Ordem do Templo, mas se deixava à discrição dos concílios provinciais a faculdade de julgar individualmente — e não coletivamente — seus templários, condenando-os ou declarando-os inocentes, segundo as provas e testemunhas que se reunissem sobre cada um.

Assim se reuniu novamente em outubro de 1312 o concílio tarraconense, depois de estarem todos os templários presos à disposição dos padres conciliares. A 4 de novembro, o concílio se pronunciava, decretando a inocência de todos os templários da província catalão-aragonesa, do reino de Majorca e do reino de Valença. Cada irmão poderia continuar residindo pelo resto da vida em seus antigos conventos. Cada um receberia também uma pensão vitalícia de acordo com o cargo desempenhado na Ordem, que, em qualquer caso, sairia das rendas proporcionadas pelas diversas comendas.[14] Como é de se supor, estas soluções, mesmo que não discutidas, não seriam muito do agrado do rei Jaime II, cuja cobiça o levou a depredar várias igrejas da Ordem, despojando-as dos melhores ornamentos sagrados que possuíram e deixando-as desprovidas do mais necessário para que o culto pudesse desenvolver-se normalmente. O arcebispo Rocaberti "reclamou a Jaime II que pusesse à sua disposição (dos templários) os relicários e demais objetos subtraídos aos frades, para dar-lhes o destino aprovado pelo Concílio".[15]

Os herdeiros do Templo

Se os pontos de interrogação se sucedem ao longo de toda a história da Ordem do Templo, resta um que, no caso concreto dos templários da Coroa de Aragão, vai prolongar-se até muito depois de sua extinção. Refiro-me especificamente à Ordem de Santa Maria de Montesa, cuja fundação e aprovação foi inutilmente proposta por Jaime II a Clemente V através de seu embaixador Vidal de Vilanova e que só pôde ser instituída três anos depois da morte deste, em 1317, sendo então papa o seu sucessor, João XXII. O rei catalão-aragonês parece ter aplicado todo seu empenho na necessidade de que, ao menos em seus domínios, a Ordem de São João do Hospital não acumulasse um poder excessivo com a adjudicação suplementar dos bens do Templo, tal como o papa havia decidido nas bulas emanadas do Concílio de Vienne. Na opinião do rei, segundo insistiu teimosamente seu delegado perante a corte pontifícia de Avignon, a Coroa não podia permitir de modo algum esta adjudicação, porque, se levada a efeito, o Hospital se converteria não só na maior potência do reino, mas numa força mais poderosa que qualquer outra que o soberano pudesse reunir, convertendo-se, de fato, em dona e senhora dos destinos da Coroa. Para dar mais autoridade a esta postura, Jaime II não duvidou em por-se em contato com o restante dos reis peninsulares — à exceção de Luís de Navarra, porque seus interesses estavam absolutamente ligados aos da França — para obter seu apoio e incitá-los a que tivessem a mesma postura.

Ares del Maestre se converteu, depois de abolido o Templo, em uma das praças principais da nova Ordem de Montesa.

Durante os anos em que durou esse cabo-de-guerra, o monarca aragonês fez as mais diversas ofertas a propósito dos poderes e do território da projetada Ordem de Montesa, até a definitiva, que foi a que finalmente se aprovou, segundo a qual os novos frades entrariam na posse de todos os bens do Templo no reino de Valença, com exceção da comenda da capital e da vila e castelo de Torrent, que ficariam como propriedade dos hospitaleiros. A nova ordem seria filial da de Calatrava, por cuja regra se regeria, e seus membros se submeteriam ao controle e às normas das inspeções e visitas dos responsáveis de Calatrava. A nova ordem, ademais, seria responsável pela segurança das fronteiras do reino ante as possíveis agressões dos muçulmanos granadinos, única força islâmica que ainda restava na Península.

Mas subsiste uma incógnita que ainda não tem resposta, apesar de que quase sempre se subentende que exista. A Ordem de Montesa foi criada com os bens dos templários do reino de Valença. Os montesinos, conseqüentemente e até o século XIX, consideraram-se herdeiros efetivos do Templo e até, ocasionalmente, se autoproclamaram templários. Por certo, diversamente da Ordem de Cristo instituída em Portugal, não foram os templários despojados de sua instituição que a formaram, mas, à parte algum templário isolado que se juntou a ela, formou-se com membros designados por Calatrava e com frades que entraram para ela em primeiro lugar. A herança templária de Montesa, pois, e enquanto não se possa provar o contrário — coisa bastante improvável, porque sua trajetória parece estar suficientemente documentada, apesar do desastre da destruição de sua sede por um terremoto, no século XVIII —, foi exclusivamente material, de bens e terras, de casas e castelos, mas nunca de ideário nem de fins. E mais: tem-se notícia certa — e o livro de Sans i Travé que tenho tomado como base destas conclusões o demonstra sem dar lugar a dúvidas razoáveis — de que os principais responsáveis pela extinta Ordem do Templo na província catalão-aragonesa preferiram manter-se à margem destes problemas e terminaram suas vidas mais ou menos folgadamente e mais ou menos honestamente com as pensões que lhes foram adjudicadas e que lhes eram pagas religiosamente pelos hospitaleiros, a partir das rendas dos bens que acumularam por causa de suas antigas propriedades.

Montesa, pois, foi a Ordem herdeira do Templo, mas de modo algum sua continuadora espiritual e ideológica, como alguns — e eu mesmo, em outra ocasião — supuseram. Se os templários se voltaram como um só homem para a fundação e desenvolvimento da Ordem de Cristo portuguesa — e não só os templários portugueses, mas todos aqueles que sentiam o Templo como próprio e digno de continuar vigendo —, a maior parte dos da Coroa de Aragão, e entre eles seus principais dirigentes, parecem ter ficado inibidos de seu templarismo (e até, ocasionalmente, por sua condição de frades, que não havia sofrido prejuízo quando a Ordem fora suprimida) em aras de uma vida, senão mais livre, isenta de preocupações e responsabilidades. Isto não foi óbice para que muitos deles, dos que conservaram ao menos a recordação, se entregassem ao que o povo não duvidou em qualificar de vida de santidade, convertendo-se em anacoretas que terminaram a existência como penitentes nas proximidades de suas antigas comendas, ou como párocos de alguma de suas antigas igrejas ou — o que resultou ser o mais comum — como hóspedes sem ofício nem benefício nos próprios castelos onde decorreram suas vidas como frades ou sargentos daquele Templo que ficaria como uma recordação mítica na memória do povo.

Contudo, não é possível assentar sem mais a conclusão definitiva de que o Templo, em sua quase totalidade — excluída em parte a Ordem de Cristo —, se prestasse passivamente à sua extinção. Resta essa incógnita de que falava antes, a da inexplicável aceitação da derrota ideológica por parte daqueles templários que foram efetivamente conscientes da missão que a Ordem determinara para si. Há muitas, quiçá demasiadas teorias que apontam para uma continuidade secreta do Templo. A maior parte delas cai sob o peso de sua própria inconsistência. No entretanto, a História — ou a intra-história, se assim o preferirmos — continua marcada de indícios de templários posteriores à abolição do Templo. Só que estes indícios não cabem já nestas páginas, porque constituem uma aventura muito mais alucinante, ao menos na aparência, do que a que significou a história pública dos templários. E esta história exige outras definições.

Terceira Parte:

O legado do Templo

Veritable chose est que vos est done especiaument, si come por dette, que vos devés metre vos armes por vos freres, ensi com fist Jhesu Crist, et defendre la terre des mescreants paiens que sont enemis au fill de la Virge Marie. Ceste deffense dessus dite n'est mie entendue dou lion, car il vait avironant et cherchant que il puisse devorer, et les mains de lui contre trestous et les mains de tous contre lui.

(Art. LVI da regra francesa, que corresponde ao XLVII da castelhana, redigido assim por Campomanes: "Porque é certo o que especialmente deveis, e se estais encarregados de empenhar vossas almas pelas de vossos Irmãos, e extirpar da terra os incrédulos que sempre ameaçam o Filho da Virgem. Porque do Leão lemos o seguinte: Porque ele anda rondando, procurando a quem devorar; e em outra parte: Suas mãos contra todos, e as de todos contra ele").

9. O Templo na História

A aventura da Ordem do Templo constitui um episódio decisivo e fundamental da História européia medieval. O Templo nasce, desenvolve-se, alcança seu zênite, decai e desaparece durante um período de duzentos anos (1118-1312), que marca, por um lado, o instante crucial da cultura do Ocidente, que alcança então a meta de sua identidade e incuba o germe de uma consciência coletiva, na qual, para o bem ou para o mal, ainda estamos imersos; por outro, resume e contém toda a herança de um passado que, nesse preciso segundo — pois duzentos anos são apenas um segundo na vida da Humanidade —, chega até sua meta definitiva e põe em enterdito a escala de valores aceita até então, para propor sua substituição por outra mais de acordo com o aglomerado de elementos de juízo acumulados por essa consciência coletiva que luta por estruturar-se e tomar forma, apesar das travas mortais que pretende impor-lhe a comunidade dominante naquela sociedade: a Igreja.

Esta mudança radical dos esquemas vitais e mentais, essencialmente revolucionária e logicamente destruidora, como destruidoras foram todas as tentativas de renovação ao defrontar-se com as estruturas monolíticas acovardadas no imobilismo do poder constituído, coincide passo a passo com a presença templária e se desenrola de maneira violenta imediatamente depois de sua desaparição: Peste Negra, Cisma do Ocidente, Guerra dos Cem Anos. E quem tratar de penetrar nos silêncios da História não terá outra opção senão perguntar-se se por acaso o Templo coincidiu casualmente com aquela sacudida, se foi uma peça a mais entre os que contribuíram para o seu desencadear ou se — talvez —

foi o motor secreto que pôs em marcha a engrenagem daquela transição.

Não me ufano, como alguns, como partidário de atribuir ao Templo a condição de ter sido o motor exclusivo dessa mudança fundamental, de ter fechado com sua presença uma época e de ter aberto outra com sua desaparição. Isto fica para idealistas que têm tendência a ver a História de uma ótica simplista e subjetiva. Pois, mesmo que a História tenha muito de subjetivo e ainda que a historiografia nunca tenha conseguido libertar-se das tendências e fobias daqueles que se lançaram a contar a aventura humana, uma multidão de subjetividades engendra, necessariamente, essa conexão de objetividade que nos obriga a descrever qualquer moeda pelo anverso e pelo reverso, se bem que um dos lados nos atraia mais que o outro e dediquemos a ele nossos esforços e nossas preferências.

A história da Ordem do Templo, como a história da Europa durante os séculos XII e XIII, reúne em si mesma suficientes elementos de reflexão e misteriosa inquietude, o bastante para surgir a suspeita de que, naqueles instantes cruciais, se gestava uma realidade que, na sombra — pois nenhum documento poderia evidenciá-la —, puxava os fios do grande conflito. Daquela realidade estamos habituados a consignar as mudanças e a aceitá-las sem mais. Muito menos acostumados estamos a analisar — sem perigosos obstáculos metodológicos — o que poderia esconder-se detrás daquela soberba eclosão cultural, capaz de pôr em xeque os esquemas de consciência segundo os quais se costuma movimentar tanto a pesquisa como o próprio comportamento dos indivíduos.

O Templo está em harmonia com a sua época: uma época em que o maravilhoso e o irracional brinca com as secas, as universidades, a guerra sem fim, a miséria dos outros, o absolutismo, a devoção imposta, o nascimento da burguesia, as pestes, os conflitos de prioridade entre a Igreja e os leigos poderosos e o redescobrimento do comércio. O maravilhoso — o autenticamente transcendente, se assim o quisermos — se manifesta, frente ao cotidiano e tangível, na eclosão do gótico, na guerra divinal, na consciência cavalheiresca, no ressurgir da cabala e da alquimia, na aventura singular dos trovadores, na eclosão do catarismo, na busca do Graal, na tímida e herética aparição do amor cortesão, nas lojas de canteiros e construtores, na recuperação da imagem impossível do herói. Significativamente, o Templo, por menos que nos ocupemos com ele e rastreemos sua essência, vamos encontrá-lo integrado a todos estes elementos que conformam a realidade total de seu tempo. Movendo-os, controlando-os, talvez? Não sejamos otimistas, não creiamos ter encontrado a pedra filosofal. Seguramente não, mas, sim, assumindo no essencial da Ordem todos os fios aparentemente soltos daquela espessa madeixa cultural da qual os templários formaram parte e, sob certos aspectos, quase chegaram a dominar.

Existe um mistério templário?

Os que sabem, e, por saber, impõem seu critério e desprezam a quem se atreve a discrepar deles, advertiram-me sempre que me outorgaram a oportunidade de falar-me. Repetiram-me, com o sincero desejo de convencer-me, que o Templo, sem mais, foi um produto da Cruzada, que atuou ao pé da letra conforme os cânones ideológicos de seu tempo, que não passou de um apêndice armado a serviço da Igreja e que, como tal, usou e abusou dos seus privilégios de milícia eclesiástica e medrou graças à sua condição. Que cumpriu seu ciclo vital e que desapareceu ao encontrar um seu semelhante num monarca ainda mais ambicioso que a Ordem e num papa vendido o bastante, que foi confirmado em seu cargo para não se opor à sua vontade, dobrando-se a seus caprichos e livrando-se de um passo de uma coletividade que começava a ser incômoda (por sua rivalidade com os demais poderes da Igreja) e obsoleta (pelo abandono do espírito de cruzada que a engendrou). Não houve mistério, não existe astúcia histórica, não há mais lenha do que a que arde na fogueira.

Na investigação acadêmica, no método científico, está a verdade. Mas muito receio que não toda a verdade, e estou certo que não só a verdade. Não toda, porque — já o disse anteriormente — a documentação não só *está* incompleta, mas que, mesmo a que existe, *é* incompleta e expressão apenas parcial da verdade. Ou, o que dá no mesmo, expressão da verdade que quiseram fazer valer os que entregaram ou mandaram redigir os tais documentos. Precisamente esses documentos com os quais agora trabalhamos e que são nossa única fonte racional de credibilidade.

A documentação templária, escassa ou abundante segundo os distintos arquivos nacionais que a conservam, nos dá conta da verdade imediata do Templo, a oficialmente aceita, com maior ou menor detalhe, permitindo um acompanhamento mais ou menos completo, segundo sua abundância e suas lacunas. Mas toda essa documentação, nos conta um *quê:* uma circunstância concreta, e nunca um *porquê:* uma motivação que pôde determiná-la. No entanto, com toda esta documentação em mãos, o rastreio — seja lúcido, seja obsessivo — do templário nos enche a consciência de porquês que não se encontram refletidos nos documentos. Perante isto, a historiografia convencional, digamos, a que leva a batuta, proclama que não existem esses porquês, mesmo que se encontrem aí, dando conta de sua presença e desafiando para um duelo não aceito. Estão aí, ademais, para que não nos esforcemos em indagá-los. E não valem razões que pretendam negá-los, porque teríamos de voltar a Galileu, e como ele gritar perante o tribunal desqualificador: *Eppur, si muove!* ("Apesar de tudo, [a Terra] se move!").

Há um mistério templário, com ou sem permissão da autoridade competente. Mistério que só cabe explicar recorrendo às também misteriosas intenções do Templo para com o mundo em que surgiu. Certas intenções de poder onímodo, que, para alcançá-las, contava, em princípio, com sua dupla condição de instituição religiosa e de comunidade guerreira, o que fazia da Ordem o modelo idôneo para levar a cabo a guerra santa, defensora máxima de uma teocracia em que os homens de Deus, os predestinados da Providência, com permissão sacrossanta para matar — o que a Igreja jamais atribui a si oficialmente, entregando seus condenados ao braço secular — e para impor sua lei e sua ordem. Eis aqui um ideário que de nenhum modo poderia ver-se refletido em documento algum, porque nos documentos se colocam as decisões humanas, e esta consciência do Templo — timidamente secundada pelo Hospital e setorialmente praticada pelos teutônicos — baseava seus esquemas na suposta vontade divina.

O mistério real se inicia — e é a partir daqui que se torna menos admissível através de uma definição estritamente racionalista da realidade histórica — quando o Templo, para alcançar seus fins, estrutura uma pauta de comportamento, naturalmente discreta, que em teoria há de levá-lo à meta de poder que se fixou. Neste projeto, quando se pretende dominar universalmente os destinos dos povos, não valem os esquemas usuais. É preciso saltar por cima do aceito, que sempre, enquanto aceito, implica uma obediência. E, para saltar por cima do aceito, é preciso valer-se do proibido, assumindo tanto as estruturas consentidas como as contrárias: as que a consciência majoritária condena e rechaça, considerandoas como procedentes do mundo maligno que sempre haverá de estar por aí para contrastar com o que tomamos cegamente por bom e desejável, só porque os que mandam em nós declararam assim.

A Igreja, desde que tomou as rédeas da consciência do Ocidente, organizou para seu rebanho uma escala de valores sobre a qual obrigou todos a fixarem suas pautas de comportamento. Estabeleceu dogmas estritos e declarou satânicas todas as atitudes e todas as crenças que se opunham a seus esquemas. Mas o Templo, fundado na Terra Santa, descobriu que, em princípio, aquela comarca no fim do mundo, que fora o berço do Cristianismo, era igualmente santa para credos que o Cristianismo abominava: o Islã e o Judaísmo. E não só para estas formas religiosas, mas para variantes do Cristianismo que a ortodoxia romana havia qualificado de heréticas e condenáveis.

O Templo, corporativamente, deu-se conta de que a posse do *Axis Mundi*, do qual podia emergir o núcleo de um poder universal, obrigava a superar as barreiras da ortodoxia e procurar em todas aquelas crenças, que conviviam naquela terra, os elementos básicos que as uniam, em lugar de destacar, como ainda fazia a Igreja triunfante, as barreiras ideológicas que as separavam. Assim, o Templo — não foi o único, mas o principal, enquanto comunidade tornada coesa e disciplinada militarmente — entrou em contato com as igrejas separadas, como o Islã, fundamentalmente através de sua variante xiita, mais heterodoxa e naquele momento mais aberta aos contatos sincréticos através de seus mestres sufis. Nas igrejas templárias de Jerusalém, segundo conta Guillermo de Tiro, chegaram a oficiar-se atos litúrgicos islâmicos; e os mesmos templários, sem transformar nada de sua estrutura, converteram a Cúpula da Rocha em Templo do Salvador, sabendo que na pedra que emerge de seu centro dormiu Jacó, e que nela se apoiou a égua Al-Buraq para catapultar o Profeta ao Sétimo Céu do Islã.

Estas circunstâncias fundamentais estiveram presentes na consciência corporativa templária desde seus albores. Mas nunca poderiam ter sido transcritas em nenhum documento público, sob pena de caírem sob o anátema da mesma Igreja que fomentara sua criação como força armada a seu serviço. Possuíam, ademais, em Jerusalém, enquanto Ordem monástica, um recinto privado onde só tinha acesso quem fosse autorizado pela Ordem. Curiosamente, esse recinto era o que ficava ao pé do Templo de Salomão, o lugar sagrado que, segundo a tradição bíblica, foi idealizado, concebido e construído seguindo ao pé da letra as diretrizes dadas "pessoalmente" pela Divindade: Javé, Deus Pai, Alá. Se isto era certo — e a Bíblia, na Idade Média, era a única verdade primigênia reconhecida e aceita ao pé da letra — aquele lugar estava impregnado de essência divina. E não só para eles, a milícia ativa do Cristianismo romano, mas para os crentes hebreus e para os fiéis do Islã, que nasceu da Bíblia.

Para o Templo, sua casa-mãe de Jerusalém foi algo mais que o recinto onde se estruturou a Ordem. Se os primeiros frades solicitaram ao rei Balduíno II instalar-se precisamente ali, apesar de suas precárias comodidades iniciais, não foi por capricho, mas porque o Templo, ou o que restava dele, tinha chaves a desentranhar e, em qualquer caso, formava parte *ativa* de uma tradição sagrada que não só se havia prolongado no Cristianismo através do judaísmo, mas alcançava em cheio o infiel muçulmano, ao mesmo tempo que despertava devotas manifestações nas seitas cristãs do Oriente, dos coptas aos monofisitas, dos armênios aos nestorianos. De certo modo, os templários, em seu projeto teocrático, tiveram consciência de que a Ordem, por predestinação ou acaso, havia nascido no Centro do Centro do Mundo. E isto foi marcante. Sua conservação, ou suas tentativas desesperadas de conservá-lo como sede, chamar-se a si mesmos templários e reproduzi-lo em seus selos, não era coisa de capricho, mas convicção visceral de cumprimento estrito de uma condição que formava parte da Tradição e que proclamava aos quatro ventos, se bem que discretamente e em silêncio, seu ideário, seu projeto, a chave profunda de suas intenções sinárquicas.

Esta é, ou parece-me que é, a primeira chave do mistério templário, desse mistério que a historiografia acadêmica, convencional e racionalista, não quer nem pode reconhecer. E não quer porque suas normas metodológicas não permitem ir mais além do que a documentação lhe revela. Não pode porque adentrar-se em terrenos aparentemente alheios à História significaria lançar mão de peças de evidência que logicamente não domina, nem lhe permitiram dominar. A História, como todos os ramos do conhecimento, tanto humanísticos como tecnológicos, necessita de auxílios que todos, sistematicamente, parecem empenhados em rechaçar. Pois a História, queiramo-lo ou não, é o relato cronológico da vida humana. E esta aventura, como a consciência que a rege, é tão rica, tão variada e tão complexa que teria de ser estruturada atendendo a todas as facetas dessa consciência, onde intervêm sonhos, crenças, esperanças, desejos e até patologias, humores e mutações genéticas.

As chaves do legado: 1) A arquitetura

A polêmica está armada. Historiadores da arte e estudiosos das formas arquitetônicas medievais se encarniçaram desde o século passado na discussão, ao que parece insolúvel, das construções templárias. A pugna ficou estabelecida, sobretudo, no modelo que pôde servir ao Templo para levantar seus templos, ou ao menos alguns deles; mas se prolongou ao presumível esquema utilizado em suas fortalezas e, abarcando tudo, em sua eventual proteção a irmandades de construtores, às quais teriam informado sobre as estruturas que constituem a arquitetura sagrada, tal como possivelmente puderam descobri-la no Oriente e, acima de tudo, no estudo em profundidade das ruínas do Templo de Salomão nas quais haviam estabelecido a Casa-Mãe da Ordem.

Apoiando-se em construções como esta, de Sant Pere el Gros, nas vizinhanças de Cervera, que provavelmente não foi templária, vários pesquisadores se empenharam em negar a origem templária de todas as construções religiosas poligonais e circulares.

Sem dúvida, o modelo da disputa centra-se nas igrejas poligonais, muitas delas atribuídas ao Templo, que uma parte da investigação aceita e outro setor rechaça com o mesmo entusiasmo, sem conceder sequer o benefício da dúvida e reconhecer que pode existir um modelo empregado pelos templários e que logo foi aproveitado pelos outros, imitando-o ou seguindo seus esquemas, conscientes ou não do sentido que encerravam.

Disse antes, mas nunca é demais insistir, que a Ordem constituiu seu primeiro templo em sua sede de Jerusalém, no santuário islâmico da Rocha, falsamente chamado de mesquita. O santuário foi encontrado no recinto que lhes foi doado e, quase que imediatamente — certamente antes que a Ordem adquirisse caráter oficial —, o converteram em templo e dedicaram-no ao Salvador. Segundo as notícias dos cronistas contemporâneos e vários escritos muçulmanos da época, esse templo deve ter sido aquele que, ocasionalmente, os templários cederam a seus amigos muçulmanos para que realizassem nele seu culto. O testemunho do embaixador Usama ibn Munqidh, enviado pelo sultão de Damasco, torna inútil qualquer comprovação ulterior: *"Quando visitei Jerusalém"* — diz —, *"entrei na mesquita de Al Aqsa, que estava ocupada por meus amigos, os templários. Ao lado desta se encontrava uma pequena mesquita que os francos converteram em igreja. Os templários designaram-me esta pequena mesquita para que nela cumprisse minhas orações"*.[1]

Em Villamuriel de Cerrato, os templários edificaram uma igreja sob o símbolo da porta dupla, como a do Santo Sepulcro de Jerusalém.

O santuário da Rocha não era, pois, um mero modelo arquitetônico. Encravado no recinto do Templo que foi ditado por Javé ao rei Salomão — rei dos reis, ou primeiro rei do mundo —, foi simultaneamente lugar sagrado para os templários e para seus amigos xiitas de Damasco. Assim se convertia, dentro do projeto da Ordem, no lugar sagrado por excelência, pois o era efetivamente para todos, à margem da disparidade de credos. Não resulta estranho que, no desenvolvimento de seu ideário, os templários não só reproduzissem seu esquema em outros templos especialmente significativos para eles em seus domínios europeus, mas que incluíssem repetidamente sua imagem nos seus selos, por si sós carregados de elementos simbólicos, porque acreditavam em sua condição através da própria palavra que os definia: *sigillum*, que significa, realmente, *selo*, mas cujo primeiro sentido, como da nossa palavra *sigilo*, é o de "segredo". Um segredo que se estribava na condição de um templo cuja função sincrética jamais teria podido ser autorizada pela ortodoxia latina.

Restringindo-nos a nosso Templo peninsular, há quatro igrejas fundamentais deste tipo, das quais três — duas navarras e uma castelhana — tiveram de sofrer a polêmica de sua atribuição templária e uma — a portuguesa — teve de ser aceita sem discussão pela avassaladora documentação que proclama sua origem templária e se encontra no próprio recinto da que foi a sede central dos templários portugueses: Tomar.

A igreja de Vera Cruz de Segóvia, atualmente propriedade da Ordem de Malta, herdeira e continuadora dos hospitaleiros de Jerusalém, herdeiros em Castela de parte dos bens do Templo, formava parte da comenda templária de Zamarramala. Tem doze lados, três absides que se destacam da estrutura poligonal e uma edícula central à qual se tem acesso por uma escada colocada em seu lado ocidental, a partir do qual se pode ver o altar-mor. No centro da edícula há um altar com decoração em estilo mudéjar, e se percebe a presença de um banco que corre ao redor da edícula, possivelmente aproveitado para reuniões de pequeno número de pessoas. A discussão com respeito à sua origem, que poucos duvidavam que fosse templária pela proximidade da comenda citada, foi levantada por um estudo realizado por certo arquiteto, Luis Maria Cabello Lapiedra,[2] que, além de arquiteto, era membro da Ordem do Santo Sepulcro e reivindicou como originária desta ordem a igreja em questão. Suas teses, que levaram outros estudiosos a mostrar-se conformes com as conclusões aportadas, se viram derrotadas quando se descobriu nos arquivos de Zamarramala um breve do papa Honório III, datado de 13 de maio de 1224, que delata o envio da Vera Cruz que ali se venerava aos cavaleiros templários, que eram os proprietários do templo em questão,[3] situado, segundo conta o breve, *"ao setentrião de Segóvia"*.

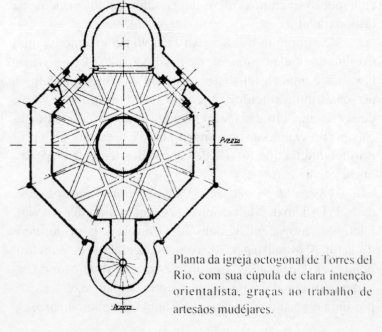

Planta da igreja octogonal de Torres del Rio, com sua cúpula de clara intenção orientalista, graças ao trabalho de artesãos mudéjares.

A capela funerária de Eunate se encontra em Navarra, à beira do caminho dos peregrinos de Santiago e a um tiro de balestra da comenda templária de Puente de la Reina. Apesar disto, as mais altas instâncias da investigação arquitetônica continuam insistindo em que não se trata de uma construção templária. Para tal se amparam, fundamentalmente, na ausência de documentos que acreditem tal filiação e em obscuros escritos que anunciam sua fundação por parte de "uma rainha" cuja personalidade ninguém esclarece e que muito bem pode ser uma das figuras simbólicas utilizadas pelo Templo para sacralizar os lugares nos quais se assentava. A capela de Eunate, da qual tive oportunidade de falar demoradamente em outras obras, tem a favor dos templários, à parte sua estrutura, perfeitamente de acordo com os moldes da construção sagrada promovida pelos frades da Ordem, sua proximidade à comenda e uma documentação, que ainda não sei por que não teve maior repercussão, que prova que os terrenos onde se ergue foram comprados pelo Templo.[4]

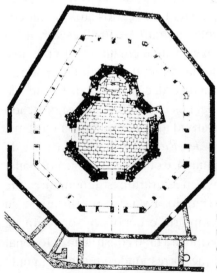

A igreja octogonal de Eunate, rodeada de um pequeno claustro exterior, semelhante ao que outrora rodeou o templo da Rocha.

Como em outros lugares — como é o caso já mencionado da Vera Cruz —, dá-se a circunstância de que a Ordem do Hospital, ao apoderar-se por decisão do papa Clemente V de uma parte considerável dos bens que pertenceram ao Templo, fez o possível para fazer desaparecer os documentos que davam crédito de sua propriedade anterior. Em algumas ocasiões, chegou-se inclusive a falsificar cópias posteriores nas quais se escamoteava a origem templária e se especificava uma origem hospitaleira que jamais foi certa. No caso de Eunate, os hospitaleiros, que se apoderaram da comenda de Puente de la Reina, trocaram os papéis da comenda, mas com os de Eunate se limitaram a fazê-los desaparecer. Em qualquer caso, à parte os elementos simbólicos que aparecem na zona de capitéis românicos ainda existentes, dá-se uma circunstância que é comum também à Vera Cruz e a outras igrejas poligonais das quais logo falarei. As ditas igrejas não se encontravam no lugar exato da comenda templária, mas separadas delas por distâncias variáveis, de maneira que, com toda probabilidade, constituíam lugares de pequena peregrinação, aos quais se deslocavam os frades em ocasiões assinaladas para ter neles certos atos iniciáticos — quem sabe se meramente *capitual* — que lhes servia, ao mesmo tempo, como retiro espiritual em um lugar vizinho e ao mesmo tempo afastado da comenda. Resultaria natural, nestas circunstâncias, que a recordação formal de Cúpula da Rocha fosse mais proposital nestes lugares, cujo significado corresponderia melhor às atividades espirituais da Ordem.

A igreja de Torres del Río, não muito afastada de Eunate, no caminho de Santiago, é outra construção poligonal sobre a qual os eruditos[5] declararam solenemente que tampouco pertenceu ao Templo. Está a certa distância da casa que de início foi templária e depois hospitaleira de Bargota e sua estrutura nos mostra uma construção octogonal perfeita, com uma abside que corresponde equilibradamente a uma escadaria em caracol que sobe — como outra escadaria existente em Eunate — à chamada "lanterna dos mortos", que conduz a um recinto diminuto sobre a cúpula que, segundo se supõe, servia para acender um fogo anunciador de que um peregrino havia morrido. A presença de recintos deste tipo em outros lugares como a Vera Cruz de Segóvia, afastada da rota peregrina e sem razões válidas que pudesse apoiar esta função, leva à suspeita de que estes lugares muito pequenos pudessem servir, tal como na igrejinha pré-românica de San Baudilio de Berlanga, na província de Sória, para retiro penitente de algum membro da comunidade que o solicitasse. A igreja de Torres del Río, ademais, tem em sua decoração elementos mudéjares muito específicos, que obrigam a pensar num intencional paralelismo com a estrutura islâmica da Cúpula hierosolimitana da Rocha. A presença nas mísulas interiores da igreja de cabeças de figura bafométrica são igualmente suspeitas, permitindo atribuir a este templo origem templária, que para mim não oferece dúvida, já que acumula em escala quase total os elementos precisos que o confirmam.

Selo templário com a imagem do Santo Sepulcro. Não se deve confundir com a Cúpula da Rocha.

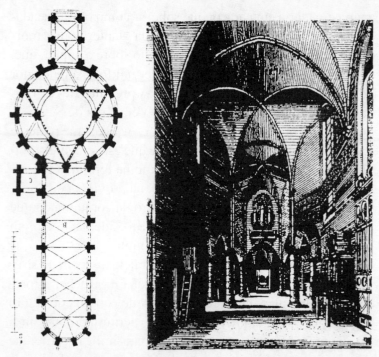

Interior da desaparecida igreja do Templo, em Paris. A rotunda central formava, na figura de uma chave, o cabo do instrumento.

A capela de São Satúrio, na cidade de Sória e junto ao rio Douro, é, na verdade, uma construção dos séculos XVII-XVIII, erguida sobre a rocha que configurava a cova chamada do santo. A circunstância de encontrar-se a pequena distância da comenda templária de San Polo — cuja igreja é preciso atravessar para alcançar a capela em questão — e em terrenos que pertenceram ao Templo antes de passar a ser regidos pelos sanjuanistas faz pensar muito provavelmente que essa capela, de forma octogonal, foi reconstruída sobre uma estrutura provavelmente também octogonal que teria sido derrubada depois da desaparição do Templo. Outros elementos confluem para corroborar esta suposição. Em primeiro lugar, a presença, na estrutura do complexo do santuário, de uma sala, chamada dos Heróis, que tem enormes semelhanças com as exíguas salas capitulares de outras comendas templárias. Ademais, a sala em questão é presidida por uma imagem de São Satúrio. E este santo, invariavelmente — e sem que ninguém tenha dado explicação convincente de seu porquê —, é representado como um busto de ancião, com barba comprida e pintado de escuro, ocasionalmente negro. Assim são todas as representações mais antigas conhecidas do santo soriano: uma imagem que tem indubitavelmente uma semelhança suspeita com a imagem do baphomet templário do qual se fala repetidamente nos processos e nas lendas que surgiram do mito dos templários.

Foi a partir daqui que, por um misterioso e incompreensível contubérnio disfarçado de rigor histórico, os mais significativos monumentos templários peninsulares, precisamente os que ainda hoje marcam o que é a projeção arquitetônica do ideário templário, foram sistematicamente rechaçados como tais pela pesquisa histórica convencional, alegando sempre que faltam provas para sua filiação, quando a prova mais evidente é sua própria presença. Não resta dúvida de que esta teimosia não é casual. Se me permitem dizê-lo, creio ser indubitável que o Templo hispânico foi, e em muitos casos continua sendo, um osso duro de roer, no qual poucos se atreveram a fincar os dentes, e que a maior parte da investigação que poderíamos chamar oficial ou acadêmica procurou despojar aqueles componentes que poderiam resultar comprometidos — ou comprometedores — na hora de definir a função que assumiu a Ordem e os propósitos que albergou ao introduzir-se na Península, deixando logicamente de lado a luta contra o Islã, que convertia nosso território em terra de Cruzada.

Do mesmo modo, o Templo espanhol — não incluo o português, neste caso, porque seu tratamento no país vizinho foi muito mais de acordo com sua realidade, se bem que acompanhado de doses de importuno racionalismo — viu-se sistematicamente despojado de todos os elementos intra-históricos que aportou nos deixou, para que algum dia pudéssemos talvez nos dar conta de seu autêntico significado no conjunto de nossa aventura histórica. Na verdade, atrever-me-ia a assegurar que absolutamente todos os elementos constitutivos do esoterismo templário — pois não cabe a menor dúvida de que houve, efetivamente, um esoterismo templário, e muito importante — nos foram escamoteados sistematicamente, tanto no que tange à atribuição templária de determinados feitos da História como na hora de determinar o que a Ordem nos deixou como recordação de sua passagem por nossa aventura histórica.

Seria muito de meu agrado sistematizar todas estas contribuições, desfiá-las uma a uma, assinalar com o dedo o que é templário e que ninguém gostaria que o fosse, ou, ao menos, negou-se a reconhecê-lo. Mas isto ou já o fiz em outro lugar ou necessitaria de um espaço e condições que não são precisamente as que coloquei neste livro. Por isso, prefiro limitar-me a dar umas pinceladas sobre essa quase incrível e quase impossível circunstância histórica fundamental que foi o Templo em nossas terras e deixar para ocasião mais favorável, caso se apresente, a sistematização irrefutável de todos esses elementos dispersos que, mesmo em sua dispersão, conformam uma realidade digna de levar em conta, se se aceita que a História é algo mais que o mero relato de acontecimentos e a mera enumeração de circunstâncias socio-econômicas.

O templo do mosteiro português de Alcobaça volta a estruturar sua planta em forma de chave. Este deambulatório é o cabo, e no fundo se encontra a capela lateral que abre a "fechadura".

As chaves do legado: 2) Cruzes patriarcais e "baphomets"

Entre os elementos que conformaram as provas acusatórias do processo contra os templários, figuram dois que muitos processados confirmaram com pouco mais ou pouco menos variações. Um deles foi a suposta adoração a uma figura com cabeça diabólica, sobre a qual ninguém se pôs de acordo na hora de fazer uma descrição apropriada e cujo suposto nome, o *baphomet*, continua despertando a curiosidade em muitos estudiosos sobre seu significado. O outro se referia à ofensa à Cruz, que supostamente os noviços tinham de cuspir e pisotear quando pronunciavam seus votos de ingresso na Ordem.

Comecemos por essa Cruz. Os inquisidores, como resulta lógico, insistiram sobre este ato, que consideravam como o mais herético de quantos comprometiam os templários e contribuiriam para sua condenação. Alguns dos acusados deram respostas afirmativas a esta pergunta, outros disseram que, mesmo não o praticando pessoalmente, ouviram falar dele em alguma ocasião, ou presenciaram-no em cerimônias das quais só foram testemunhas. Em qualquer caso, os textos que chegaram a nós sobre cerimônias de recepção na Ordem, acima de uma evidente ortodoxia, nos mostram algo curioso: em nenhum momento dessas cerimônias, os textos citam Jesus Cristo nem seu sacrifício na Cruz, mas unicamente Deus Pai e Santa Maria. Esta circunstância, se atentarmos a que a Ordem nasceu precisamente ali onde Jesus Cristo nasceu, viveu e morreu passando pela Paixão, e que a finalidade oficial das Cruzadas foi a recuperação do Santo Sepulcro, não deixa de ser significativa. Não tratemos de encontrar provas que a motivem nem documentos que eventualmente confirmem o que vou apontar, mas a circunstância templária, parcialmente conformada pela Regra e por seus Estatutos, nos leva à convicção de que, em matéria devocional, os templários tendiam a rechaçar sempre que lhes fosse possível a sacralidade do sacrifício crístico, cuja trajetória vital lhes parecia, sem dúvida, infinitamente mais digna de devoção que seu lado escatológico, sobre cuja circunstância a Igreja havia levantado boa parte de seu conteúdo dogmático.

Assim, pois, a Cruz, para o Templo, não era uma recordação sacrificial, mas simbolizava as grandezas cósmicas que já conformaram esse sinal nos albores da Tradição arcana da Humanidade. Significado que coincidia com a Cruz grega vermelha e de braços iguais, que acabou sendo, com ligeiras variantes, o sinal de reconhecimento da Ordem, uma forma muito distinta da que havia adotado como símbolo de vitória a Igreja, tanto como símbolo como na hora de esquematizá-la nos templos da Cristandade. Os templos da Ordem, excluídas as capelas poligonais das quais fizemos menção, evitaram muitas vezes a planta da cruz latina, trocando-a por uma estrutura que, em muitos casos, poderia ser chamada — ignoro se têm um nome oficial concreto — de *chave*. São igrejas com um catavento que substitui o cruzeiro convencional e que, com freqüência, têm uma capela a seus pés, que imita, por sua posição, os dentes de uma chave, cuja empunhadura seria o catavento.

Sem ir além do que exigiria um longo estudo sobre seus possíveis significados, parece evidente o fato de que o Templo sentiu — no plano simbólico, ou ao menos no significativo — uma certa aversão à Cruz da Paixão. No entanto, tendeu a carregar de significado a figura do *Lignum Crucis,* supostos fragmentos da Cruz do Gólgota, expostos ou simplesmente guardados em relicários que tomaram a forma de cruzes patriarcais ou de dois braços, aos quais conferiram virtudes e capacidades milagrosas que em muitos casos, como o da chamada Cruz de Caravaca, se prolongaram popularmente até nossos dias.

Sem contar as que desapareceram, mas só as de que se tem notícia razoavelmente fidedigna, o Templo espanhol fomentou o culto e a veneração, pelo menos, de quatro destas relíquias que ainda se conservam em sua forma original.

A *Cruz de Bagá*, supostamenta trazida da Terra Santa por Dom Hugo de Pinós — a quem alguns papéis tardios pretendem identificar com o fundador do Templo, Hugues de Payns, como vimos no princípio deste livro —, ainda polariza a devoção de boa parte da comarca catalã de Bergadá.

A *Cruz da catedral de Astorga*. Procede do castelo templário de Ponferrada e continua sendo o primeiro objeto de veneração que se apresenta aos bispos recém-nomeados, quando assumem o encargo da diocese.

A *Vera Cruz de Segóvia*, da qual já falamos antes, que foi entregue aos templários pelo papa Honório III na comenda de Zamarramala, com destino ao templo poligonal que ainda hoje tem o seu nome. Atualmente, parece haver um estranho acordo tácito entre párocos e autoridades para que a relíquia não possa ser vista por ninguém.

A *Cruz de Caravaca* foi trazida pelos templários que ocuparam seu castelo ao ser conquistada esta praça para Castela por Jaime I de Aragão, e criou-se uma curiosa lenda ao seu redor[6] que a identifica, de fato, com a que, tal como narra outra lenda de origem indubitavelmente templária, desapareceu milagrosamente do peitoral do patriarca de Jerusalém quando o imperador Frederico II Staufen se coroou rei na igreja do Santo Sepulcro.

Quanto ao *baphomet*, que nos processos catalães se identifica com um gato (arts. 14-15) ou com um ídolo (arts. 46-57), é definido por Sans i Travé, segundo o texto das atas, do seguinte modo: "... *os frades eram acusados de ter nas diversas províncias uns ídolos, em forma de três caras ou uma, ou que representavam um crânio humano, e que os adoravam especialmente por motivo da celebração de reu-*

niões ou de capítulos. Que, ademais, os templários acreditavam que aquela cabeça poderia salvá-los e que dava todas as riquezas à Ordem; e que, finalmente, era seu poder que fazia germinar a terra e florescer as árvores".[7]

À margem das diversas descrições, muitas delas contraditórias, que se fizeram desse possível *baphomet*, considerado pelos acusadores como objeto de culto satânico, não resta senão reconhecer que algo houve daquela advocação que eu me atreveria a qualificar de simbólica, por um lado, e como recurso de meditação ou lembrança santificante, por outro. E digo que algo houve porque nos resta evidência de que algo daquilo permaneceu preso à devoção popular. Falamos antes do São Satúrio soriano, sempre representado como um busto negro e barbudo. São Satúrio, por si mesmo, poderia ser a imagem (negra, como as virgens românicas) de uma devoção ancestral à fecundidade da terra, recordação arcana dos negros e férteis limos do Nilo, convertidos em objeto de veneração por sua proteção às colheitas que nos dá a Mãe Terra.

Não deixa de ser significativo, neste sentido, que essa mesma finalidade protetora das hortas e das colheitas tenha sido atribuída à Cruz de Caravaca, até nossos dias, exposta em direção aos campos, em sua festa, desde o deambulatório da capela circular que coroa o castelo templário, tal como é exposta para propiciar a proteção das cercanias, à Virgem de Monsfragüe, da Extremadura, que foi trazida da Terra Santa e se converteu em padroeira da ordem militar que posteriormente se uniria, em seu ramo aragonês, ao Templo catalão. Mas ainda mais significativo resulta o rito da cabeça de São Guillermo, que é venerada em Obanos, junto à capela de Eunate e a comenda templária de Puente la Reina, que é removida de seu santuário para receber a devoção do povo, durante cujo ato se faz correr água através do crânio do santo; uma água que, depois da operação, adquire virtudes curativas e fecundantes, tanto para as mulheres estéreis como para as hortas sobre as quais é aspergida.

Igual à cabeça de São Guillermo, acontece em Álava, com a cabeça de São Félix, com a variante de que esta admite também a passagem do vinho através de seus ossos, um vinho que adquire virtudes milagrosas evidentes depois daquela transfusão. De sua parte, em Segóvia, perto de Sepúlveda, junto à Garganta do Duratón, conservam-se as cabeças de dois santos que foram irmãos do também santo e eremita São Frutos. Essas cabeças, desde tempo imemorial, são insubstituíveis para lutar contra a seca e demonstram suas virtudes quando são introduzidas na pia da fonte que se encontra junto ao seu santuário. Conta-se também que, em certa ocasião — deveria ser no século XVII —, um bispo segoviano que não acreditava naquele milagre, depois de dar permissão para que se efetuasse o banho das santas cabeças, se aproximou do lugar para comprovar os efeitos do rito e, segundo se diz, seguiu-se à operação tamanho aguaceiro que o pobre prelado incrédulo esteve a ponto de afogar-se, quando sua carruagem virou, de tanto água que veio do céu.

Não é gratuito, nem creio de modo algum casual, o fato de que ritos desse tipo — dos quais se detectam na Espanha muito mais do que aqueles que citei a título de exemplo imediato — se conservaram nas proximidades de antigas comendas templárias. Ficaria por elucidar o significado desses rituais e, sobretudo, o motivo pelo qual precisamente o Templo seria o encarregado, não sabemos, de conservá-los ou implantá-los. Quanto ao seu significado, seria preciso enlaçá-lo com cultos ancestrais de fecundidade e fertilidade, que nos levariam à religião primitiva do ser humano, em seus primeiros estágios de consciência, com a Mãe Terra convertida em deusa criadora e mantenedora da vida.[8] Um culto diametralmente oposto e até eventualmente oposto ao que se prestou ao deus tonante, machista e justiceiro, o Senhor dos Exércitos, das religiões universais e imperialistas. Um culto cuidadosamente escamoteado ao seu rebanho pela Igreja, que manteve marginalizada a natural devoção dos fiéis à figura da Mãe de Deus, até que se impôs, no século XII, pela mão dos monges da Ordem de Cister e do Templo.

As chaves do legado: 3) Ao poder pelo conhecimento

No coração da província de Sória, longe de todas as rotas comerciais e do Caminho de Santiago, em um canal agreste aberto pelo rio Lobos, ergue-se uma capela românica do período de transição, junto à boca de uma caverna onde se descobriu, não faz muito tempo, restos pré-históricos importantes. A capela em questão é tudo quanto resta de uma das mais importantes comendas templárias de Castela, citada em todos os relatos, a de San Juan de Otero. Adquiridas estas paragens pela Ordem durante o último quarto do século XII, dizem os poucos documentos que a mencionam[9] que, ali, em meados do século XIII, os templários penhoraram ao bispado de Osma e a alguns particulares a maior parte de seu extenso domínio, ficando apenas com aquele enclave do canal, em lugar mais retirado de suas antigas propriedades, junto a algumas hortas que lhes serviam para as necessidades imediatas.

Na aparência, aquela comenda era uma das mais pobres da Península, carecia de valor estratégico e nem rendia o suficiente para transferir as contribuições obrigatórias à Terra Santa; a Ordem conservou-a até o final, como um tesouro valioso e escondido, com a ajuda de uns poucos frades, dos quais os documentos conservaram o nome apenas de um: frei Fernán Núñez.[10] Sem dúvida, aquele enclave não fora escolhido gratuitamente.

O símbolo domina nos lugares onde esteve o Templo, inclusive depois que o Templo os abandonou. Tomar.

Seguindo a vaga indicação que descobri num dos livros de Mário Roso de Luna e que agora não consegui localizar novamente, ocorreu-me, mais para passar o tempo que para descobrir algum mistério, medir cuidadosamente o lugar para localizá-lo no conjunto geográfico peninsular. Fui tomado pela surpresa quando comprovei que San Juan de Otero eqüidista em linha reta e com impressionante precisão dos dois pontos extremos, oriental e ocidental, da Espanha: o cabo de Crues a Leste, o Finisterra a Oeste: exatamente 527 quilômetros e 127 metros de cada lado. O que parecia indicar que a comenda templária de Ucero se instalara num centro geográfico preciso. Um desses centros que, segundo a Tradição, permitem exercer o domínio mágico do lugar do qual fazem parte.

Mas esta não era a única particularidade do enclave. Situado a curtíssima distância do paralelo 42,[11] se se traçasse sobre o mapa da Península Ibérica uma reta ideal que unisse Creus a Finisterra e outra, paralela, que passasse por San Juan de Otero, marcaríamos uma faixa de território na qual estaria incluído todo o traçado do Caminho de Santiago e a passagem do dito paralelo 42 de lado a lado da Península. E ainda mais: toda uma série de linhas precisas e convencionais, traçadas idealmente tomando como centro a ermida, colocam-nos em contato com os lugares-chave que o Templo possuiu na Península Ibérica: Tomar, Toledo, Caravaca e um curioso enclave pelo qual os templários catalão-aragoneses lutaram por mais de cem anos, até que conseguiram torná-lo seu, apenas doze anos antes de sua extinção: Culla, no Mestrado castelhano.[12]

Não sei se sou demasiado crédulo e otimista na hora de expor essas supostas sincronicidades, mas o certo é que aquelas medidas tão precisas não me pareceram em nenhum momento casuais, mas mostra exata de que a Ordem do Templo, ou alguns de seus membros, abrigava conhecimentos geográficos que de modo algum concordavam com os que costumamos atribuir ao incompleto conhecimento científico da época. Aquelas medidas e aquelas direções tão precisas eram incomumente corretas; deliberadamente corretas, atrever-me-ia a acrescentar agora, reivindicando o risco que já assumi, de que tudo isto possa ser atribuído ao acaso.

Certamente, se resisto a aceitar a casualidade, não é por teimosia, mas pelo fato de que há indícios que confirmam que o Templo teve amplos conhecimentos em matéria de navegação e cartas marítimas que lhe permitiram reunir uma importante frota, que não só lhe serviu para alcançar os portos mediterrâneos da Terra Santa e Egito, mas também adentrar-se pelo Atlântico, a partir dos portos que controlava na França, Galícia e Portugal. A tradição templária foi fielmente continuada pela Ordem de Cristo portuguesa, que, segundo apontei em outro lugar, fundou, sob seus aus-pícios, a escola de navegação de Sagres, situada na ponta peninsular do cabo de São Vicente, e para a qual contrataram os serviços dos melhores desenhistas de cartas marítimas da época, dentre os quais se destacavam acima de todos alguns membros de famílias judias majorquinas, como a dos Cresques, que viveram na ilha balear e tinham sua casa praticamente geminada com a dos templários da capital. Daquela escola náutica saíram as cartas de navegação utilizadas pelos primeiros exploradores atlânticos portugueses, impelidos pelo entusiasmo de Dom Henrique, o Navegador, que foi, por certo, Grão-mestre da Ordem de Cristo. Mas também existem fundados indícios de que aquelas cartas foram conhecidas por Cristóvão Colombo, que por certo, enquanto se discutia seu plano na Junta de Salamanca, realizou uma misteriosa viagem a La Rochelle, antigo porto templário — de onde saiu a expedição às Ilhas Canárias, de Jean de Bethancourt —, da qual regressou exatamente a tempo para que a junta decretasse como viável o projeto que o futuro almirante lhe havia apresentado.

Certamente, só se trata de indícios. Mas são coerentes o bastante para suspeitar que o Templo não só teve a Guerra Santa como meta e acesso à teocracia que projetava, mas traçou, ou tentou traçar, caminhos paralelos, através de saberes que podiam contribuir para que seu plano fosse realizável e tivesse em todos os campos garantias de êxito. Pois não resta dúvida de que o conhecimento — e, sobretudo, esse outro tipo de conhecimento que os poderes instituídos tendem a proibir, taxando-os, segundo as circunstâncias, de inoperantes ou de satânicos — forma sempre parte dos grandes projetos concebidos com o fim de conquistar o mundo, pois essa conquista, quando se define em níveis totais, nunca é apenas militar, mas deve ser coroada com uma mudança na consciência dos conquistados, para que se adaptem ao novo paradigma definido pela comunidade conquistadora.

O conhecimento é adquirido, ao contrário dos saberes ditados a partir da cátedra, mediante um aprofundamento crescente no que a experiência transcendente dos homens e dos povos veio acumulando ao longo do tempo e que quem teve o poder em cada momento os forçou a esquecer, porque a submissão é tanto mais efetiva quanto mais se fomenta a ignorância dos submetidos. Neste sentido, o Cristianismo, ao implantar-se pela férula de sua Igreja, fez retroceder séculos inteiros a evolução humana, declarando matéria proibida usos e costumes, práticas e saberes que os novos fiéis conservavam desde tempos ancestrais na memória. O mesmo aconteceu com o Islã nos seus primeiros tempos, quando os califas conquistadores do Norte da África mandaram destruir a Biblioteca de Alexandria e queimar seus volumes, alegando que, se aqueles livros contavam mentiras, eram contrários ao Corão e que, se revelavam verdades, já estavam incluídas nas páginas do Corão.

A Península Ibérica, no extremo ocidental daquela Europa que começava perto da Terra Santa, recolhera ancestralmente o limo de todos os povos, em sua inexorável marcha para o Sol poente, meta instintiva de todos os caminhos da Tradição. E todos esses povos deixaram aqui a sua marca — uma marca que revelava o grau de conhecimento zelosamente guardado pela consciência coletiva. A Península Ibérica vinha a conter, em certo sentido, a essência transcendente de muitas culturas que, desde a noite dos tempos, contribuíram com parte de suas estruturas vitais, de suas crenças e preferências, suas esperanças, suas aspirações e até de seus saberes perdidos.

Hoje, sem dúvida, resultaria impossível, para nós, imaginar o que pode ter sido a bagagem de saber e experiência daqueles povos inscritos em esquemas de consciência tão distintos dos que agora regem nosso comportamento e em moldes culturais tão diferentes dos que atualmente reconhecemos como conhecimento e saber. Mas nos bastaria recorrer sem preconceitos às escassas chaves de conhecimento que ainda é possível detectar naquele passado para obtermos a evidência de que, mesmo que por caminhos díspares, pode-se captar conscientemente tudo quanto nos rodeia, mesmo sem recorrer aos hipertrofiados auxiliares tecnológicos com os quais contamos. Provavelmente, mesmo que não seja tampouco o único caminho, uma intuição consciente, despertada pelo encontro com o ambiente, poderia coadjuvar esse conhecimento, sempre que, ademais, fôssemos incapazes de combiná-la com um raciocínio igualmente lúcido que o medisse e fosse capaz de corroborá-lo.

Ao longo da história da Humanidade, indivíduos e minorias, na marginalidade e na heterodoxia, tentaram aproximar-se das chaves da Tradição para extrair suas mensagens. Os poderes constituídos sempre se rebelaram contra tais tentativas: foram perseguidos encarniçadamente e, quando os aprisionaram, decretaram sua condenação. Essa condenação foi a que sofreu também o Templo, pois, mesmo que reconheçamos que a Ordem se pôs a perder pela cobiça dos poderosos, as acusações que se utilizaram em todos os tribunais — à margem de condenações ou absolvições — foram fundamentalmente aquelas que identificavam o Templo com um grupo herético que utilizava em benefício próprio os poderes que o Maligno confere aos seus fiéis, para prosperar e atingir as alturas do poder que os templários galgaram.

Ainda contando previamente com a intenção de extinção com que se orquestrou a queda e eliminação da Ordem do Templo, não resta dúvida de que a Igreja a teria defendido, apesar de Clemente V, se não tivesse captado que, entre aquelas acusações, flutuava um tufo heterodoxo que poderia resultar altamente perigoso se não fosse eliminado a tempo. O Templo, com todo seu poder econômico nas costas, era assunto perigoso; mas, se a esse poder se acrescentasse aquilo em que todo mundo, na Idade Média, acreditava de pés juntos, que era proporcionado por um pacto satânico — crença que se prolongou até os processos por bruxaria, no século XVII —, o perigo se multiplicava até tornar premente terminar drasticamente com a instituição que supostamente se servia dele para alcançar as alturas de poder e influência que o Templo efetivamente atingiu.

Sem dúvida, o mundo medieval, e sobretudo os poderosos daquele mundo, deu em sua maioria, um suspiro de alívio quando o Templo foi abolido. Reunia demasiadas interrogações em sua estrutura; alcançara poder excessivo. Era rodeado de demasiados mistérios que ninguém, por mais influente que fosse, poderia atravessar sem o consentimento dos frades. Por fim, constituía uma ameaça latente cuja natureza ninguém conhecia, mas era suspeitada por muitos, que, perdida a Terra Santa, viram na Ordem uma arma eficientíssima a serviço de uma Igreja que, com a sua ajuda, poderia impor sua vontade sempre que quisesse no interior dos Estados, sem convocar uma cruzada, posto que seus cruzados já estariam dentro de cada reino, governando suas finanças sem que força alguma se atrevesse a lhes fazer frente.

Notas

1. As chaves do milênio

1. H. Foncillon, *L'An mil,* Armand Colin, Paris, 1952. Edição espanhola: *El Año Mil,* Alianza Editorial, Madri, 1966.

2. Daniel Le Blevec, *L'An Mil.* Presses Universitaires de France, Paris, 1976.

3. R. Folz, *L'idée d'Empire en Occident du Ve. au XIVe. siècles.* Aubier, Paris, 1953.

4. Antonio Ramos Oliveira, *Los papas y los emperadores.* Oasis, México, 1973.

5. Juan G. Atienza, *Los monjes españoles. Entre la herejía y el integrismo.* Temas de Hoy, Madri, 1991.

6. *La Gran Conquista de Ultramar.* Edição de Pascual Gayangos. Biblioteca de Autores Españoles. Atlas, Madri, 1951.

7. *Op. cit.,* L. III, cap. LIV.

8. Adolfo Bonilla y San Martin, *Las leyendas de Wagner en la Literatura Española.* Asociación Wagneriana de Madrid, 1913. Ver igualmente Emeterio Mazorriaga, que extraiu esta parte contida em *La gran Conquista* e, com a intenção de fazer um estudo posterior, publicou-a com o título de *La leyenda del Caballero del Cisne.* Librería General de Victoriano Suárez, Madri, 1914.

9. Atenção à identificação fonética, em francês, entre *cygne* e *signe.*

10. Gregorio Penco, *Storia del Monachesimo in Italia dalle origine alla fine del Medio Evo,* Roma, 1961.

11. G. Gabrielli, *Inventario topografico delle Cripte eremitiche basiliane di Puglia.* Roma, 1934.

12. Alexandre Masoliver, *Història del monaquisme cristià.* Abadía de Montserrat, 1980.

13. *La Gran Conquista..., op. cit.,* L. III, cap. LV.

14. Hipólito de Sà Bravo, *El monacato en Galicia.* Librigal, La Coruña, 1972, 2 vols.

2. As chaves da milícia de Deus

1. Anselm Albareda, *L'Abat Oliba, fundador de Montserrat*. Abadía de Montserrat, 1971.

2. Este decreto de paz e trégua, segundo se acreditou por muito tempo, foi obra de Santo Odilon, até que o descobrimento do padre Albareda demonstrou a autoria de Oliba. Ramon d'Abadal, *L'Abat Oliba, bisbe de Vic.* Aedos, Barcelona, 1962.

3. Citado por Johannes Lehmann, *Die Kreuzfahrer*. Berthelsmann Verlag, Munique, 1976. Edição espanhola: *Las Cruzadas*. Ed. Martínez Roca, Barcelona, 1989.

4. *La Gran Conquista..., op. cit.,* L. I, cap. CCIX.

5. Alexandro Ferreira, *Memória e notícias históricas da célebre Ordem militar dos Templários na Palestina*, 2 vols., Lisboa, 1735. Citado por Martín Fernández de Navarrete, *Españoles en las Cruzadas.* Polifemo, Madri, 1986.

6. J. M. Lacarra, "Documentos para el estudio de la Reconquista y repoblación del valle del Ebro". Em *Estudios de la Edad Media de la Corona de Aragón,* nº 2 (1946), pps. 469-574.

7. Carlos Luis de la Vega y de Luque, "La milicia templaria de Monreal del Campo". Em *Ligarzas*, nº 7, Valença, 1975.

8. A. Ubieto Arteta, "La creación de la cofradía militar de Belchite". Em *Estudios de la Edad Media de la Corona de Aragón,* nº 5 (1952), pps. 427-434.

9. Jerónimo de Zurita, *Anales de la Corona de Aragón.* Por Lorenzo Robles, Saragoça, 1610.

10. Alain Demurger, *Vie et Mort des templiers.* Ed. du Seuil, Paris, 1985. Edição espanhola: *Auge y caída de los templarios.* Ed. Martínez Roca, Barcelona, 1986.

11. Lembremos que o mago particular de Benito Mussolini foi o ocultista Julius Evola, assim como o de Hitler foi o pseudocientista Horbiger, inventor da teoria da Terra Oca; o de Juan Perón, o "bruxo" (*el brujo*) López Rega, criador do Triplo A.

12. Primeira Epístola de São Pedro, capítulo 5, versículo 8: "Sede sóbrios e vigilantes! Eis que o vosso adversário, o diabo, vos rodeia como um leão a rugir, procurando a quem devorar".

3. Como uma mancha de óleo

1. José María Bererciatúa Olarra, *La orden de los Templarios*. Ediciones Aldecoa, Burgos, 1957.

2. *Declaración de la inscripción griega de la cruz de la iglesia de San Esteban de Bagá, cabeza de las baronías de Pinós, guión de la armada que tomó Tierra Santa, año de 1110, don Hugo de Bagá, primer maestre del temple.* Sign. ms. 7.377, pp. 81-91v.

3. Martín Fernández de Navarrete, *Españoles en las Cruzadas, op. cit.*

4. J. Miret i Sans, *Les cases des templers i hospitalers à Catalunya.* Impr. de la Casa Provincial de la Caritat. Barcelona, 1910.

5. A família cedeu ao Templo uma casa em Lérida, enquanto se reformava o castelo de Gardeny.

6. Dado apresentado, sem especificar fontes, por Rafael Alarcón Herrera, *La otra España del Temple.* Martínez Roca, Barcelona, 1988, p. 40.

7. Reproduzido por Campomanes, *Disertaciones Históricas, op. cit.*, p. 198. Os *Anales* de Moret agora estão sendo reeditados pelo "Gobierno Foral" de Navarra. O "Testamento del Batallador" se encontra no L. XVII, cap. 9, e aparece como extraído do Arquivo da Catedral de Pamplona.

8. Antonio Ubieto Arteta, "Estudios sobre el Cid", Em *Ligarzas*, nº 3, Saragoça, 1973.

9. R. Alarcón, *op. cit.*, p. 46.

10. Zurita, L. I, cap. LIII.

11. Zurita, L. I, cap. LV.

12. O compromisso matrimonial de Ramón Berenguer IV com Petronila teve lugar quando o conde tinha dezenove anos e a infanta, dois. As bodas se celebrariam em 1150.

13. J. Forey, *The Templars in the Corona de Aragón.* Oxford University Press, Londres, 1973.

14. María Luisa Ledesma Rubio, *Templarios y Hospitalarios en el Reino de Aragón,* Guara editor, Saragoça, 1982.

15. Moret, *Anales..., op. cit.*, L. XIX, cap. 5.

16. *Historia de los Hechos de España,* L. VII, cap. 14.

17. Sancho III, o Desejado, tornado rei de Castela (1157-1158) quando da morte de seu pai, Alfonso VII, e irmão de Fernando II de León.

18. *Disertaciones..., op. cit.*, IV, p. 44, edição original.

19. *Anales..., op. cit.*, L. XIX, cap. 2.

20. Ángel Álvarez de Araujo y Cuéllar, *Las órdenes militares de Santiago, Calatrava, Alcántara y Montesa. Su origen, organización y estado actual.* Imprenta de Fernando Cao, Madri, 1891.

21. Henri de Courzon, *La Règle du Temple.* Librairie Renouard, Paris, 1886. Ed. Facs. Libr. Honoré Champion, Paris, 1977.

22. *Historia de los Hechos de España,* L. VII, cap. 10.

23. M. Asín Palacios, *El Islam Cristianizado.* Nova edição, pela Hiperión, Madri, 1981.

24. Agnus Macnab, *España bajo la Media Luna.* (Atente o leitor para os numerosos erros históricos e, sobretudo, cronológicos que o livro apresenta). J. Olañeta editor, Palma de Majorca, 1988.

25. Anwar G. Chejne, *Muslim Spain, His History and Culture.* University of Minnesota, Minneapolis, 1972. Edição espanhola: *Historia de la España Musulmana.* Cátedra, Madri, 1980.

26. Rafael Alarcón H. há muitos anos anuncia seu *Atlas Templario Peninsular.*

27. *Historia Compostelana, o sea Hechos de don Diego Gelmírez.* Trad. de Manuel Suárez. Porto, Santiago de Compostela, 1950.

28. Julio González González, *Regesta de Fernando II,* C.S.I.C., Madri, 1943.

29. Gervasio Velo y Nieto, "Coria y los templarios". Em *Boletín de la Real Academia de Historia,* LXI, 1912.

30. Ambos eram, por sua vez, sobrinhos de Santo Hugo, abade de Cluny.

31. Publicado pelo cardeal Sáenz de Aguirre: *Collectio max. concil. omn. hisp.,* V, Roma, 1755.

32. *Compostelana,* L. III, cap. 24, ed. cit.

4. O lento acesso ao cume

1. Rodrigo de Luz Lamarca, *El misterio de la catedral de Cuenca.* Cárcamo, Madri, 1982.

2. Enrique Gil y Carrasco, *El señor de Bembibre.* En la Imprenta de Mellado, Madri, 1844. Edição atual, prólogo e notas de Ildefonso Manuel Gil. Ebro, Saragoça, 1982.

3. Miguel Bravo y Guarida, *Páginas leonesas. El castillo de Ponferrada.* (Memoria histórico-descriptiva). Imprenta Católica, León, 1923.

4. Tampouco é certo que esta localidade romana, citada em vários itinerários, corresponda a Ponferrada. Veja-se José María Luengo y Martínez, *El castillo de Ponferrada y los templarios* (1930). Nova edição Nebrija, León, 1980.

5. Claude Domergue, "Introduction à l'étude des mines d'or du Nord-Ouest de la Péninsule Ibérique dans l'Antiquité". Em *Lgio VII Gemina,*

obra coletiva editada pela Deputação Provincial de León, pelo XIX Centenário. León, 1970.

6. Plínio, em sua *História Natural*, conta como, entre os anos 206 e 168 a.C., a Espanha Citerior proporcionava ao Império 11.200 libras de ouro anuais. Nos tempos de Augusto, o ouro exportado para Roma atingia a cifra de 20.000 libras. Sem dúvida, na época dos Severos, o mais absoluto silêncio rodeia estes fatos. Veja-se Domergue., *op. cit.*

7. Mercedes Durany, *San Pedro de Montes. El dominio de un monasterio benedictino de El Bierzo*. Deputação Provincial de León, 1976.

8. A lápide em questão foi comentada contraditoriamente por Villada e García Bellido, e, traduzida, diz: "Um só são Júpiter, Serápis e Javé".

9. *Herreros y Alquimistas*. Alianza Editorial, Madri, 1974.

10. Juan de Villafañe, *Compendio histórico de los santuarios de la Virgen más célebres de España*. Salamanca, 1926. Veja-se igualmente Juan G. Atienza, *Nuestra Señora de Lucifer*. Martínez Roca, Barcelona, 1991.

11. Curzon, *La règle...*, *op. cit.*, p. 72.

12. Citação de Antonio Ribeiro em Amorim Rosa, *História de Tomar*. Gabinete de Estudos Tomarenses, 1965.

13. Evérard de Barres demitiu-se de seu cargo em 1149 e se retirou para Cîteaux, onde morreu em estado de santidade, em 1173. Veja-se minha lista de mestres em *La Mística solar de los templarios*. Martínez Roca, Barcelona, 1983.

14. Esta heresia se destacava por seu sincretismo com o mundo judeu e pagão. Chamava a Deus Ipsistos, o Altíssimo, como a Júpiter.

15. Os documentos estão conservados no Arquivo Nacional Português da Torre do Tombo, cuja pasta nº 71 reúne os papéis correspondentes à Ordem do Templo.

16. Amorim Rosa, *op. cit.*, p. 50.

17. Nessa época se chamava também Algarve à parte da comarca que se estende pela margem esquerda do Guadiana, território oficialmente castelhano-leonês.

18. Santos García Larragueta, *El Temple en Navarra*. Artigo do Congresso Hispano-Português sobre Ordens Militares na Península Ibérica durante a Idade Média, 1971. Madri-Barcelona, CSIC, 1981.

19. Paulino Usón Sesé, "Aportaciones al estudio de la caída de los templarios en Aragón". Em *Universidad*, III (1926). Saragoça.

20. García Larragueta, *op. cit.*

21. *Op. cit.*

22. Vejam-se mais adiante as circunstâncias históricas da Igreja da Vera Cruz de Segóvia.

23. Moret, *Anales...*, *op. cit.*, L. XXI, cap. 2-3.
24. Fernández de Navarrete, *op. cit.*, cap. 13.

5. A coroa catalão-aragonesa: uma meta templária

1. Jordi Ventura, *Alfons el Cast.* Aedos, Barcelona, 1961. Citando Joan F. Cabestany, *Alfons el Cast.* Biografies catalanes, Sèrie Històrica, n. IV. Teide, Barcelona, 1960.
2. Ledesma Rubio, *op. cit.*, p. 44.
3. Ventura, *op. cit.*, cap. XIII.
4. Abade Maurice-René Mazières, "Úne curieuse affaire du XIIIe siècle: celle du 'Puig del Lépreux' à Perpignan". Em *Bulletin de la Société des Arts et des Sciences de Carcassonne.* 4ª série, V. III, 1956.
5. Aproximadamente 2.500.000 pesetas atuais, segundo o cálculo do abade Mazières. *Op. cit.*
6. Gervasio Velo y Nieto, *La orden de caballeros de Monsfrag.* Madri, edição do autor, 1950.
7. Sempre deparo com tais equívocos, mas, neste caso, os diversos documentos que aludem ao fato não oferecem lugar para dúvida.
8. Na realidade, 40 anos antes, dado o evidente erro do cronista.
9. Zurita, *Anales...*, *op. cit.* L. II, fol. 73 e ss. da edição de Saragoça, 1610.
10. Antonio Ubieto Arteta, "La reaparición de Alfonso I el Batallador". Em *Argensola*, IX, 1958, pp. 29-38.
11. A. J. Forey, *The Templars in the Corona de Aragón.* Oxford University Press, 1973. Dá conta de numerosas doações da família ao Templo, assim como de vários membros da Ordem com o sobrenome Torroja.
12. Zurita, *op. cit.*, L. II, caps. XXX e ss.
13. *Op. cit.*, nota 10.
14. Segundo Andrew Thomas, *Shambhalla.* Robert Laffont, Paris, 1976. Edição espanhola: Plaza & Janés, Barcelona, 1980.
15. Ventura, *op. cit.*, p. 197.
16. É preciso recordar que naquele Concílio, onde compareceram mais de 300 delegados europeus, bispos, abades e teólogos, só compareceu um representante do reino catalão-aragonês: Berenguer, bispo de Lérida.
17. Morreu dois anos antes que Alfonso II, a 20 de março de 1194.
18. *Op. cit.*, p. 263.
19. Zurita. L. II, cap. XLVII.

20. Gilbert Erail, ou Erall, foi senhor de Provença, Aragão e Catalunha entre 1184 e 1190. Provavelmente era catalão ou provençal.

21. Juan G. Atienza, *La meta secreta de los templarios.* Martínez Roca, Barcelona, 1981. E também: *Guía de la España templaria.* Ariel, Barcelona, 1985.

22. Citado por Ubieto em *Introducción a la Historia de España.* Teide, Madri, 1962, p. 199.

23. Abade Maurice René Mazières, "La venue et séjour de templiers du Roussillon à la fin du XIII e siècle et au début du XIV e dans la vallée du Bézu (Aude)". Em *Bulletin de la Société des Arts et des Sciences de Carcassonne,* 4ª série, 1957-1959.

24. *Hystoria Albigensis,* de Pierre des Vaux de Cerney. Edição recompilada por P. Guébin e E. Lyon, 3 vols., Paris, 1951.

25. Jordi Ventura, *Pere el Catòlic i Simó de Montfort.* Aedos, Barcelona, 1960.

6. Em busca de um Rei do Mundo

1. *Libre dels Feyts.* Ed. de Aguiló: *Crónica o Comentaris del rey En Jacme.* Barcelona, 1873-1905. Há uma edição castelhana: *Crónica Histórica,* em 2 vols., Ed. Iberia, Barcelona, 1958.

2. Bernat Desclot, *Crónica.* Ed. de Coll i Alentorn, Barcelona, 1948. Ramon Muntaner, *Crónica.* Ed. de Casacuberta, Barcelona, 1927. Desta última, há uma edição castelhana: Alianza Editorial, Madri, 1970, da qual extraí os textos reproduzidos.

3. *Op. cit.,* cap. V.

4. Honorio García y García, *Guillermo de Montrodón: su personalidad proyectada en la historia de España.* Vic, 1948.

5. María Teresa Oliveros de Castro, *Historia ilustrada de la ciudad de Monzón.* Ayuntamiento de Monzón, Saragoça, 1974. Francisco Castillón Cortada, *El santuario de la Virgen de la Alegría de Monzón.* Ayuntamiento de Monzón, 1974.

6. Citado por Ferràn Soldevila, *Jaume I el Conqueridor.* Aedos, Barcelona, 1968, p. 35.

7. Gabriel Alomar Esteve, *Cátaros y occitanos en el reino de Mallorca.* Luis Ripoll editor, Palma de Majorca, 1978.

8. II, 92.

9. Miquel Dolc, *El llibre de Sant Jordi.* Biblioteca Selecta, Barcelona, 1952.

10. Courzon, *La règle...,* art. 75, p. 73.

11. Jacobo de la Voragine, *La Leyenda Dorada*. Alianza Editorial, 2 vols., Madri, 1988.

12. Extraída dos manuscritos 889 da Biblioteca de Catalunha e 2 F. 1 da Biblioteca do Palácio. Publicada pela primeira vez por Ramon d'Alós-Moner, *Sant Jordi, patró de Catalunya*. Barcelona, 1926.

13. Mateo Rotger y Capplongh, *Historia de Pollensa*. Impr. de los Sagrados Corazones. Palma de Majorca, 1967.

14. J. A. Encinas, *Pollença, semblanza de un pueblo*. Palma de Majorca, 1981.

15. *La meta secreta de los templarios*. Martínez Roca, Barcelona, 1983.

16. Para uma ampliação desta polêmica e um conhecimento dos distintos pontos de vista sobre a mesma, veja-se J. Amador de los Ríos, *Historia social, política y religiosa de los judíos de España y Portugal*. Aguilar, Madri, 1960, pág. 231 e ss.; e Yitzhak Baer, *Historia de los judíos en la España cristiana*. Altalena Editores, Madri, 1981, pp. 122 e ss.

17. Idries Shah, *Los sufíes*. Prólogo de Robert Graves. Luis de Caralt editor, Barcelona, 1975.

18. Engracia Alsina Prat, "Jaime el Conquistador y sus relaciones con los Santos Lugares". Em *Jaime I y su época, X Congreso de Historia de la Corona de Aragón. Comunicaciones*. Institución Fernando el Católico, Saragoça, 1980.

19. Do *Libre de la Saviessa* se conservam dois manuscritos: o do códice 2-2 da Biblioteca Nacional e o manuscrito 129 da Biblioteca de El Escorial, onde está unido à *Crónica* de Desclot. Foi publicado pela primeira vez em 1908 por Gabriel Llabrés i Quintana, por motivo do VII Centenário de nascimento de Jaime I; posteriormente, em 1946, pelo C.S.I.C., a cargo do professor Castro y Calvo, que fez o estudo preliminar. A mais recente e perfeita versão castelhana foi realizada por J. A. Encinas, *El libro de la sabiduría de Jaime I, rey*. Pollença, 1990.

20. Esta idéia foi apresentada pela primeira vez por Llabrés, na primeira edição do *Libre* (1908), apontando que, ao menos os oito primeiros capítulos deviam fazer parte de um compêndio de máximas gregas recolhidas no Baixo Império e trazidas pelos templários depois das Cruzadas.

7. O ocaso dos ídolos

1. Em Sagres se constituiria, já abolido o Templo e sob a proteção de seus sucessores, os Cavaleiros de Cristo, a escola náutica que esteve na própria origem da expansão ultramarina peninsular, com seus cartógra-

fos judeus (majorquenses, muitos deles), muito entendidos no desenho de cartas de navegação.

2. Cf. o primeiro capítulo de meu livro *La Mística solar de los templarios, op. cit.*

3. O cargo de marechal comportava a custódia e a administração dos bens da casa ou os do Templo.

4. Francesc Carreras i Candi, "Entences i Templers en les montanyes de Prades". Em *Boletín de la Real Academia de Buenas Letras*. Barcelona, janeiro de 1904, ano IV, nº 13.

5. Áurea Javierre Mur, "Aportación al estudio del processo contra el Temple en Castilla". Em *R. A. B. M.*, 69 (1961), pp. 47-100.

6. Demurger, *op. cit.*, P. V., cap. 4.

7. Abade Maurice René Mazières, "La venue et le séjour des templiers du Roussillon à la fin du XIII e. siècle et au début du XIV e dans la vallée du Bézu (Aude)". Em *Bulletin de la Société des Arts et des Sciences de Carcassonne*. 4ª série, V. III, 1957-1959.

8. Campomanes, *Disertaciones...* Dis. IV, par. 2º: "... por ser especie de feudos las tierras que poseían prestaban su servicio militar, lo que executaban igualmente las demás órdenes por sus tierras, en caso de invasiones, aunque fuessen príncipes cristianos". *(NT — "... por ser uma espécie de feudo as terras que possuíam, prestavam seu serviço militar, o que executavam igualmente as demais ordens por suas terras, em caso de invasões, mesmo que fossem de príncipes cristãos".)*

9. F. Carreras, *op. cit.*

10. *Quomodo Terra Sancta recuperari potest*, editada por Rambert-Buhor em 1954, entre as obras latinas de Ramon Llull, fascículo IV, publicadas em Majorca.

11. Ramón Garcías Palou, "Ramon Lull y la abolición de los templarios". Em *Hispania Sacra*, V. XXVI, nos. 51-52, 1973.

12. Carreras i Candi, *op. cit.*

13. A. de Bastard, "La colère et la douleur d'un Templier en Terre Sainte". Em *Revue des Langues Romanes*, LXXXI, 1974.

14. Demurger, *op. cit.*, pág. 228 e ss., edição espanhola.

8. A queda do colosso de barro

1. J. M. Sans i Travé, *El procés dels Templers catalans*. Pagés Editor, Lleida, 1990.

2. F. Carreras i Candi, *op. cit.*

3. Na realidade, os hospitaleiros constituem a atual Ordem de Malta, ao menos oficialmente dedicada à beneficência, o que não a impede de

manter uma estrutura econômica cujas conexões e ramificações ainda não foram convenientemente estudadas.

4. *Crónica de Fernando IV*. Em "Crónicas de los Reyes de Castilla ordenadas por don Cayetano Rosell", B. A. E., vol. LXVI, Madri, Atlas, reeditado em 1953, t. I.

5. *Crónica...*, cap. XV.

6. *Crónica...*, cap. XVI.

7. Áurea Javierre Mur, *op. cit.* Aqui conta-se, por exemplo, que o bispo de Jaén comunicou ao de Toledo que o Templo não possuíra nada em sua diocese. E que um lugar como Brihuega não possuía do Templo mais que um rocim e um chapéu velho de lã.

8. Sans i Travé, *op. cit.*

9. *Op. cit.* Diss. V.

10. O Concílio foi anunciado na bula *Regnans in Coeli,* publicada em 12 de agosto de 1309.

11. *Op. cit.,* nota 1.

12. Sans i Travé, *op. cit.,* pág. 46.

13. A. Bladé Desumbia, *El castell de Miravet.* Episodis de la História. R. Dalmau, Barcelona, 1966.

14. Sans i Travé, *op. cit.,* p. 282. Omito deliberadamente as referências intermediárias para não carregar de notas o dossiê.

15. *Ibid.,* p. 283.

9. O Templo na História

1. Albert Ollivier, *Les Templiers.* Le Temps qui court, Seuil, Paris, 1976.

2. L. M. Cabello Lapiedra, "La Vera Cruz de Segovia nunca fue templaria". Em *Arquitectura,* Madri, junho de 1919, pp. 165-169.

3. Javier Cabello Dodero, "La Iglesia de la Vera Cruz". Em *Estudios Segovianos,* vol. III, Segóvia, 1957.

4. Santos García Larragueta, "El Temple en Navarra". Em *Actas del Congreso hispano-português sobre Órdenes militares en la Edad Media.* Tomar, 1971 (publicado em 1983).

5. Élie Lambert, *Les chapelles octogonales d'Eunate et Torres del Río.* Memorial Henri Basset, T. II, Paris, 1928. Igualmente, *L'Architecture des Templiers.* Editado recentemente por Picard, Paris, 1978. Vicente Lampérez, *Historia de la Arquitectura Cristiana española en la Edad Media.* Madri, 1930. José Yarnoz Larrosa, "Las iglesias octogonales en

Navarra". Em *Príncipe de Viana*, no. 2. Pamplona, 1948. M. Torres-Balbas. Em *Arquitectura*, Madri, 1º de novembro de 1922.

6. Juan G. Atienza, *La Mística solar de los templarios*. Martínez Roca, Barcelona, 1983.

7. Sans i Travé, *op. cit.*, p. 182.

8. *Nuestra Señora de Lucifer*. Martínez Roca, Barcelona, 1991.

9. Arquivo Histórico de Soria. Protocolos notariais de Ucero. Veja-se também Loperráez, *Historia del obispado del Burgo de Osma*.

10. Alejandro Ayalgas Mirón, *La ermita templaria de Ucero*. Edição do autor, Barcelona, 1986.

11. Casual ou não, em torno a este paralelo se encontra boa parte dos lugares mais sagrados do Ocidente.

12. Amplio estas questões em *La Meta secreta de los templarios*. Martínez Roca, Barcelona, 1981.

Bibliografia

Albareda y Herrera, M., *El fuero de Alfambra*. Madri, 1925.

Albon, Marquis d', *Cartulaire général de l'Ordre du Temple*. 1192-1150. Paris, 1913.

Alegret, A., "Los templarios en Tarragona". *In: Boletín Arqueológico*, XVII (1905), pp. 496-516.

Alonso García, D., "Apuntes históricos de la villa de Alcanadre". *In: Berceo*, XIII (1958), pp. 441-456 e XIV (1959), págs. 57-78.

Anônimo, "Los Templarios". (Várias notícias sobre a extinção dos templários na Espanha). *In: Ocios de Españoles emigrados*, II (1824), pp. 78-90.

Antolín Hernández, J. E., "Estudio sobre Villasirga". *In: Boletín de la Institución Tello Téllez de Meneses*, XXX (1971), pp. 161-233.

Atienza, Juan G., *La Meta secreta de los templarios*. Martínez Roca, Barcelona, 1981.

___, *La Mística solar de los templarios*. Martínez Roca, Barcelona, 1983.

___, *Guía de la España templaria*. Ariel, Barcelona, 1985.

Ayneto, J., *Historia de los templarios en Aragón y Cataluña*. Lérida, 1904.

Barber, Malcolm, "The Origins of the Order of the Temple". *In: Studia Monasticae*, XII (1970).

___, *The Trial of the Templers*. Cambridge University Press, 1978.

Bastus y Carrera, V. J., *Historia de los templarios, con un apéndice histórico de José Brissa*. Barcelona, Imprenta Verdaguer, 1834. Reeditado em 1931.

Benet de Capara, José María, *Estatus Temple Catalán*. Sem data nem local.

Benito Ruano, Eloy, "La encomienda templaria y sanjuanista de Cantavieja". *In: Homenaje a José María Lacarra*, v. III. Saragoça, 1978, pp. 148-167.

Bernardo de Quirós, P., *Notas sobre el Temple*.

Bibliographie du Temple. Paris, 1972.

Bladé Desumbila, A., *El castell de Miravet*. Episodis de la História. R. Dalmau, Barcelona, 1966.

349

Blázquez y Jiménez, A., "Bosquejo Histórico de la Orden de Montegaudio". *In: Boletín de la Real Academia de la Historia,* LXXI (1917).

Bonavía Jacas, J. e B. del Gaya, "El Temple en la ribera del Ebro". *In: Cultura,* março de 1959, pp. 10-11 e abril, pp. 6-7.

Bordonove, Georges, *Les templiers. Histoire et Tragédie.* Fayard, Paris, 1977.

Bravo y Guarida, M., *El castillo de Ponferrada. Memoria histórica descriptiva.* León, 1923.

Bruguera, M., *Historia general, religiosa y militar de los caballeros del Temple.* Barcelona, 1882-1889, 3 vols.

Cabella y Lapiedra, L. M., "La Vera Cruz de Segovia nunca fue templaria". *In: Arquitectura,* junho de 1929, pp. 165-169.

Cabello y Dodero, E. J., "La iglesia de la Vera Cruz de Segovia". *In: Estudios Segovianos,* 3 (1951), pp. 425-448.

Campomanes, Pedro R., *Disertaciones históricas de la Orden y Cavallería de los Templarios.* A. Pérez de Soto, Madri, 1746. Reeditado em fac-símile por El Albir, Barcelona, 1975.

Carreras i Candi, F., "La Creuada de Jaume I a Terra Santa". *In: Miscelània de Història Catalana,* II, pp. 275-306.

___, "Entences i templers en les montanyes de Prades". *In: Boletín de la Real Academia de Buenas Letras,* Barcelona, II, 1904, 217-257.

___, *Geografía General de Catalunya,* Barcelona, s. d.

Castán Lanaspa, J., *Arquitectura templaria castellano-leonesa.* Secretaría de Publicaciones de la Universidad. Valladolid, 1983.

Cocheril, M.: "Essai sur l'origine des ordres militaires dans la Peninsule Ibérique". *In: Collectaneae Ordinis Cisterciensum Reformatorum,* XX (1958) e XXI (1959).

Colexio de Arquitectos de Galicia, *Arquitectura románica en La Coruña.* I, Faro-Mariñas-Eume. Santiago de Compostela. COAG, 1983.

Conte Cazcaro, A., *La Orden del Temple en la ciudad de Huesca.* Congreso Internacional Hispano-Portugués sobre Órdenes Militares en la Península Ibérica durante la Edad Media, 1972. Impresso em 1983.

Delaville de Roulx, J., "Bulles pour l'Ordre du Temple tirés des archives de St. Gervasio de Cassolas". *In: Revue de l'Orient Latin.* XI. Paris, 1905.

Demurger, Alain, *Vie et mort des Templiers.* Ed. espanhola: *Auge y caída de los templarios.* Martínez Roca, Barcelona, 1987.

Dessubré, M., *Bibliographie des Templiers.* Paris, 1928.

"Documentos de unión de Montegaudio al Temple". *In: Boletín de la Sociedad castellana de Cultura*, IX (1928), p. 374.

Doménech, A. V., *Historia general de los santos y varones ilustres en santidad del principado de Cataluña*. En la Impr. Garrich, Gerona, 1630.

Durbec, J. A., *"Les templiers en Provence. Formation des Commanderies et repartition géographique de leurs biens"*. *In: Provence Historique*, IX (1959).

Dufourcq, C. E., *L'Espagne catalane et le Maghrib aux XIII e et XIV e siècles*. Paris, 1966.

Eijan, S., *España en Tierra Santa*. Gustavo Gili, Barcelona, 1910.

Estepa, C., (Órdenes Militares). "Templarios". *In: Diccionario de Historia eclesiástica de España*, III, Madri, 1973.

___, "Las Encomiendas del Temple en Tierra de Campos". *In: Archivos Leoneses*, LII (1972), e *in: Hispania*, CXXXII (1972), pp. 45-57.

Ferrandis, M., "Rendición del castillo de Chivert a los templarios". *In: Homenaje a don Francisco Codera*, Saragoça, 1904, pp. 23-33.

Ferrer Vives, F. de A., "Arnau de Torroja". *In: Sió,* CXLIX, julho de 1976.

Fita, Fidel, "Coria Compostelana y Templaria". *In: Boletín de la Real Academia de Historia*, LXI (1912).

___, "Templarios, calatravos y hebreos". *In: Boletín de la Real Academia de Historia, XIV*, 1889, pp. 261-267.

Forey, A. J., "The Order of Mountjoy". *In: Speculum*, XLVI (1971), Cambridge University.

___, *The Templars in the Corona de Aragón*. Oxford University Press. Londres, 1973.

Garcés, Marco Antonio, *San Polo*. Soria, 1979.

Garcia Escobar, V., "La Iglesia de los templarios en Ceinos". *In: Semanario Pintoresco Español*, 1853, pp. 153-155.

García Larragueta, Santos, "Fueros y cartas pueblas navarro-aragonesas otorgadas por templarios y hospitalarios". *In: Archivo de Historia del Derecho Español*, XXIV (1954), pp. 589-603.

El Temple en Navarra. In: Congreso Hispano-Portugués sobre Órdenes Militares en la Edad Media. 1972. Publicado em 1983.

Garcías Palou, S., "Ramón Llull y la abolición de los templarios". I*n: Hispania Sacra*, XXVI (1973), pp. 123-136.

Garibay, *Historia del Temple*.

Gazulla, F. D., "La Orden del Santo Redentor". *In: Boletín de la Sociedad Castellana de Cultura*, IX (1928) e X (1929).

Gómez del Campillo, M., "El castillo de Monzón". *In: Boletín de la Real Academia de Historia*, CXVIII (1946), pp. 25-32.

González-Simancas, España militar en la Edad Media.

Gordillo Courcieres, J. L., *Castillos templarios arruinados en el sur de la Corona de Aragón*. Valença, 1974.

Herket, K., "Das Testament Alphonso's von Aragón". *In: Wochenblatt Johannitter-ordens-Balley*, n. 8, Brandeburgo, 1870.

Hernández Sanahuja, "Extinción de la Orden de los templarios en la Corona de Aragón". *In: Revista Contemporánea*, LVIII (1885), pp. 49-64 e LIX (1885), pp. 174-187.

Huici, S., "Iglesia de templarios en Torres del Río". *In: Revista de Obras Públicas*, 1 (1923), pp. 223-225.

Íñigo y Miera, M., *Historia de las Órdenes de Caballería,* Madri, 1863.

Javierra Mur, Áurea L., e Gutiérrez del Arroyo, C., "Aportación al estudio del proceso contra el Temple en Castilla". *In: R. A. B. M.*, LXIX (1961), pp. 47-100.

___, *Sobre los cartularios del Temple existentes en el Archivo Histórico Nacional: El archivo de San Juan de los Panetes.* Publicaciones de Est. de la Edad Media de la Corona de Aragón, secc. Zaragoza, v. III, pp. 157-192.

King, Georgiana Goddard, *A brief Account of the Military Orders in Spain*. Nova Iorque, 1921.

Lampérez, Vicente, "La iglesia templaria en Villalcázar de Sirga". *In: Boletín de la Sociedad Española de Excursionismo*, XI (1903).

___, "La iglesia de templarios de Eunate". *In: Revista de Cultura Española*, Madri, 1907.

Lapeña, Paul, Ana Isabel, "La encomienda de la Orden del Temple en Novillas". *In: Cuadernos de Estudios Borjanos*, III (1979).

Ledesma, Rubio, Mª L., *Templarios y hospitalarios en el reino de Aragón*. Guara editorial, Saragoça, 1982.

Lizérand, J., *Le dossier de l'affaire des Templiers*. Paris, 1923.

López, Santiago, *Historia y tragedia de los templarios (según la tragedia de M. Reynouard)*. Madri, 1813.

López Elum, P., "Aportación al estudio de los maestres y comendadores de las órdenes del Hospital y del Temple durante el reinado de Jaime I". *In: Ligarzas,* II (1970), pp. 39-56.

López Soler, Antonia, *Historia del Temple catalán.* Ed. literarias de la Ac. Int. de Pontzen. Nápoles, 1966.

Lozoya, Marquês de, "Monumentos de los caballeros templarios en España". *In: Diario de Navarra*, 6 de janeiro de 1945.

Luengo y Martínez, José María, *El castillo de Ponferrada y los templarios*. Reedição do autor, León, 1922.

De Luz Lamarca, Rodrigo, *El misterio de la catedral de Cuenca*. Cárcamo, Madri, 1980.

Magallón, M., "Los templarios de la Corona de Aragón. Índice de su cartulario eclesiástico del s. XII". *In: Boletín de la Real Academia de Historia*, XXXII (1897), pp. 451, e XXXIII (1898), pp. 90-105.

___, "Templarios y hospitalarios. Primer cutulario del AHN". *In: Boletín de la Real Academia de Historia*, XXXIII (1898), p. 257.

María, R. de, "Xivert y Oropesa". *In: Boletín de Sociedad Castellana de Cultura*, XXIV (1933).

___, "La primicia, para los templarios". *In: Boletín de la Sociedad Castellana de Cultura*, XXV (1934).

Marín de Espinosa, A., *Memorias para la Historia de la ciudad de Caravaca*. Caravaca, 1856. Reeditado por El Albir, Barcelona, 1975.

Meglio, G. di, *Estudios de Historia de la Iglesia*. (En torno a la cuestión de los bienes de los templarios en la Corona de Aragón.) Madri, 1966.

Melville, Marion, *La vie des templiers*. Gallimard, Paris, 2ª ed., 1973.

Mercati, A., "Interrogatorio di Templari a Barcelona, 1313". *In: Gesammelte Aufsätze zur Kultur Spaniens*, VI (1937), pp. 240-251.

Mexia, Pedro, *Los templarios*. Sevilha, 1542.

Miret i Sans, J., *Cartoral dels Templers de Gardeny*. Barcelona, 1899.

___, *Les cases de Templers i Hospitalers a Catalunya*. Barcelona, 1910.

___, "Inventaris de les cases el Temple a la Corona d'Aragó en 1289". *In: Boletín de la Real Academia de Buenas Letras de Barcelona*, VI (1911), pp. 61-75.

Mota Arévalo, H., "Las órdenes militares en Extremadura". *In: Revista de Estudios Extremeños*, XXV (1929), pp. 423-446.

Nieto, C., "Descripción de la iglesia que con la advocación de Nª Sª del Temple, poseyeron los templarios en la villa de Ceínos de Campos". *In: Boletín de la Real Academia de Historia*, 76 (1920), pp. 268-274.

Odriozola y Grimaud, C., *Ramón Berenguer IV, conde de Barcelona, caballero del Santo Sepulcro de Jerusalén. Memorias históricas referentes a la cesión en su favor de la Corona de Aragón, hecha por la Orden Militar del Santo Sepulcro, la del Hospital y del Temple en el año 1140.* Barcelona, 1911.

Oliveira Marques, A. H., História de Portugal. Lisboa, 1978.

Oliveiros de Castro, María Teresa, *Historia de Monzón.* Instituto Fernando el Católico, Saragoça, 1964.

Ollivier, Albert, *Les templiers.* Le Temps qui Court, Seuil, Paris, 1958.

Pascual González, B., "Los templarios en Mallorca". *In: Boletín de la Asociación Española de Amigos de los Castillos,* XII (1964), pp. 256-260.

Pérez de Soto, A., *Resumen histórico de la fundación, instituto, progreso y extinción de la Orden del Temple.*

Pérez de Urbel, frei Justo, *Los monjes españoles en la Edad Media.* Madri, 1930-1934.

Pérez Llazamares, "La Thau de los templarios". *In: Hidalguía,* IV (1956), pp. 663-66.

Quintana Prieto, Augusto, "Los templarios en Cornatel". *In: Archivos leoneses,* IX (1955), pp. 47-70.

Ramírez, T., "San Juan de Otero, iglesia de templarios". *In: Boletín de la Sociedad Castellana de Excursiones,* Valladolid, 1907.

Rodríguez, T., "Orden del Temple. Encomienda de Mayorga". *In: Archivos leoneses,* I (1947), pp. 110-111.

Rotger y Campllong, M., *Els templers a Mallorca.* I Congreso de Historia de la Corona de Aragón, Barcelona, 1909, pp. 142-146.

Rubio, J., e R. d'Alos e F. Marturell, "Inventaris inèdits de l'Ordre del Temple a Catalunya". *In: Anuari de l'Institut d'Estudis Catalans,* I (1907).

Rubio Salán, A., *Breve noticia de Villalcázar de Sirga y de su templo.* Publ. del Instituto Tello Téllez de Meneses, VIII (1948), pp. 24-25.

Ruiz Pérez, J. M., *Los templarios. Compendio histórico de su establecimiento y su extinción.* Granada, 1840.

Sancristóbal Sebastián, S., *Zamarramala.* Segóvia, 1978.

Sans i Travé, J. M., "Alguns aspectes de l'establiment dels Templers a Catalunya". *In: Quaderns d'Història Tarraconense,* I (1977), pp. 9-58.

___, *El procés dels templers catalans.* Pagés Editors, Lérida, 1990.

___, *El proceso de los templarios de Castilla en Medina del Campo, 27 de abril de 1310.* Congreso Hispano-Portugués sobre Órdenes Militares en la Edad Media, 1972.

Santamarina, Luys, *Notas para la Historia del Temple.*

Shickl, Peter, "Die Entstehung und Entwicklung des Tempelorders in

Katalonien und Aragon". *In: Gesammte Aufsätze zur Kultur- geschichte Spaniens,* XXIII (1975), pp. 91-221. Munique.

Soraluce, P. M., "El Temple en Guipúzcoa". *In: Euskalherría, XLIII* (1900), págs. 537-575, e XLIV (1900), págs. 12-58.

Tejada y Duque de Estrada, A. M., "La antigua iglesia de los templarios en Villamuriel". *In: Boletín de la Sociedad Española de Excursionismo,* LV (1951), ppp. 263-69.

Ubieto, Agustín, "Cofrades aragoneses y navarros de la Milicia del Temple". *In: Aragón en la Edad Media,* v. III, pp. 29-93. Saragoça, 1950.

Uria Riu, J., *Las fundaciones hospitalarias en los caminos de peregrinación.* Oviedo, 1940.

Uson y Sesé, M., "Aportaciones al estudio de la caída de los templarios en Aragón". *In: Revista Universitaria,* III (1926), pp. 471-523, Saragoça.

Vázquez, A. J., "El signo de Salomón en la iglesia del castillo de Aracena". *In: Archivo Hispalense,* XXVI (1957), pp. 101-105.

Vázquez Nuñez, A., "Iglesias templarias gallegas". *In: Boletín de la Comisión de Monumentos de Orense,* 1905.

Vega y de Luque, Carlos L. de, "La milicia templaria de Monreal del Campo". *In: Ligarzas,* VII. Valença, 1975.

Velo y Nieto, "Coria y los templarios: don Fernando II de León reconquista los territorios de la antigua diócesis cauriense". *In: Revista de Estudios Extremeños,* V (1949), pp. 281-302.

Velo y Nieto, Gervasio, *La orden de caballeros de Monsfrag.* Ed. do autor, Madri, 1950.

Vignati-Peralta, *El enigma de los templarios.* ATE, Barcelona, 1976.

Villar Bonet, M., *Actividades financieras de la Orden del Temple en la Corona de Aragón.* VII Congreso de Historia de la Corona de Aragón, Barcelona, 1952, pp. 577-585.

___, *Los bienes del Temple en la Corona de Aragón al suprimirse la Orden.* Tese de doutoramento, Universidade de Saragoça, 1950.

Zajona y Rase, M., *La verdad histórica y jurídica de las Órdenes militares de España.* En la Impr. Hernández de Madrid, 1874.

Zalba, J., "Documento curioso: 1322. Hospitalarios y Templarios en Navarra". *Boletín de la Comunidad de Municipios de Navarra,* XVIII (1934), pp. 33-34, 120-128.

Zapater, M. R., *Cister militante en la Campaña de la Iglesia contra la sarracena furia. Historia general de las caballerías del Templo de Salomón, Calatrava, Alcántara, Avís, Montesa y Cristo.* Saragoça, 1662.

Ziegler, Gilette, *Les templiers.* Paris, 1975.

Este livro foi impresso na
LIS GRÁFICA E EDITORA LTDA.
Rua Visconde de Parnaíba, 2.753 — Belenzinho
CEP 03045-002 — São Paulo — SP — Fone 292-5666
com filmes fornecidos pelo editor